MATEMÁTICA
JOAMIR

3

Ao usar esse livro, desejo que você tenha a mesma alegria que eu tive ao escrevê-lo. Aproveite para soltar a imaginação, brincar, pensar e aprender muito.

Com carinho,
Joamir Souza

JOAMIR ROBERTO DE SOUZA

Licenciado em Matemática pela Universidade Estadual de Londrina (UEL-PR).
Especialista em Estatística pela Universidade Estadual de Londrina (UEL-PR).
Mestre em Matemática pela Universidade Estadual de Londrina (UEL-PR).
Atua como professor de Matemática da rede pública de ensino.
Autor de livros didáticos para o Ensino Fundamental e o Médio.

FTD

FTD

Matemática Joamir – Matemática – 3º ano
Copyright © Joamir Roberto de Souza, 2017

Diretor editorial	Lauri Cericato
Gerente editorial	Silvana Rossi Júlio
Editora	Luciana Pereira Azevedo Remião
Editora assistente	Eliane Cabariti Casagrande Lourenço
Assessoria	Arlete Sakurata
Gerente de produção editorial	Mariana Milani
Coordenador de produção editorial	Marcelo Henrique Ferreira Fontes
Gerente de arte	Ricardo Borges
Coordenadora de arte	Daniela Máximo
Projeto gráfico	Bruno Attili, Juliana Carvalho
Projeto de capa	Sergio Candido
Ilustração de capa	Edu Ranzoni
Supervisora de arte	Isabel Cristina Corandin Marques
Editor de arte	Eduardo Benetorio
Diagramação	Yan Comunicação, Eduardo Benetorio, Dayane Santiago, Gabriel Basaglia, José Aparecido A. da Silva, Nadir Fernandes Racheti, Débora Jóia
Tratamento de imagens	Ana Isabela Pithan Maraschin, Eziquiel Racheti
Coordenadora de ilustrações e cartografia	Marcia Berne
Ilustrações	Kami Queiroz, Fábio Eugenio, Daniel Bogni, Laís Bicudo, Dayane Raven, Carol G., Wagner de Souza, Alex Rodrigues, Bentinho, Ilustra Cartoon, Edusá, Gabriela Vasconcelos
Cartografia	Allmaps, Renato Bassani
Coordenadora de preparação e revisão	Lilian Semenichin
Supervisora de preparação e revisão	Izabel Cristina Rodrigues
Preparação	Iraci Miyuki Kishi
Revisão	Carolina Manley, Desirée Araújo, Iara R. S. Mletchol, Jussara R. Gomes, Pedro Fandi, Solange Guerra
Supervisora de iconografia e licenciamento de textos	Elaine Bueno
Iconografia	Mário Alves Coelho, Priscilla Liberato Narciso
Licenciamento de textos	André Luis da Mota
Supervisora de arquivos de segurança	Silvia Regina E. Almeida
Diretor de operações e produção gráfica	Reginaldo Soares Damasceno

---

Dados Internacionais de Catalogação na Publicação (CIP)
(Câmara Brasileira do Livro, SP, Brasil)

Souza, Joamir Roberto de
  Matemática : Joamir, 3º ano / Joamir Roberto de Souza. — 1. ed. — São Paulo : FTD, 2017.

  ISBN 978-85-96-01047-4 (aluno)
  ISBN 978-85-96-01048-1 (professor)

  1. Matemática (Ensino fundamental) I. Título.

17-04110   CDD-372.7

Índices para catálogo sistemático:
  1. Matemática : Ensino fundamental   372.7

---

1 2 3 4 5 6 7 8 9

Envidamos nossos melhores esforços para localizar e indicar adequadamente os créditos dos textos e imagens presentes nesta obra didática. No entanto, colocamo-nos à disposição para avaliação de eventuais irregularidades ou omissões de crédito e consequente correção nas próximas edições. As imagens e os textos constantes nesta obra que, eventualmente, reproduzam algum tipo de material de publicidade ou propaganda, ou a ele façam alusão, são aplicados para fins didáticos e não representam recomendação ou incentivo ao consumo.

Reprodução proibida: Art. 184 do Código Penal e Lei 9.610 de 19 de fevereiro de 1998.
Todos os direitos reservados à **EDITORA FTD**.

Rua Rui Barbosa, 156 – Bela Vista – São Paulo – SP
CEP 01326-010 – Tel. 0800 772 2300
Caixa Postal 65149 – CEP da Caixa Postal 01390-970
www.ftd.com.br
central.relacionamento@ftd.com.br

Produção gráfica
FTD EDUCAÇÃO | GRÁFICA & LOGÍSTICA
Avenida Antônio Bardella, 300 - 07220-020 GUARULHOS (SP)
Fone: (11) 3545-8600 e Fax: (11) 2412-5375

APRESENTAÇÃO

Brincar, jogar, interagir, explorar e descobrir: tudo isso faz parte da infância. O conhecimento matemático é fundamental para a compreensão do mundo à nossa volta. Neste livro, por meio de tirinhas, desenhos, obras de arte, poemas, jogos e brincadeiras, você vai perceber que a Matemática é interessante e divertida! Espero que você aproveite, ao máximo, todas as experiências que este livro irá lhe proporcionar.

O autor.

CONHEÇA SEU LIVRO

Seu livro está dividido em 8 unidades.

Cada unidade possui abertura, atividades, seções e boxes.

As atividades apresentam e discutem os conteúdos matemáticos de forma interativa. O uso de imagens, tirinhas, poemas e outros recursos deixam as atividades ainda mais divertidas.

ABERTURA DE UNIDADE

As aberturas das unidades estão organizadas em página dupla e apresentam uma diversidade de imagens acompanhadas de algumas questões sobre o tema da unidade.

SEÇÕES

Jogos e brincadeiras propõe a construção de brinquedos e a realização de brincadeiras e jogos, entre outros recursos lúdicos, a fim de potencializar o ensino de conceitos matemáticos. São prioridades o uso de recursos que estimulem o movimento corporal e o raciocínio lógico-matemático.

Um pouco mais propõe atividades que retomam o conteúdo estudado na unidade e complementam o aprendizado.

BOXES

Você leitor
Você escritor convida os alunos a desenvolver duas habilidades muito importantes: a leitura, ao apresentar uma variedade de textos e imagens, e a escrita, quando é solicitado o registro dos pensamentos e da aprendizagem, por meio de desenho, entrevista, entre outras formas.

ÍCONES

Os símbolos a seguir indicam como você vai resolver algumas atividades.

- Responda em voz alta e troque ideias com os colegas e o professor!
- A atividade deve ser feita com um ou mais colegas.
- O cálculo deve ser feito mentalmente.
- A atividade pode ser resolvida com o auxílio de uma calculadora.

Material complementar
Na parte final do livro, há peças destacáveis para realizar algumas das atividades propostas nas unidades.

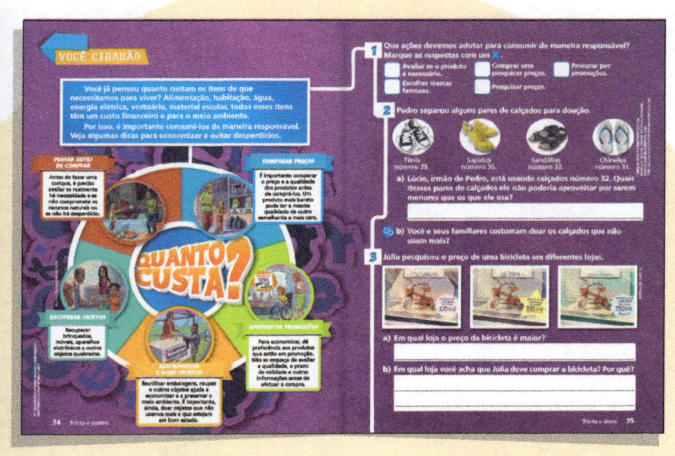

Você cidadão propõe que suas ações façam diferença no mundo e objetiva a aprendizagem do significado do que é ser cidadão! Temas importantes da vida em sociedade são trabalhados neste espaço.

Fique ligado sugere livros e *sites* que podem contribuir para a aprendizagem dos conceitos estudados nas unidades.

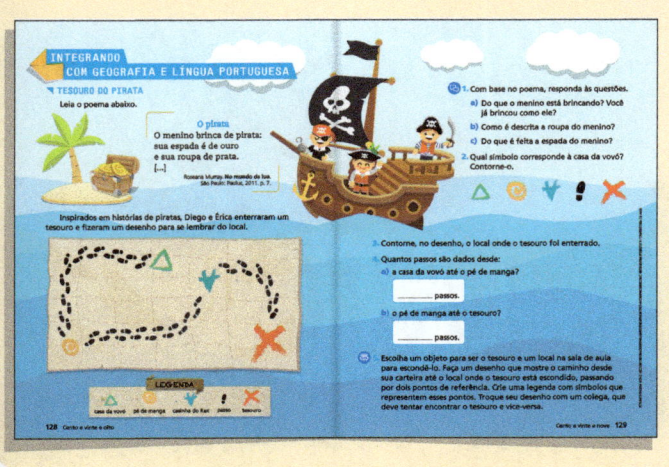

Integrando com... Já observou como Arte, Língua Portuguesa, Geografia, Matemática, Ciências e História mantêm um diálogo constante? Pois bem, nas atividades de integração você vai usar o que aprendeu em diferentes disciplinas e perceber que há muitas maneiras de estudar um assunto.

SUMÁRIO

UNIDADE 1 — OS NÚMEROS 10

- **OS NÚMEROS NO DIA A DIA** 12
- **OS NÚMEROS ATÉ A 3ª ORDEM** 14
  - NÚMEROS PARES E NÚMEROS ÍMPARES 21
  - COMPARANDO NÚMEROS 23
  - VOCÊ LEITOR 25
  - VOCÊ ESCRITOR 25
- **OS NÚMEROS ATÉ A 4ª ORDEM** 28
  - JOGOS E BRINCADEIRAS 32
  - VOCÊ CIDADÃO 34
  - UM POUCO MAIS 36

UNIDADE 2 — FIGURAS GEOMÉTRICAS ESPACIAIS 38

- **FIGURAS GEOMÉTRICAS ESPACIAIS** 40
  - CUBO 42
  - BLOCO RETANGULAR OU PARALELEPÍPEDO 45
  - PIRÂMIDES 48
  - CILINDRO, CONE E ESFERA 51
  - JOGOS E BRINCADEIRAS 54
  - INTEGRANDO COM GEOGRAFIA E CIÊNCIAS 56
  - VOCÊ LEITOR 57
  - VOCÊ ESCRITOR 57
  - UM POUCO MAIS 58

UNIDADE 3 — ADIÇÃO E SUBTRAÇÃO ... 60

ADIÇÃO ... 62
- ADIÇÃO COM REAGRUPAMENTO ... 68
- JOGOS E BRINCADEIRAS ... 76
- VOCÊ ESCRITOR ... 76

SUBTRAÇÃO ... 78
- SUBTRAÇÃO COM REAGRUPAMENTO ... 84

SITUAÇÕES QUE ENVOLVEM ADIÇÕES E SUBTRAÇÕES ... 92
- VOCÊ CIDADÃO ... 96
- VOCÊ LEITOR ... 96
- UM POUCO MAIS ... 98

UNIDADE 4 — FIGURAS GEOMÉTRICAS PLANAS, LOCALIZAÇÃO E DESLOCAMENTO ... 100

ALGUMAS FIGURAS GEOMÉTRICAS PLANAS ... 102
- VOCÊ LEITOR ... 103

TRIÂNGULOS E QUADRILÁTEROS ... 110
- JOGOS E BRINCADEIRAS ... 116

VISTAS ... 118

LOCALIZAÇÃO E DESLOCAMENTO ... 122
- VOCÊ ESCRITOR ... 122
- INTEGRANDO COM GEOGRAFIA E LÍNGUA PORTUGUESA ... 128
- UM POUCO MAIS ... 130

UNIDADE 5 MULTIPLICAÇÃO 132

IDEIAS DA MULTIPLICAÇÃO 134
- MULTIPLICANDO POR 2 138
- MULTIPLICANDO POR 3 139
- MULTIPLICANDO POR 4 140
- MULTIPLICANDO POR 5 141
- MULTIPLICANDO POR 6 142
- MULTIPLICANDO POR 7 143
- MULTIPLICANDO POR 8 144
- MULTIPLICANDO POR 9 145
- MULTIPLICANDO POR 10 146
- MULTIPLICANDO POR 0 E POR 1 147
- JOGOS E BRINCADEIRAS 148

MULTIPLICAÇÃO SEM REAGRUPAMENTO 150
- VOCÊ LEITOR 152

MULTIPLICAÇÃO COM REAGRUPAMENTO 153
- INTEGRANDO COM LÍNGUA PORTUGUESA 158
- UM POUCO MAIS 160
- VOCÊ ESCRITOR 160

UNIDADE 6 DIVISÃO 162

IDEIAS DA DIVISÃO 164
- REPARTIR EM PARTES IGUAIS 164
- MEDIR 170
- VOCÊ ESCRITOR 173

PARTES DE UM INTEIRO 174
- JOGOS E BRINCADEIRAS 176
- VOCÊ CIDADÃO 178
- VOCÊ LEITOR 179
- UM POUCO MAIS 180

UNIDADE 7 — GRANDEZAS E MEDIDAS 182

MEDIDAS DE COMPRIMENTO 184
- O CENTÍMETRO 186
- VOCÊ LEITOR 188
- O METRO 189
- O MILÍMETRO 191

MEDIDAS DE MASSA 192
- O QUILOGRAMA 193
- O GRAMA 195

MEDIDAS DE CAPACIDADE 197
- O LITRO 198
- O MILILITRO 199

MEDIDAS DE TEMPO 200
- VOCÊ ESCRITOR 201
- HORÁRIO ANTES E DEPOIS DO MEIO-DIA 205
- JOGOS E BRINCADEIRAS 208
- VOCÊ CIDADÃO 210
- UM POUCO MAIS 212

UNIDADE 8 — ESTATÍSTICA E PROBABILIDADE 214

ESTATÍSTICA 216
- TABELAS 216
- GRÁFICOS 219

PROBABILIDADE 226
- VOCÊ LEITOR 226
- JOGOS E BRINCADEIRAS 230
- INTEGRANDO COM GEOGRAFIA E HISTÓRIA 232
- UM POUCO MAIS 234

FIQUE LIGADO 238
- SUGESTÕES DE LIVROS 238
- SUGESTÕES DE *SITES* 239

BIBLIOGRAFIA 240
- DOCUMENTOS OFICIAIS 240

MATERIAL COMPLEMENTAR 241

UNIDADE 1
OS NÚMEROS

LOTAÇÃO
30 PESSOAS

ALTURA MÍNIMA
110 cm

110 cm

COMEMORE SEU ANIVERSÁRIO AQUI NO PARQUE!
LIGUE 1356-1258.

1º PRÊMIO: URSO GRANDE
2º PRÊMIO: URSO MÉDIO
3º PRÊMIO: URSO PEQUENO

- Você já foi a um parque de diversões? De que brinquedo você mais gostou?
- Contorne os números que aparecem na cena.
- O que esses números representam? Converse com os colegas.

Onze 11

OS NÚMEROS NO DIA A DIA

Os números podem ser usados em diferentes situações do dia a dia. Veja, a seguir, o que representam os números que aparecem na cena do parque de diversões das páginas 10 e 11.

Nesta placa, o número indica **quantidade**.

Quantidade máxima de pessoas que podem brincar na montanha-russa por vez.

LOTAÇÃO 30 PESSOAS

ILUSTRAÇÕES: DANIEL BOGNI

ALTURA MÍNIMA 110 cm

Neste caso, o número indica **medida**.

Altura mínima, em centímetros, que uma pessoa deve ter para brincar na montanha-russa.

Aqui, os números indicam **ordem**.

Ordem de premiação no jogo das argolas.

1º PRÊMIO: URSO GRANDE
2º PRÊMIO: URSO MÉDIO
3º PRÊMIO: URSO PEQUENO

COMEMORE SEU ANIVERSÁRIO AQUI NO PARQUE! LIGUE 1356-1258.

Nesta placa, o número indica **código**.

Número de telefone do parque de diversões.

1. Escreva o que representa o número em cada situação abaixo: quantidade, medida, ordem ou código.

a) _____

b) _____

c) _____

d) _____

2. Gabriel recebeu uma carta de seu primo Pedro. Veja, ao lado, o envelope da carta:

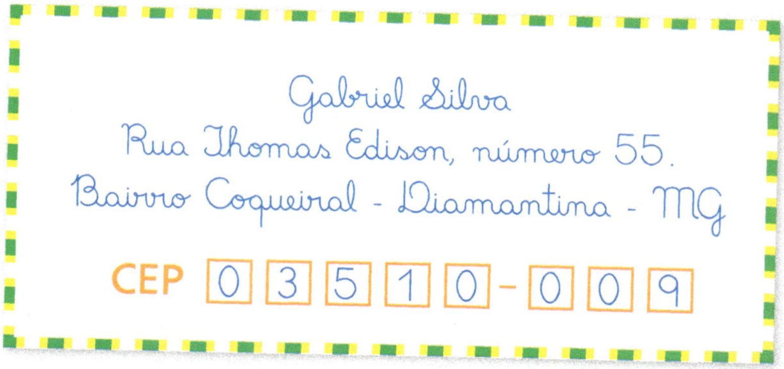

> Gabriel Silva
> Rua Thomas Edison, número 55.
> Bairro Coqueiral - Diamantina - MG
> CEP 0 3 5 1 0 - 0 0 9

a) Escreva os números que indicam o:

- CEP: _____
- número da casa: _____

b) Esses números representam **quantidade, medida, ordem** ou **código**? Explique sua resposta para os colegas.

c) Pesquise e escreva no caderno os seguintes dados sobre uma pessoa para a qual você enviaria uma carta: destinatário, endereço e CEP.

OS NÚMEROS ATÉ A 3ª ORDEM

1. Para facilitar a representação dos números e os cálculos que podemos fazer com eles, utilizamos o **Sistema de Numeração Decimal**. Ele recebe esse nome por se basear em agrupamentos de 10.

Nesse sistema, os números são representados pelos símbolos **0, 1, 2, 3, 4, 5, 6, 7, 8** e **9**, chamados **algarismos** ou símbolos **indo-arábicos**.

Observe como podemos representar com o **material dourado** uma unidade e uma dezena.

1 unidade ou um

1 dezena ou 10 unidades ou dez

A palavra decimal lembra a palavra dez!

Agora, complete com as informações que estão faltando.

2 dezenas ou _____ unidades ou vinte.

3 dezenas ou _____ unidades ou trinta.

_____ dezenas ou _____ unidades ou quarenta.

_____ dezenas ou _____ unidades ou cinquenta.

_____ dezenas ou _____ unidades ou _____.

_____ dezenas ou _____ unidades ou _____.

_____ dezenas ou _____ unidades ou _____.

_____ dezenas ou _____ unidades ou _____.

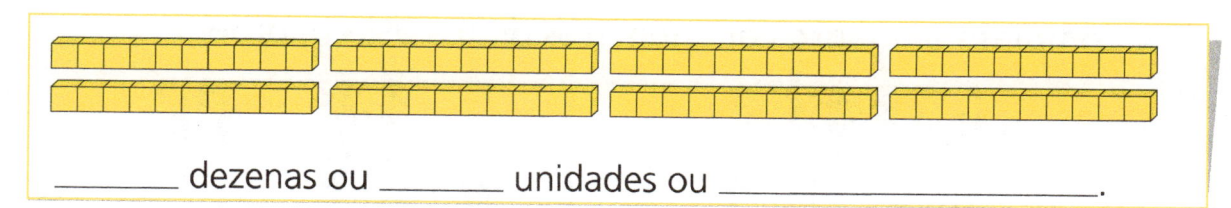

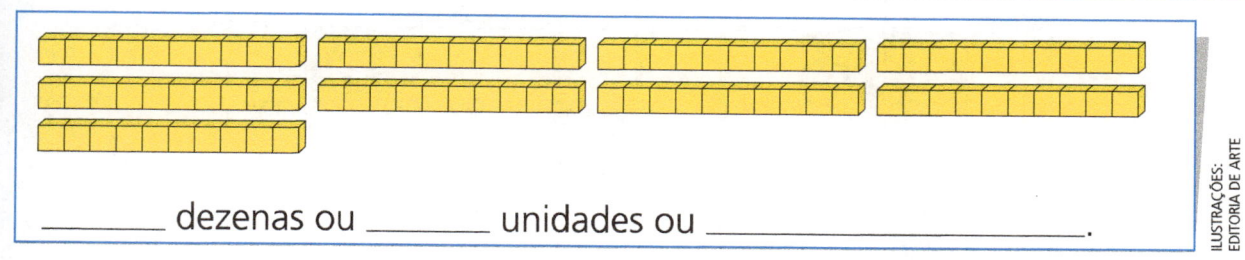

2. Veja como Bernardo resolveu mentalmente a adição 20 + 70. Depois, faça como ele e calcule mentalmente.

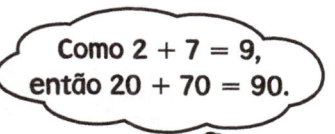

Como 2 + 7 = 9, então 20 + 70 = 90.

a) 40 + 40 = _____   c) 80 − 70 = _____

b) 10 + 30 = _____   d) 50 − 30 = _____

3. Leia a tirinha e faça o que se pede.

PODE ESCOLHER, FILHO!

QUAL VOCÊ ACHA MELHOR?

NEM UMA COISA NEM OUTRA!

8   80

Alexandre Beck. **Armandinho Quatro**. Florianópolis: A. C. Beck, 2015. p. 80.

a) O que representam os números que aparecem na tirinha? Troque ideias com os colegas.

b) Veja a representação dos números **8** e **80** no quadro de ordens. Depois, escreva os números abaixo nos quadros de ordens.

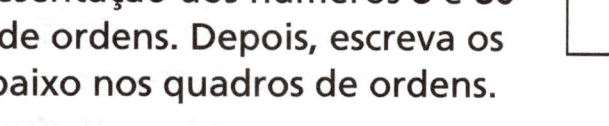

D	U
	8

D	U
8	0

• 3 e 30.

D	U

D	U

• 7 e 70.

D	U

D	U

Quinze **15**

4. Complete o quadro com números de 0 a 99, em ordem.

0	1	2					7		9
10						16	17		
	21	22						28	
					35				
	41								
				54					
60		62							
70		72	73					78	
					85	86			
									99

Observe o quadro e faça o que se pede.

a) O que os números em uma mesma coluna têm em comum? E os números em uma mesma linha? Converse com os colegas.

b) Complete as sentenças.

- Em uma linha, da esquerda para a direita, os números aumentam em _____ unidade.

- Em uma coluna, de cima para baixo, os números aumentam em _____ unidades.

c) No quadro acima, pinte o quadrinho que contém um número maior que 81 e menor que 89.

d) Escolha um número do quadro acima e peça a um colega que o escreva por extenso e o represente no quadro de ordens. Faça o mesmo com o número que ele escolheu.

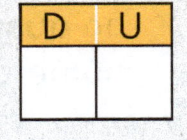

D	U

16 Dezesseis

5. Marcos sacou **cem** reais em um caixa eletrônico. Observe as cédulas que ele recebeu.

As cédulas não estão em tamanho real.

CÉDULAS: CASA DA MOEDA DO BRASIL

a) Qual é o valor de cada uma dessas cédulas? _____

b) Por qual cédula abaixo Marcos pode trocar toda essa quantia? Marque com um ✗.

c) Agora, complete com as informações que faltam.

200 reais ou duzentos reais.    _____ reais ou trezentos reais.

_____ reais ou quatrocentos reais.    _____ reais ou quinhentos reais.

Dezessete   **17**

6. No material dourado, podemos representar o número cem ou uma centena por uma placa, que equivale a 10 barras.

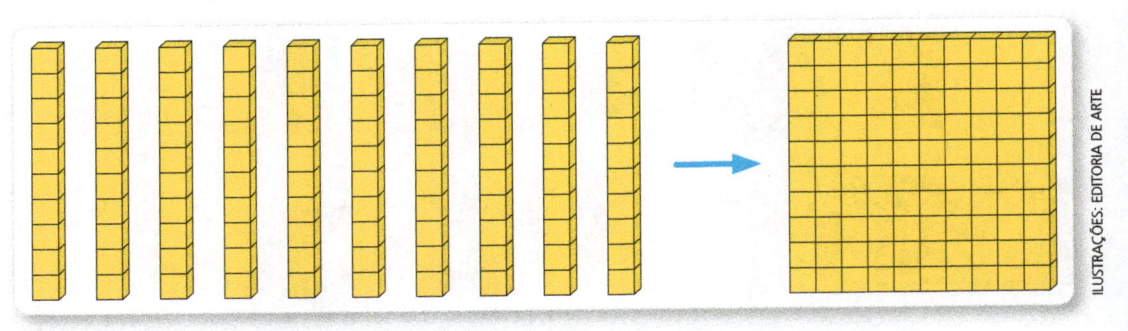

- Agora, complete com as informações que faltam.

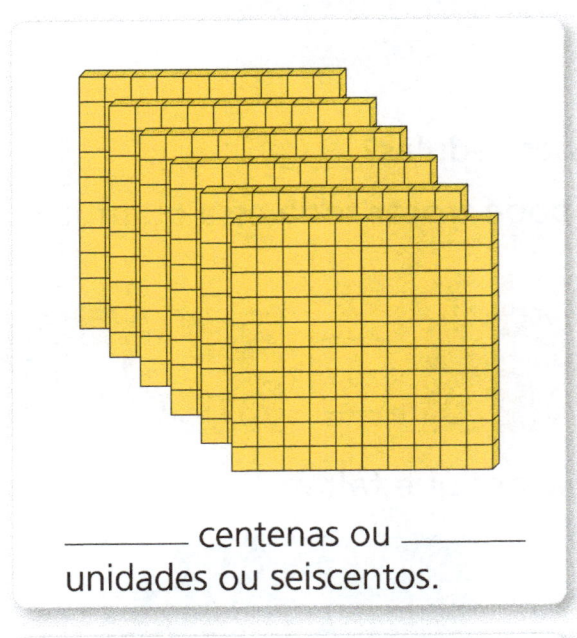

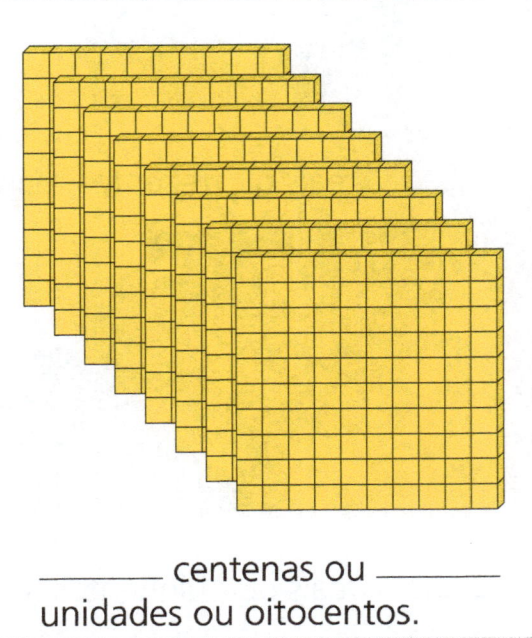

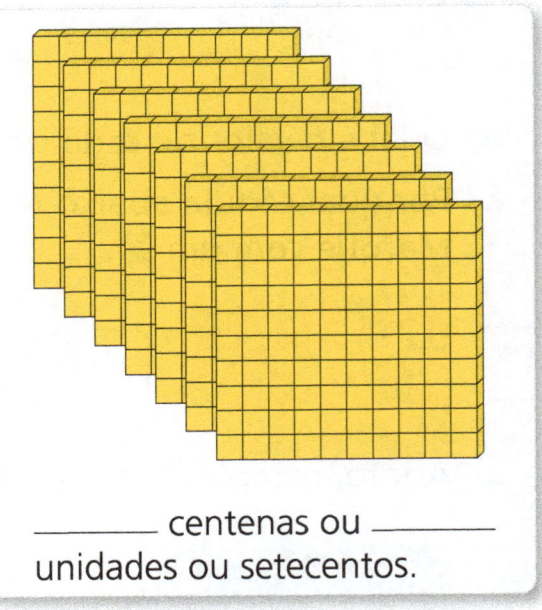

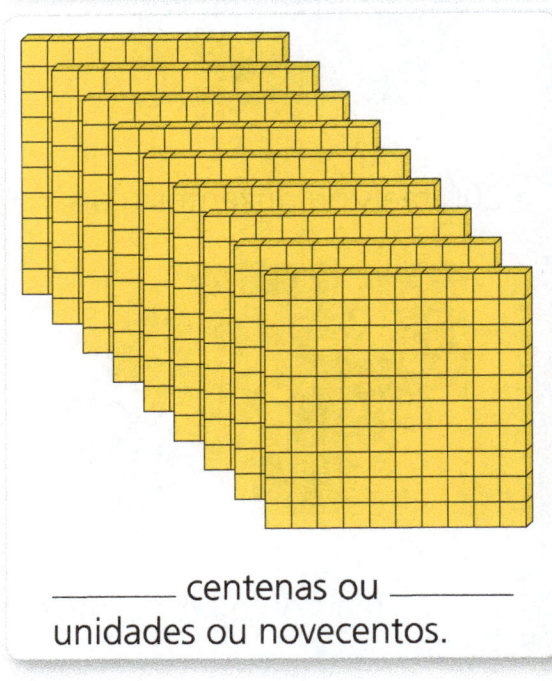

_____ centenas ou _____ unidades ou seiscentos.

_____ centenas ou _____ unidades ou setecentos.

_____ centenas ou _____ unidades ou oitocentos.

_____ centenas ou _____ unidades ou novecentos.

18 Dezoito

7. Os indígenas brasileiros possuem riquezas culturais próprias. São faladas, por exemplo, **274** línguas indígenas diferentes no Brasil.

a) Veja como podemos representar essa quantidade de línguas indígenas com o material dourado e complete com as informações que estão faltando.

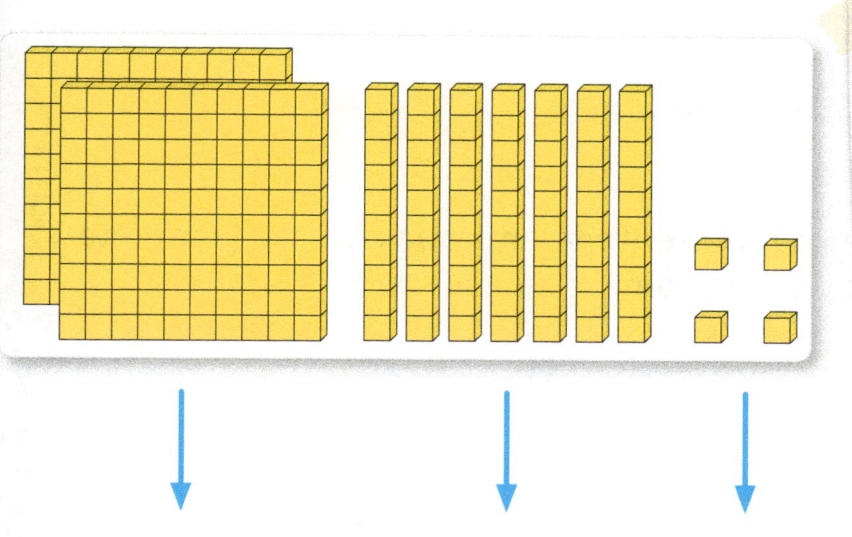

A língua Tikúna é a mais falada entre os indígenas brasileiros.

2 centenas, _____ dezenas e _____ unidades

200 + _____ + _____ = _____

duzentos e setenta e quatro

C	D	U
2		

b) Agora, observe a quantidade de etnias indígenas do Brasil representada com o material dourado e escreva essa quantidade no quadro de ordens.

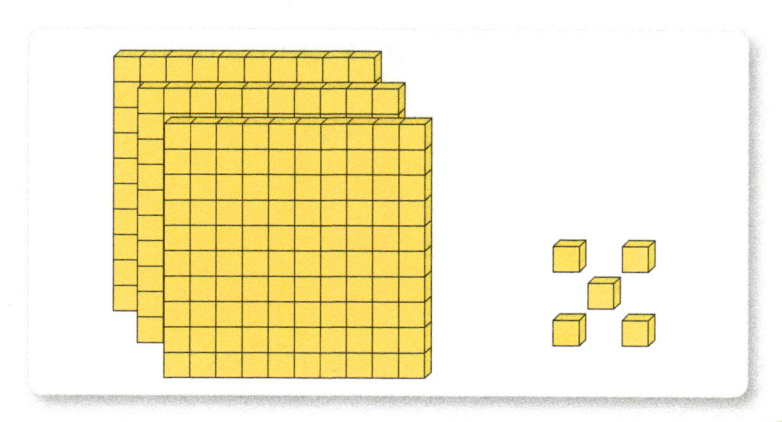

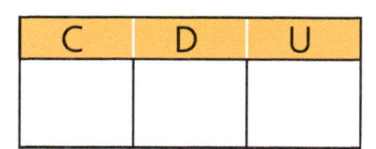

C	D	U

Dezenove **19**

8. Veja como Alex representou o número 623 no **ábaco**.

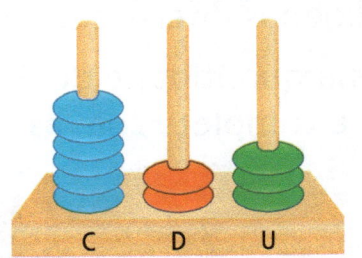

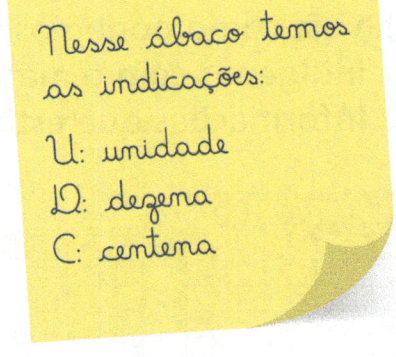

6 centenas, 2 dezenas e 3 unidades

600 + 20 + 3 = 623

Nesse ábaco temos as indicações:

U: unidade
D: dezena
C: centena

• Identifique o número representado em cada ábaco e complete com as informações que faltam.

a)

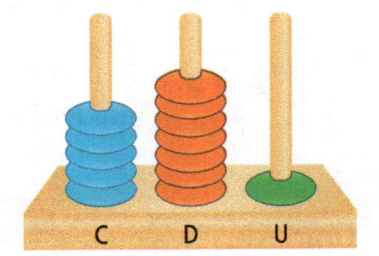

_____ centenas, _____ dezenas

e _____ unidade

500 + 70 + _____ = _____

b)

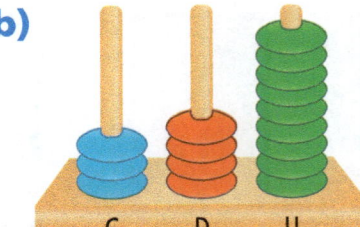

_____ centenas, _____ dezenas

e _____ unidades

_____ + _____ + _____ = _____

9. Indique um número no quadro de ordens. Depois, peça a um colega que desenhe argolas no ábaco para representar esse número. Faça o mesmo com o número que ele escolheu.

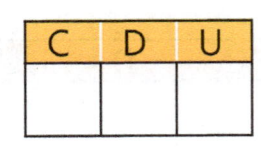

C	D	U

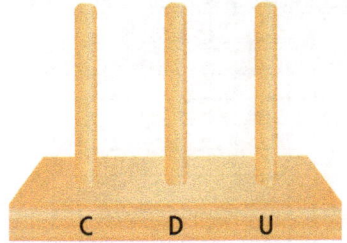

10. Utilizando os algarismos **4**, **1** e **5**, sem repeti-los, escreva um número em que:

a) o algarismo **5** represente cinco centenas: _____.

b) o algarismo **4** represente quatro dezenas: _____.

20 Vinte

NÚMEROS PARES E NÚMEROS ÍMPARES

1. Em alguns países, é comum comer com o *hashi*, um par de varetas utilizadas como talheres nas refeições.

Adoro comer usando hashi!

Érica tem seis estojos com varetas de *hashi*. Indique quantas varetas há em cada estojo.

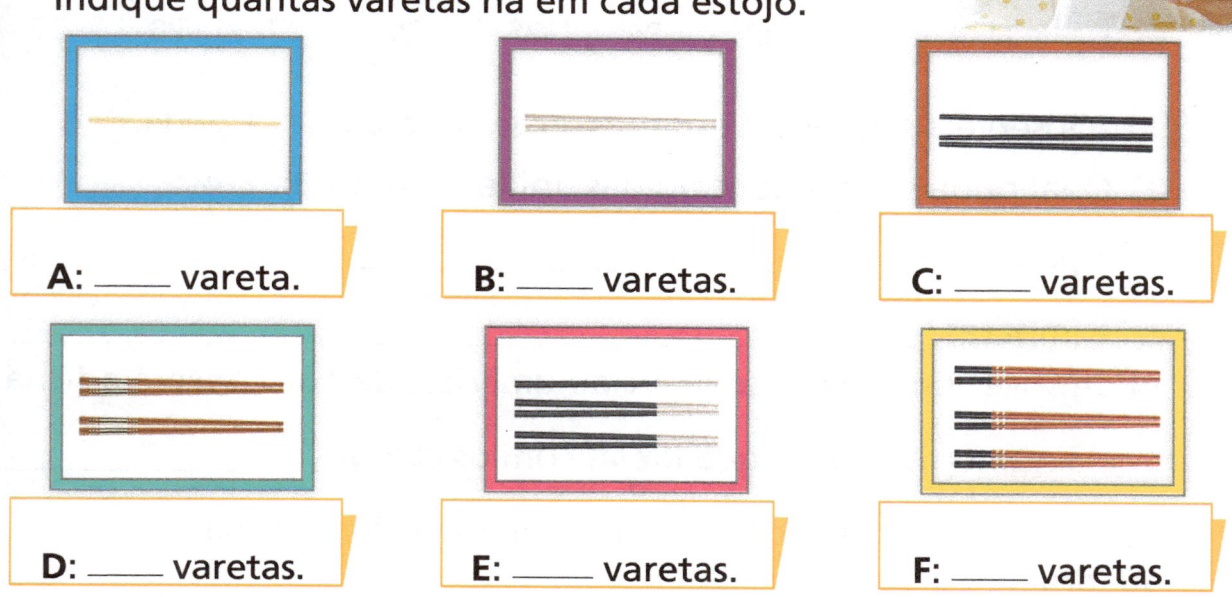

A: _____ vareta.

B: _____ varetas.

C: _____ varetas.

D: _____ varetas.

E: _____ varetas.

F: _____ varetas.

a) Em cada estojo, quantos pares de *hashi* Érica pode formar?

- A: _____ par de *hashi*.
- B: _____ par de *hashi*.
- C: _____ par de *hashi*.
- D: _____ pares de *hashi*.
- E: _____ pares de *hashi*.
- F: _____ pares de *hashi*.

b) Com qual destas quantidades de varetas é possível formar pares de *hashi* sem haver sobra? Marque a resposta com um ✗.

☐ 7 varetas   ☐ 8 varetas   ☐ 9 varetas

- Essa quantidade é representada por um número par ou ímpar?

_____

c) Das quantidades de varetas existentes em cada estojo de Érica, quais são representadas por números:

- pares? _____
- ímpares? _____

Vinte e um **21**

2. Na sequência numérica abaixo, pinte de:

▬ as fichas com números **pares**.   ▬ as fichas com números **ímpares**.

(0) (1) (2) (3) (4) (5) (6) (7) (8) (9)

(10) (11) (12) (13) (14) (15) (16) (17) (18) (19)

(20) (21) (22) (23) (24) (25) (26) (27) (28) (29)

Observe a sequência dos números e faça o que se pede.

a) Qual pode ser o algarismo das unidades nos números:

  • pares? _____

  • ímpares? _____

b) Se você continuar a sequência numérica, de que cor será a ficha do número 245? Troque ideias com os colegas. _____

3. As meninas da turma de Luísa adoram jogar futebol na quadra da escola.

DAYANE RAVEN

a) A quantidade de meninas da turma é representada por um número par ou ímpar? _____

b) Elas podem formar dois times com a mesma quantidade de meninas sem haver sobra? Explique como pensou.

_____

22 Vinte e dois

COMPARANDO NÚMEROS

1. O diretor de uma escola precisa comprar alguns produtos para a secretaria. Ele pesquisou os preços em duas lojas. Observe.

Impressora
Loja A: 349 reais
Loja B: 415 reais

Monitor
Loja A: 679 reais
Loja B: 638 reais

Telefone
Loja A: 118 reais
Loja B: 112 reais

Veja como podemos comparar os preços de cada produto e complete.

- **Impressora**

C	D	U
3	4	9

C	D	U
4	1	5

O número 349 tem 3 centenas, e 415 tem 4 centenas. Então, 415 é maior que 349.

A impressora tem o maior preço na loja _____.

- **Monitor**

C	D	U
6	**7**	9

C	D	U
6	**3**	8

Os números 679 e 638 têm a mesma quantidade de centenas, mas 679 tem mais dezenas que 638. Então, 679 é maior que 638.

O monitor tem o maior preço na loja _____.

- **Telefone**

C	D	U
1	1	**8**

C	D	U
1	1	**2**

Os números 118 e 112 têm a mesma quantidade de centenas e de dezenas, mas 118 tem mais unidades que 112. Então, 118 é maior que 112.

O telefone tem o maior preço na loja _____.

Vinte e três **23**

2. O uso do protetor solar é importante para evitar doenças na pele. Esses produtos possuem um Fator de Proteção Solar (FPS), ou seja, quanto maior o FPS, maior a proteção que proporcionam.

Alice vai comprar um protetor solar com FPS maior que 50. Marque com um ✗ os protetores que ela pode comprar.

FPS 60 ☐   FPS 30 ☐   FPS 80 ☐

3. Quatro irmãos fizeram matrícula em uma escola de natação.

Paulo   Roberto   Diogo   Jonas

Estime a altura dos quatro irmãos e complete a ficha de matrícula com o nome de cada um.

ESCOLA NADANDO BEM
- Aluno: _____ da Silva
- Altura: 177 cm

ESCOLA NADANDO BEM
- Aluno: _____ da Silva
- Altura: 152 cm

ESCOLA NADANDO BEM
- Aluno: _____ da Silva
- Altura: 86 cm

ESCOLA NADANDO BEM
- Aluno: _____ da Silva
- Altura: 126 cm

VOCÊ LEITOR

4. Renê aprendeu a procurar palavras no dicionário.

> No dicionário, as palavras estão em ordem alfabética: primeiro aparecem as que começam com a letra **A**, depois com **B**, até chegar às palavras com **Z**.

a) Você já procurou palavras no dicionário? Comente com os colegas.

b) Marque com um ✘ a palavra que aparece primeiro no dicionário.

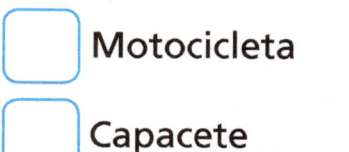

☐ Motocicleta ☐ Feijão

☐ Capacete ☐ Forno

c) Renê copiou palavras do dicionário e anotou os números das páginas em que estão essas palavras. Ligue cada palavra ao número provável da sua página.

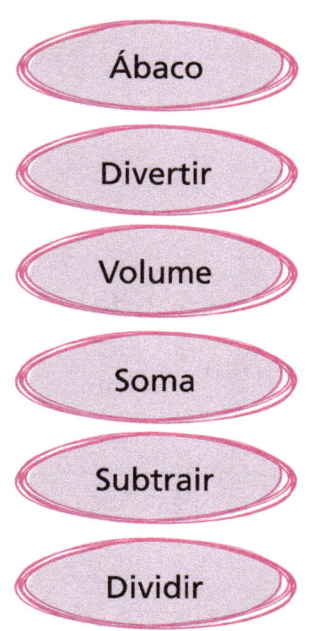

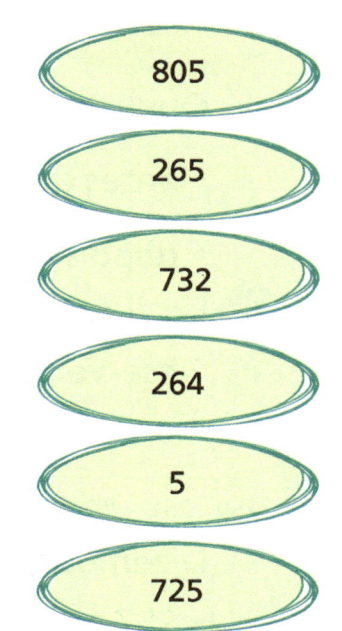

Ábaco	805
Divertir	265
Volume	732
Soma	264
Subtrair	5
Dividir	725

VOCÊ ESCRITOR

d) Escreva no caderno três palavras em ordem alfabética e procure-as em um dicionário. Depois, escreva o número da página em que cada palavra está e confira se as palavras seguem a ordem em que você as escreveu.

5. Em uma farmácia, os clientes devem retirar uma senha para serem atendidos. Veja a senha que Cléber retirou.

a) Escreva, no quadro de ordens, o número da senha de Cléber.

C	D	U

b) Veja o número da senha de outros clientes da farmácia.

João — 278
Gabriele — 257
Isabela — 300
Raul — 259

Quem será atendido logo:

- antes de Cléber? _____

- depois de Cléber? _____

Explique para os colegas como pensou para responder.

c) Observe o número destacado na reta numérica.

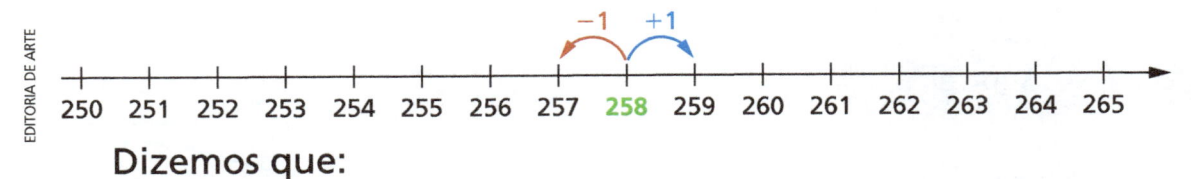

250 251 252 253 254 255 256 257 **258** 259 260 261 262 263 264 265

Dizemos que:

- 257 é o **antecessor** de 258, pois vem logo **antes** de 258.
- 259 é o **sucessor** de 258, pois vem logo **depois** de 258.

Agora, escreva o sucessor e o antecessor de:

_____ 263 _____   _____ 260 _____

_____ 254 _____   _____ 251 _____

26 Vinte e seis

6. Leia esta tirinha do Menino Caranguejo.

> HUMANOS GOSTAM MUITO DE **CRIAR**! FAZEM OBRAS DE ARTE E INVENTAM ATÉ AVIÕES!

> MAS SE TEM UMA COISA QUE TODOS ELES SABEM CRIAR, É **LIXO**!

> É UMA **PENA** QUE MUITOS DELES NÃO SAIBAM **CUIDAR** DE **SUAS CRIAÇÕES**!

a) Por que o personagem disse que muitos seres humanos não sabem cuidar de suas criações? Troque ideias com os colegas.

b) Alguns materiais demoram muitos anos para se decompor no meio ambiente. Associe os números ordinais 1º a 4º aos materiais abaixo, do que tem menor tempo para o que tem maior tempo de decomposição.

Tempo aproximado de decomposição de alguns materiais

ALUMÍNIO	VIDRO	PLÁSTICO	PAPEL
Mais de 200 anos.	Mais de 900 anos.	Mais de 400 anos.	De 3 a 6 meses.

Fonte: BRASIL. Ministério do Meio Ambiente. **Qual é o impacto das embalagens no meio ambiente?** Brasília, DF. Disponível em: http://www.mma.gov.br/responsabilidade-socioambiental/producao-e-consumo-sustentavel/consumo-consciente-de-embalagem/impacto-das-embalagens-no-meio-ambiente. Acesso em: 14 mar. 2017.

7. Os amigos Ronaldo, Luana e Lúcio participaram de uma corrida. Veja o resultado de cada um.

RESULTADOS

PARTICIPANTE	TEMPO	COLOCAÇÃO
RONALDO DE OLIVEIRA	56 MINUTOS	105º
LUANA SOUSA	77 MINUTOS	969º
LÚCIO DA SILVA	64 MINUTOS	310º

a) Dos três amigos, quem obteve a melhor colocação? _____

b) Outro atleta terminou a corrida em 68 minutos. Esse atleta chegou depois de:

☐ Ronaldo. ☐ Luana. ☐ Lúcio.

OS NÚMEROS ATÉ A 4ª ORDEM

1. Maíra adora as revistas em quadrinhos da Garota Maravilhosa e tem todas as edições já lançadas. A última edição que ela comprou é de número 999.

Maíra aguarda ansiosa a próxima edição. Observe qual será o número dessa edição:

$$999 + 1 = \underbrace{1\,000}_{\text{um mil}}$$

Podemos representar o número **1 000** no ábaco e no material dourado.

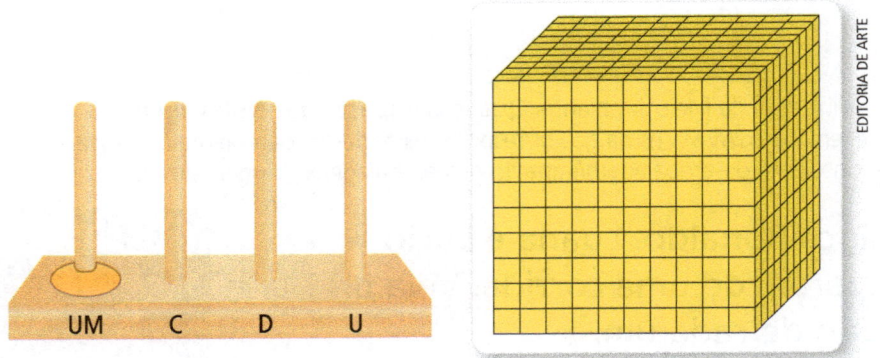

No ábaco, **UM** indica a ordem da **unidade de milhar**, ou seja, a 4ª ordem.

• Contorne a ficha que indica o número da edição da revista que será lançada após a de número **um mil**.

| 998 | 1 001 | 2 000 | 1 100 |

28 Vinte e oito

2. Os amigos Francisco, Paula e Teresa adoram o jogo da gelatina. Nesse jogo, as gelatinas premiadas valem pontos.

Gelatina de morango vale 1 000 pontos.

Gelatina de limão vale 10 pontos.

Gelatina de abacaxi vale 100 pontos.

Gelatina de uva vale 1 ponto.

Observe a pontuação dos amigos em uma partida e complete com as informações que faltam.

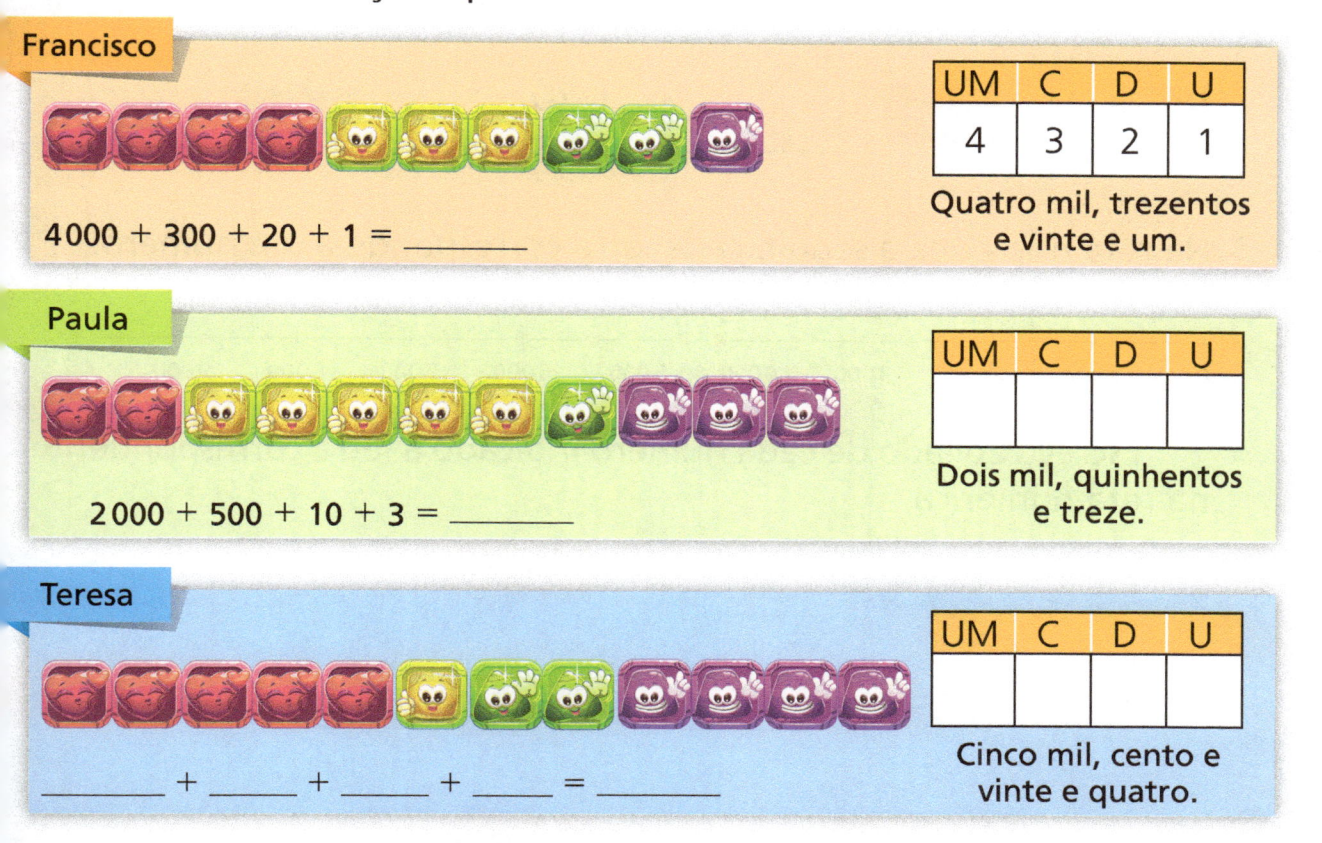

Francisco

4000 + 300 + 20 + 1 = _____

UM	C	D	U
4	3	2	1

Quatro mil, trezentos e vinte e um.

Paula

2 000 + 500 + 10 + 3 = _____

UM	C	D	U

Dois mil, quinhentos e treze.

Teresa

_____ + _____ + _____ + _____ = _____

UM	C	D	U

Cinco mil, cento e vinte e quatro.

• Qual amigo fez mais pontos? _____

3. Decomponha cada número e escreva-o por extenso.

a) 6 892 = _____ + _____ + _____ + _____

_____

b) 3 477 = _____ + _____ + _____ + _____

_____

c) 9 256 = _____ + _____ + _____ + _____

_____

d) 8 013 = _____ + _____ + _____ + _____

_____

4. Em cada item, indique o antecessor e o sucessor do número.

a) _____ 3 835 _____

b) _____ 5 800 _____

c) _____ 2 000 _____

d) _____ 7 999 _____

5. Na reta numérica a seguir, cada letra corresponde a um número.

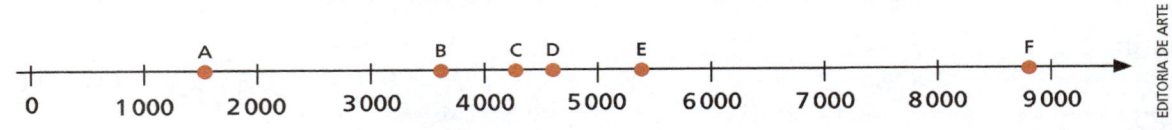

A — entre 1000 e 2000
B — próximo de 4000
C D — próximo de 4500
E — próximo de 5500
F — próximo de 8500

0 1 000 2 000 3 000 4 000 5 000 6 000 7 000 8 000 9 000

Escreva ao lado de cada número indicado a letra correspondente na reta numérica.

4 782 _____   3 720 _____

5 335 _____   8 985 _____

1 542 _____   4 279 _____

30 Trinta

6. Observe a tabela.

População de alguns municípios brasileiros por sexo, em 2010		
Município	Homens	Mulheres
Águas de São Pedro (SP)	1 262	1 445
São João da Fronteira (PI)	2 805	2 803
Capinzal do Norte (MA)	5 345	5 353
Alto Araguaia (MT)	8 011	7 633

Fonte: IBGE. **Cidades@**. Disponível em: <http://www.cidades.ibge.gov.br/xtras/home.php>. Acesso em: 17 abr. 2017.

Agora, compare as populações de homens e mulheres de cada um desses municípios. Em quais municípios a população de:

a) homens é maior que a de mulheres?

_____

b) mulheres é maior que a de homens?

_____

7. Na cidade em que você mora há salas de cinema? No Brasil, a primeira sala de exibição foi inaugurada em 1897. Atualmente, são milhares de salas espalhadas por todo o país. Preencha o gráfico a seguir com os números do quadro ao lado.

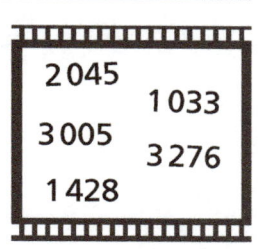

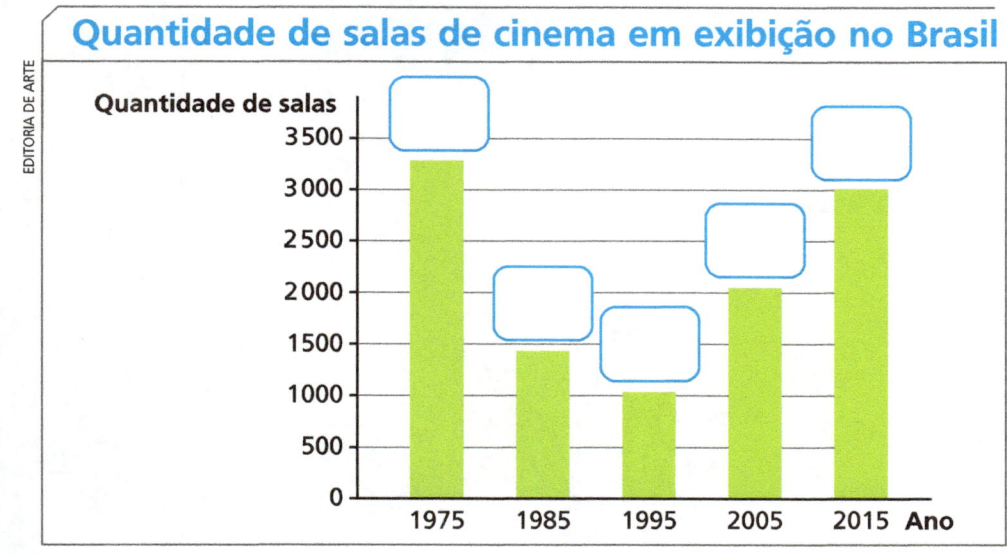

2 045
1 033
3 005
3 276
1 428

Quantidade de salas de cinema em exibição no Brasil

Fonte: OBSERVATÓRIO BRASILEIRO DO CINEMA E DO AUDIOVISUAL (OCA). Disponível em: <http://oca.ancine.gov.br>. Acesso em: 17 abr. 2017.

a) Em qual ano havia mais salas de cinema? _____

b) Em 2015, havia quantas salas de cinema? _____

JOGOS E BRINCADEIRAS

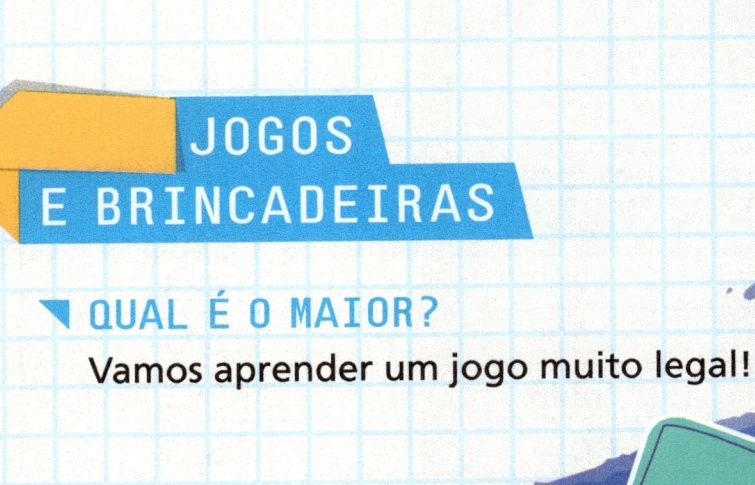

▼ QUAL É O MAIOR?
Vamos aprender um jogo muito legal!

MATERIAL

- Cartolina
- Tesoura com pontas arredondadas
- Régua
- Canetas coloridas

32 Trinta e dois

COMO JOGAR

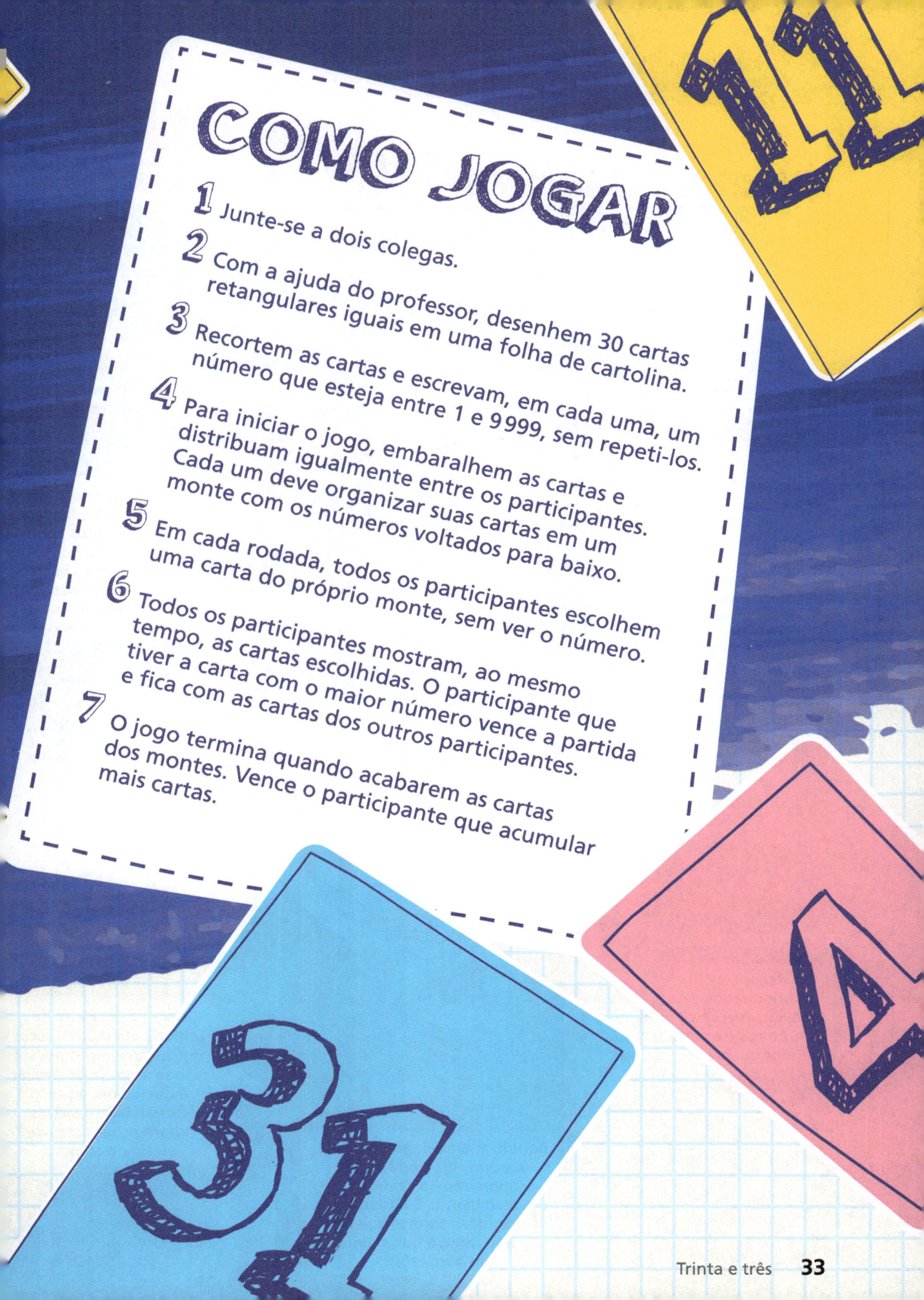

1. Junte-se a dois colegas.
2. Com a ajuda do professor, desenhem 30 cartas retangulares iguais em uma folha de cartolina.
3. Recortem as cartas e escrevam, em cada uma, um número que esteja entre 1 e 9 999, sem repeti-los.
4. Para iniciar o jogo, embaralhem as cartas e distribuam igualmente entre os participantes. Cada um deve organizar suas cartas em um monte com os números voltados para baixo.
5. Em cada rodada, todos os participantes escolhem uma carta do próprio monte, sem ver o número.
6. Todos os participantes mostram, ao mesmo tempo, as cartas escolhidas. O participante que tiver a carta com o maior número vence a partida e fica com as cartas dos outros participantes.
7. O jogo termina quando acabarem as cartas dos montes. Vence o participante que acumular mais cartas.

Trinta e três 33

VOCÊ CIDADÃO

Você já pensou quanto custam os itens de que necessitamos para viver? Alimentação, habitação, água, energia elétrica, vestuário, material escolar, todos esses itens têm um custo financeiro e para o meio ambiente.

Por isso, é importante consumi-los de maneira responsável. Veja algumas dicas para economizar e evitar desperdícios.

PENSAR ANTES DE COMPRAR

Antes de fazer uma compra, é preciso avaliar se realmente há necessidade e se não compromete os recursos naturais ou se não há desperdício.

COMPARAR PREÇOS

É importante comparar o preço e a qualidade dos produtos antes de comprá-los. Um produto mais barato pode ter a mesma qualidade de outro semelhante e mais caro.

QUANTO CUSTA?

RECUPERAR OBJETOS

Recuperar brinquedos, móveis, aparelhos eletrônicos e outros objetos quebrados.

APROVEITAR PROMOÇÕES

Para economizar, dê preferência aos produtos que estão em promoção. Não se esqueça de avaliar a qualidade, o prazo de validade e outras informações antes de efetuar a compra.

REAPROVEITAR E DOAR OBJETOS

Reutilizar embalagens, roupas e outros objetos ajuda a economizar e a preservar o meio ambiente. É importante, ainda, doar objetos que não usamos mais e que estejam em bom estado.

1 Que ações devemos adotar para consumir de maneira responsável? Marque as respostas com um ✗.

- [ ] Avaliar se o produto é necessário.
- [✗] Comprar sem pesquisar preços.
- [ ] Procurar por promoções.
- [ ] Escolher marcas famosas.
- [ ] Pesquisar preços.

2 Pedro separou alguns pares de calçados para doação.

Tênis número 29.

Sapatos número 35.

Sandálias número 32.

Chinelos número 31.

a) Lúcio, irmão de Pedro, está usando calçados número 32. Quais desses pares de calçados ele não poderia aproveitar por serem menores que os que ele usa?

_____

b) Você e seus familiares costumam doar os calçados que não usam mais?

3 Júlia pesquisou o preço de uma bicicleta em diferentes lojas.

Loja das Bicicletas — BICICLETA LINDINHA POR APENAS 120 REAIS

Loja Pedalar — BICICLETA LINDINHA POR APENAS 100 REAIS VENHA CONFERIR!

Loja Bom Passeio — BICICLETA LINDINHA POR APENAS 150 REAIS APROVEITE!

a) Em qual loja o preço da bicicleta é maior?

_____

b) Em qual loja você acha que Júlia deve comprar a bicicleta? Por quê?

_____
_____
_____

Trinta e cinco **35**

UM POUCO MAIS

1. Contorne os números que aparecem na cena a seguir.

Quais desses números representam:

- quantidade? _____
- ordem? _____
- medida? _____
- código? _____

2. Natália escreveu um número no quadro de ordens e ocultou o algarismo das unidades.

Veja as dicas e descubra qual é esse número.

- É par.
- É menor que 524.
- Os algarismos não se repetem.

C	D	U
5	2	

_____

36 Trinta e seis

3. Na papelaria do bairro onde Alba mora, são vendidos dois tipos de pacotes de papel sulfite reciclado.

a) Observe quantos desses pacotes Alba comprou e escreva a quantidade de folhas de sulfite com algarismos e por extenso.

_____

_____

b) Explique como Alba pode comprar 2 000 folhas de sulfite nessa papelaria.

4. Escreva o número representado em cada ábaco.

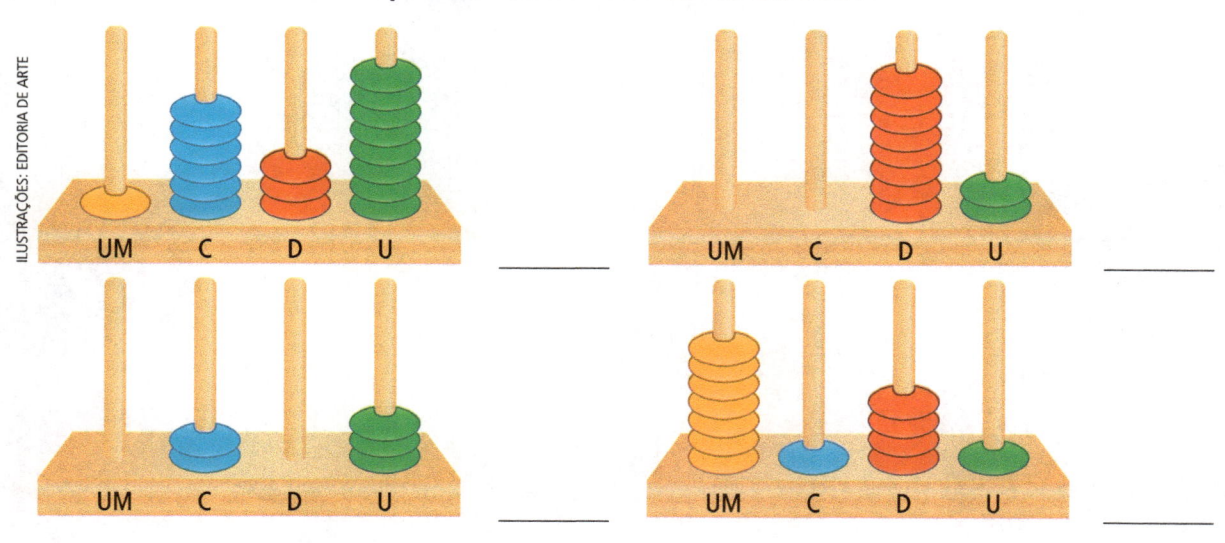

a) Quais desses números são:

• ímpares? _____   • pares? _____

b) Escreva esses números em ordem crescente, ou seja, do menor para o maior.

_____

Trinta e sete **37**

UNIDADE 2
FIGURAS GEOMÉTRICAS ESPACIAIS

- O que mostra a cena? Converse com os colegas.
- Quantas praças há no seu bairro? Você já visitou alguma delas?
- Na sala de aula, existem objetos cujas formas lembram as de alguns objetos presentes na cena? Quais?

FIGURAS GEOMÉTRICAS ESPACIAIS

1. Na cena das páginas **38** e **39**, há objetos que lembram a forma de algumas figuras geométricas espaciais.

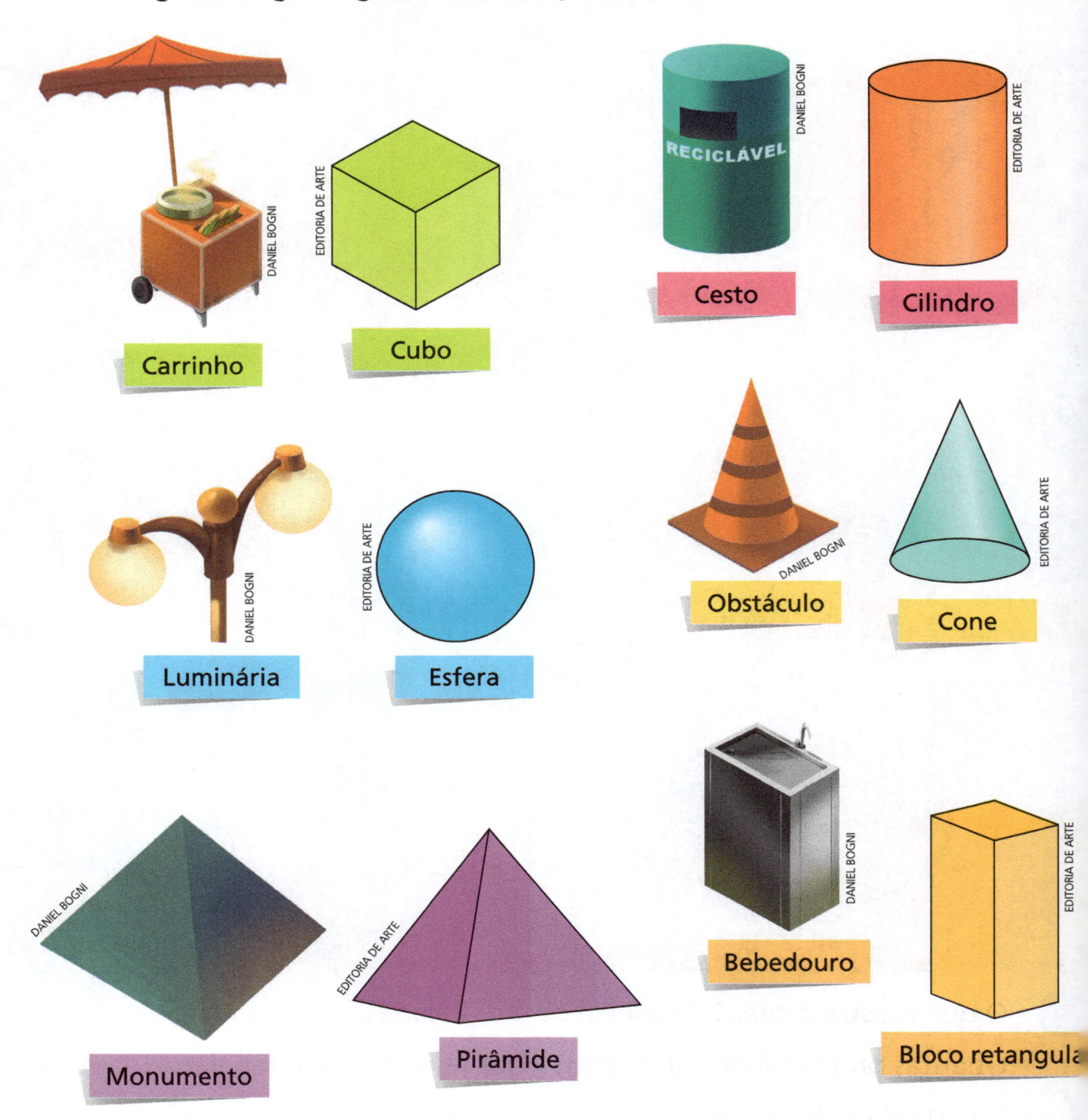

Carrinho — Cubo

Cesto — Cilindro

Luminária — Esfera

Obstáculo — Cone

Monumento — Pirâmide

Bebedouro — Bloco retangular

Observe os objetos apresentados acima e contorne-os na cena das páginas **38** e **39**.

40 Quarenta

2. Escreva o nome da figura geométrica espacial que cada objeto lembra.

Elementos fora de proporção.

a) _____

c) _____

e) _____

b) _____

d) _____

f) _____

3. A professora de Luísa fez um experimento com alguns objetos que lembram a forma de figuras geométricas espaciais. Ela posicionou os objetos no topo de uma rampa e verificou quais deles rolam com "mais facilidade".

a) Marque com um ✘ os objetos que você acha que rolaram com facilidade pela rampa na posição em que estão apoiados na mesa.

b) Das figuras que você assinalou no item **a**, quais delas têm parte da superfície arredondada? Troque ideias com o professor e os colegas.

Quarenta e um **41**

CUBO

1. Leia a tirinha a seguir.

Alexandre Beck. **Armandinho Cinco**. Florianópolis: A. C. Beck, 2015. p. 50.

Nessa tirinha, o Armandinho está segurando uma caixa, cuja forma lembra um **cubo**.

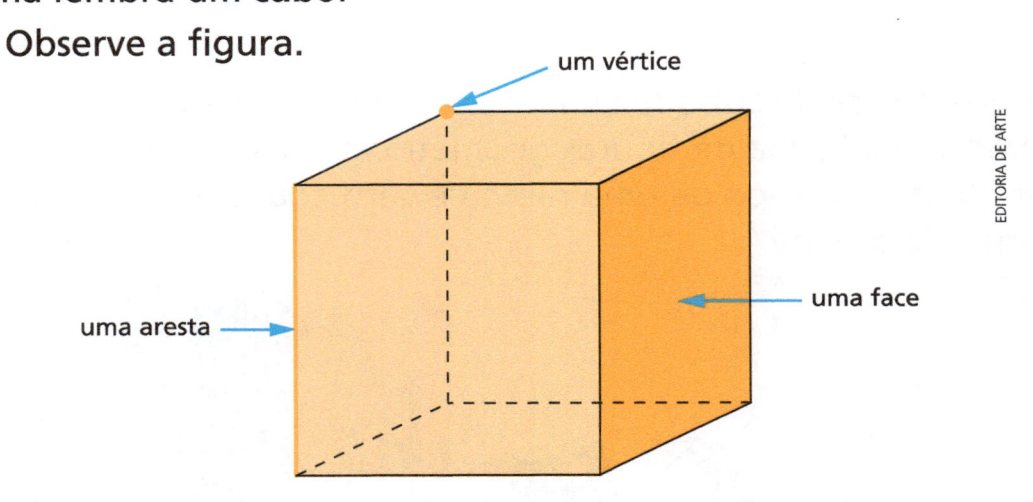

Observe a figura.

um vértice

uma aresta

uma face

Destaque o molde da página **241**, que representa um cubo, e monte-o. Indique a quantidade de faces, arestas e vértices do cubo.

_____ faces.   _____ arestas.   _____ vértices.

2. Usando uma régua, meça as arestas representadas no molde que você montou na atividade anterior. O que você percebeu?

_____

_____

_____

42   Quarenta e dois

3. Débora está colando alguns pedaços de barbante para enfeitar o objeto montado que lembra a forma de um cubo. Veja ao lado.

Quantos centímetros de barbante você acha que Débora vai usar para colar em todas as arestas?

10 cm

4. Veja como Vítor montou um dado para jogar com os amigos.

Etapa 1

Ele contornou cada parte de um objeto de madeira que lembra a forma de um cubo.

Etapa 2

Recortou as figuras que ele desenhou na Etapa **1**.

Etapa 3

Colou as figuras com fita adesiva. Essa composição representa uma planificação do cubo.

Etapa 4

Montou o dado e indicou os pontos em cada face.

a) As figuras que Vítor recortou na Etapa **2** lembram qual figura geométrica plana: triângulo, quadrado ou círculo? _____

b) Faça como Vítor: contorne parte de um objeto e construa a representação da planificação de um cubo. Depois, monte-a.

Quarenta e três **43**

5. O **material dourado** é muito útil para contar e fazer cálculos. Suas peças são compostas de partes que lembram a forma do cubo. Costumamos chamá-las de "cubinhos".

Escreva quantos cubinhos compõem cada peça a seguir.

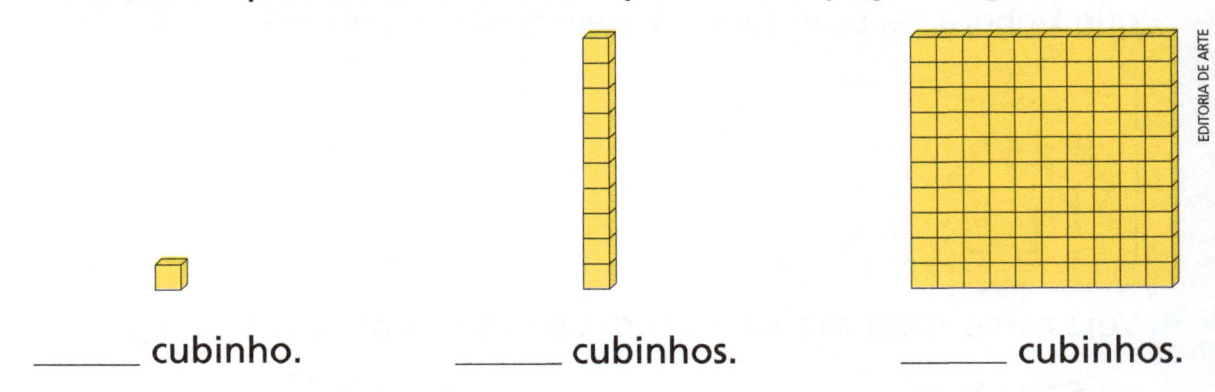

_____ cubinho.   _____ cubinhos.   _____ cubinhos.

6. Em uma mesa, Vitória apoiou uma caixa que lembra a forma de um cubo em algumas posições.

Posição 1   Posição 2   Posição 3

a) Escreva, em cada posição, o que a parte da caixa apoiada na mesa representa em um cubo: face, aresta ou vértice.

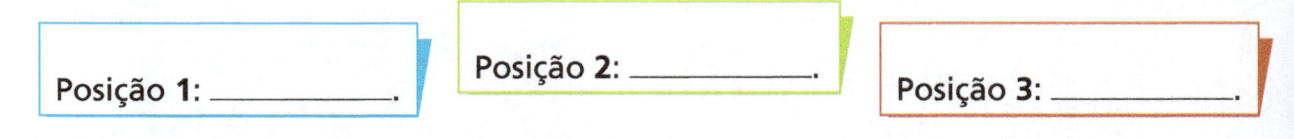

Posição 1: _____.

Posição 2: _____.

Posição 3: _____.

b) Em quais dessas posições você acha que a caixa pode se manter sem que Vitória a segure? Troque ideias com os colegas.

7. Observe ao lado o molde de um dado traçado por Carlos.

Nesse dado, a soma dos números escritos em cada par de faces opostas é 7. Complete a figura com os números que faltam.

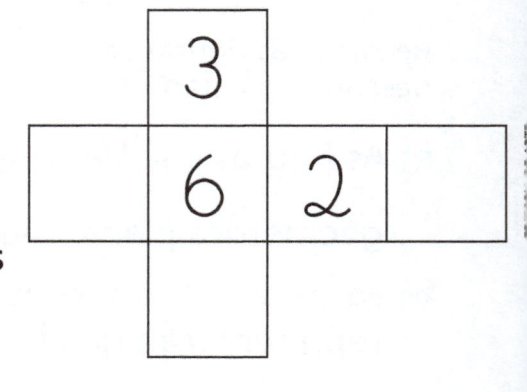

BLOCO RETANGULAR OU PARALELEPÍPEDO

1. Algumas ruas são revestidas de peças que lembram a forma de um **bloco retangular** ou **paralelepípedo**.

Rua de paralelepípedos na cidade de Triunfo, Pernambuco.

Observe a figura:

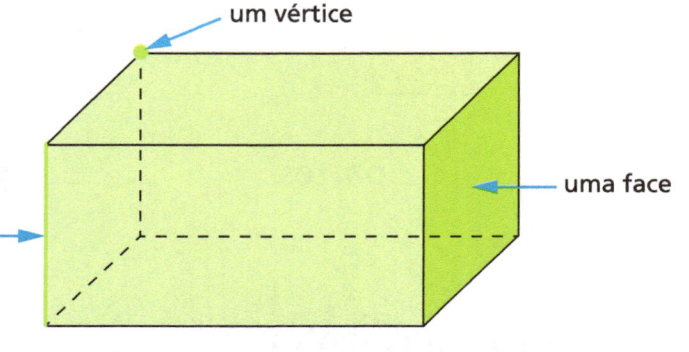

um vértice
uma face
uma aresta

Destaque o molde da página **243**, que representa um bloco retangular, e monte-o.

Indique a quantidade de faces, arestas e vértices do bloco retangular.

_____ faces.   _____ arestas.   _____ vértices.

2. Em uma fábrica de chocolates, os bombons são colocados em caixas cujas formas lembram um bloco retangular com arestas de 5 cm, 10 cm e 20 cm.

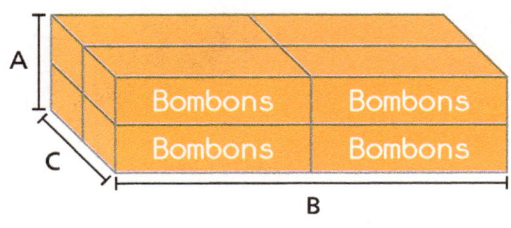

Indique a quantos centímetros corresponde cada letra no empilhamento dessas caixas.

- **A?** _____ cm
- **B?** _____ cm
- **C?** _____ cm

Quarenta e cinco **45**

3. Veja a representação de uma planificação de um bloco retangular.

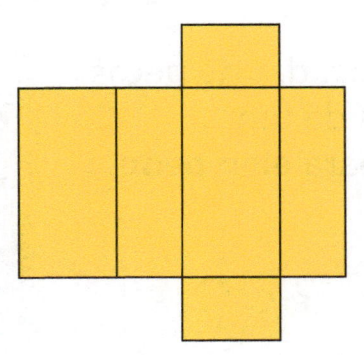

As figuras a seguir lembram partes da planificação representada acima. Quantas dessas partes há na representação da planificação?

_____ partes. _____ partes. _____ partes.

4. Natália representou uma planificação de um bloco retangular e pintou cada parte de uma cor.

a) Observe, abaixo, a representação desse bloco retangular em algumas posições. Depois, escreva o nome da cor que deveria ter a face que está em branco.

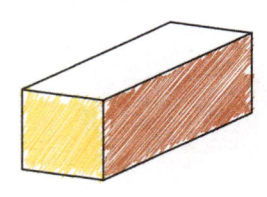

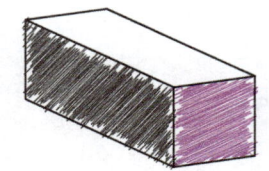

_____   _____   _____

b) Agora, utilize o molde que representa o bloco retangular que você recortou anteriormente e confira suas respostas. Para isso, faça marcações com lápis de cor nas faces do molde.

5. Paulo vai encapar uma caixa como esta abaixo com pedaços de papel colorido.

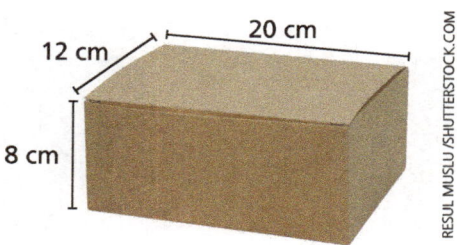

a) De quantos pedaços de papel como este ao lado Paulo vai precisar? _____

b) Paulo enganou-se ao calcular as medidas de um desses pedaços de papel. Marque com um ✗ o pedaço de papel que como está não poderá ser usado para encapar a caixa.

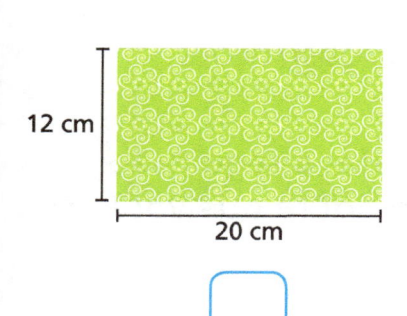

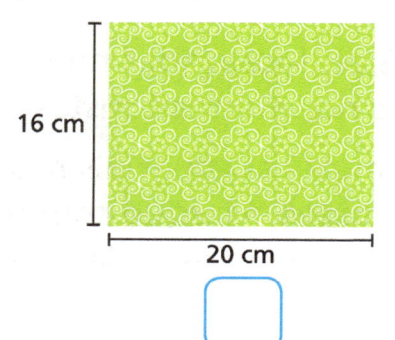

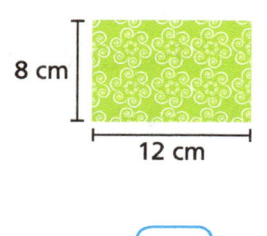

6. Compare os moldes do cubo e do bloco retangular que você montou para a atividade **1** da página **42** e para a atividade **1** da página **45**. Depois, explique a um colega o que você percebe:

a) nas representações do cubo e do bloco retangular.

b) apenas na representação do cubo.

c) apenas na representação do bloco retangular.

7. Quantas peças verdes, que lembram a forma de um cubo, você acha que cabem na caixa azul?

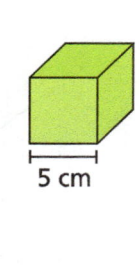

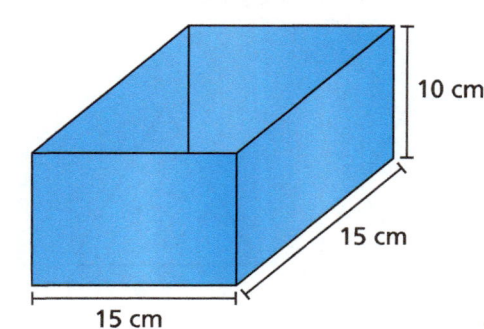

PIRÂMIDES

Pirâmides de Gizé, no Egito.

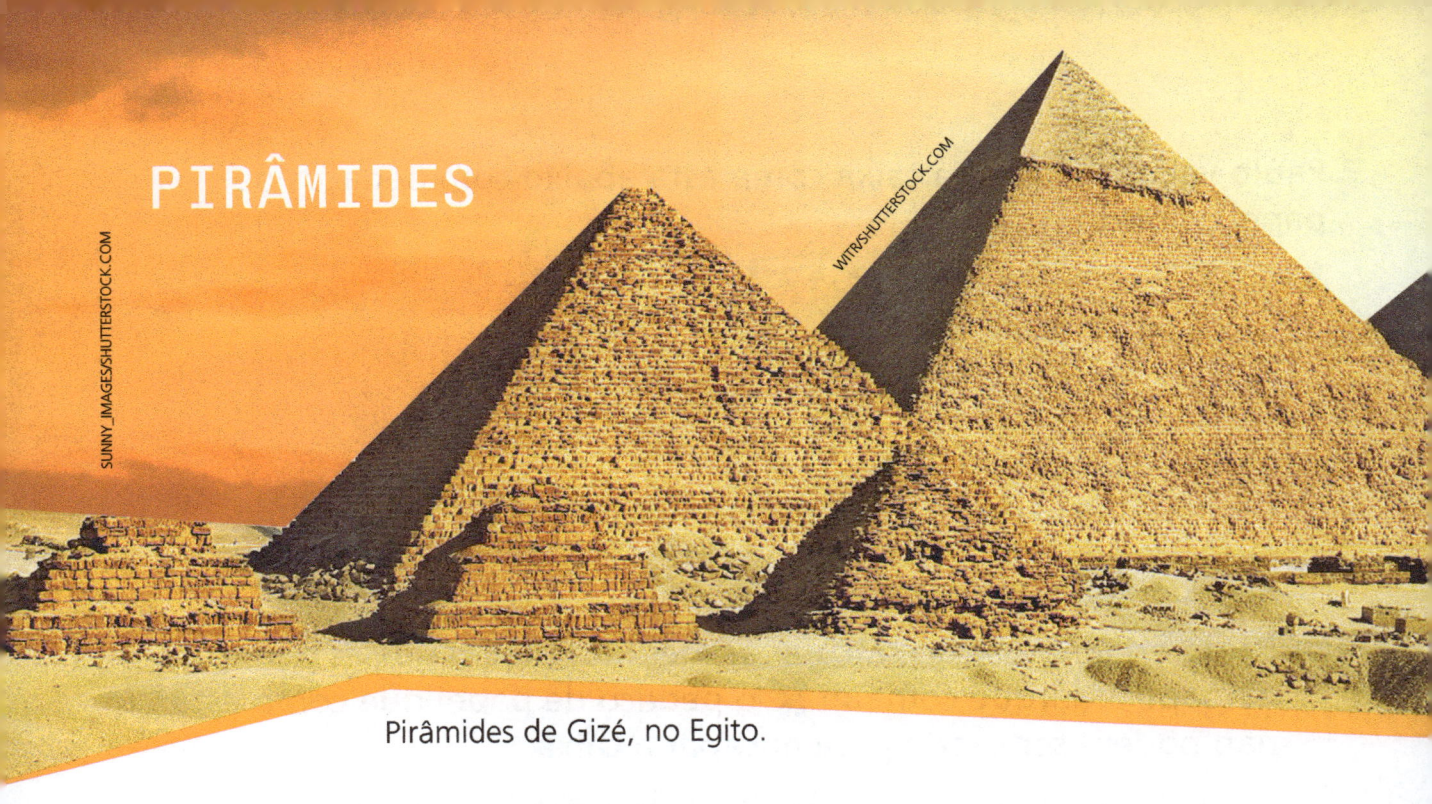

1. As pirâmides de Gizé, localizadas no Egito, são construções históricas visitadas por muitos turistas.

    a) As figuras geométricas espaciais representadas a seguir são chamadas **pirâmides**. Marque com um ✗ a figura que você acha que mais se parece com as pirâmides de Gizé.

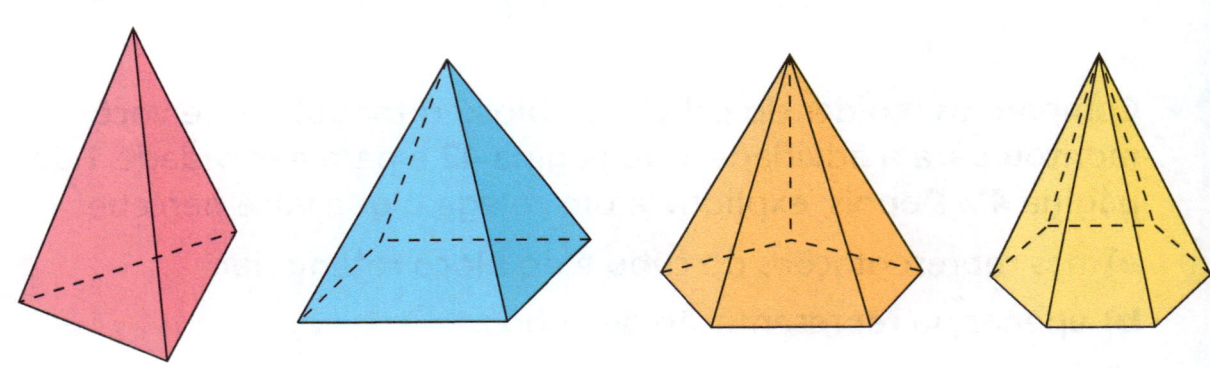

    b) As figuras a seguir constituem uma das partes que compõem as representações de pirâmides do item **a**.

    Pinte cada figura com a cor da representação da pirâmide correspondente.

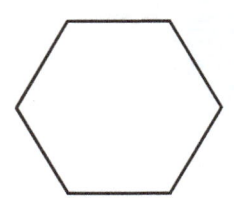

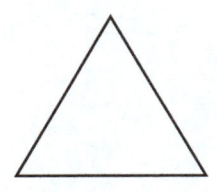

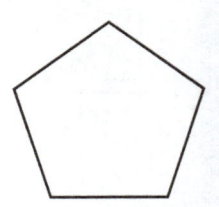

Vista aérea das pirâmides de Gizé.

2. Danilo contornou as partes de um objeto de madeira que lembra a forma de uma pirâmide e obteve as figuras abaixo.

a) Quantas partes desse objeto lembram a forma de um triângulo?

_____

b) Que relação você percebe entre a quantidade de partes que lembram a forma de triângulos e a forma da outra parte?

Agora, Danilo contornou apenas uma parte de outro objeto cuja forma lembra a de uma pirâmide.

Veja a figura que ele desenhou.

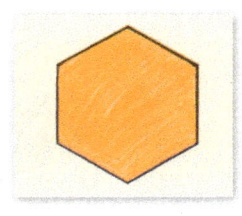

c) Quantas partes desse objeto você acha que lembram a forma de um triângulo? _____

Quarenta e nove **49**

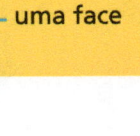

3. Observe a figura ao lado.

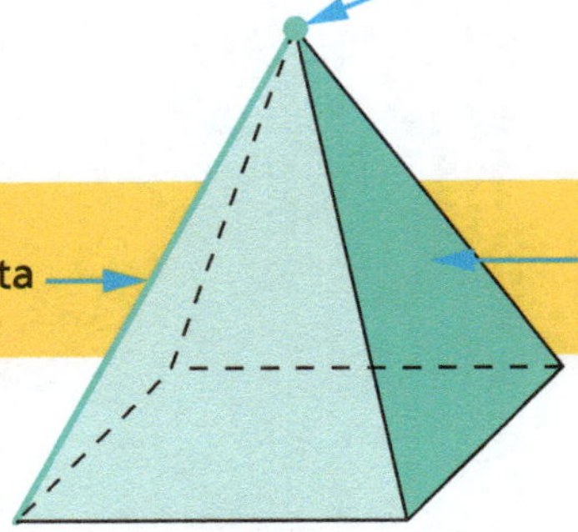

um vértice
uma aresta
uma face

a) Destaque o molde da página **245**, que representa uma pirâmide, e monte-o. Ela tem:

_____ faces.   _____ arestas.   _____ vértices.

b) Agora, observe estas representações de pirâmides e escreva a quantidade de faces, arestas e vértices de cada uma.

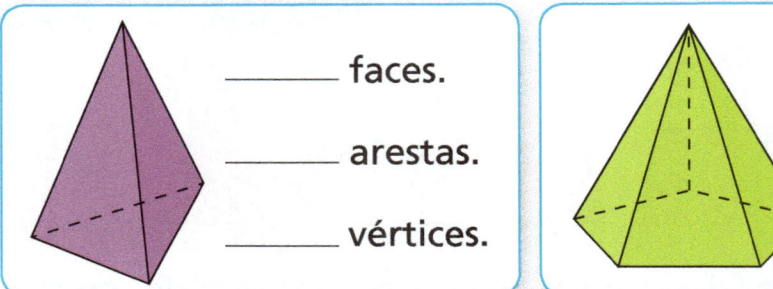

_____ faces.
_____ arestas.
_____ vértices.

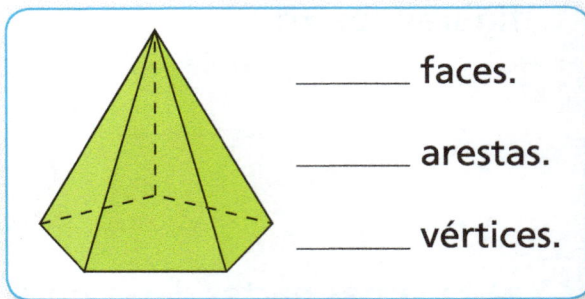

_____ faces.
_____ arestas.
_____ vértices.

4. Ligue cada representação de uma pirâmide ao molde correspondente.

Representações de pirâmides

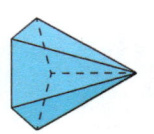

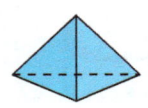

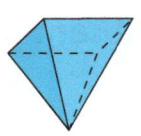

Moldes de pirâmides

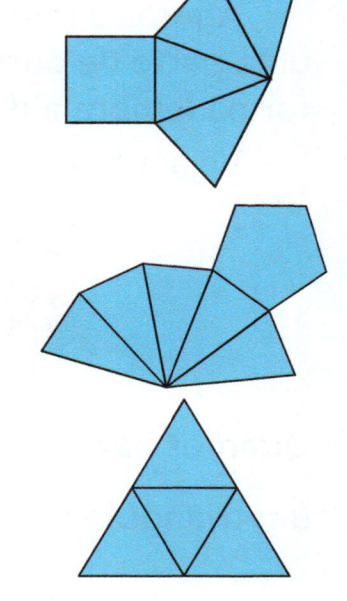

50   Cinquenta

CILINDRO, CONE E ESFERA

1. Na escola de Aline, há cestos para os alunos depositarem material reciclável. Veja.

Esses cestos lembram a forma do **cilindro**.

base
superfície arredondada
base

💬 Cite nomes de objetos cujos formatos lembram a forma de um cilindro.

2. Veja como podemos representar uma planificação do cilindro.

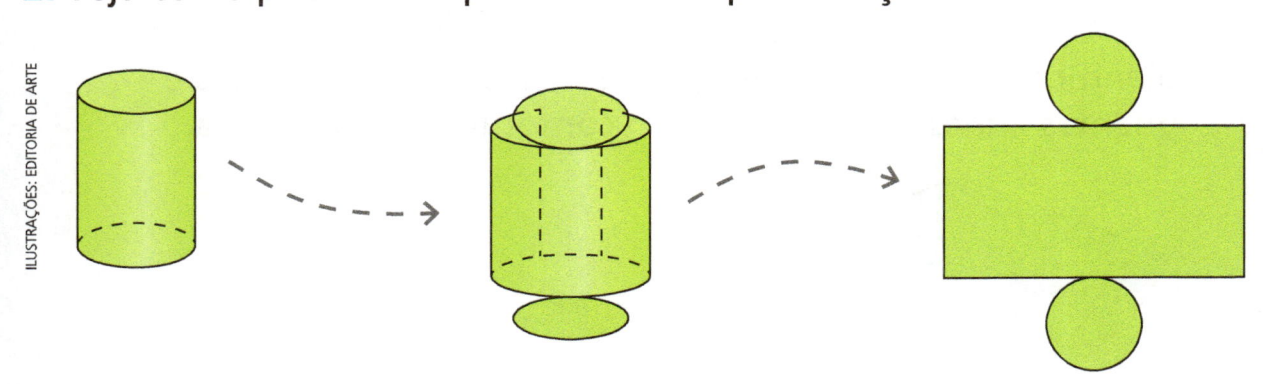

Quais figuras geométricas planas podemos identificar na planificação do cilindro representada acima? Assinale um ✖.

☐ Triângulo ☐ Retângulo ☐ Círculo

Cinquenta e um **51**

3. Para descartar o óleo de cozinha usado, Mário o coloca em uma garrafa, com auxílio de um funil, e depois o leva até um posto de coleta.

vértice

superfície arredondada

base

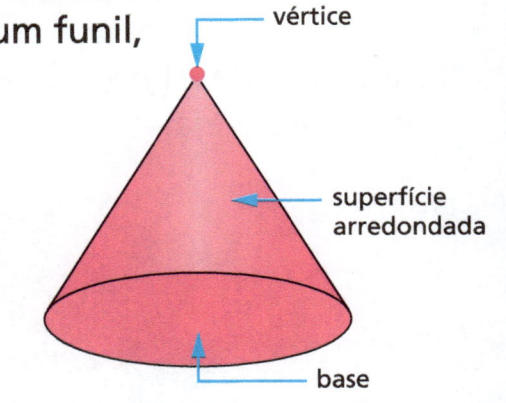

O funil lembra a forma de um **cone**.

💬 Cite nomes de objetos cuja forma lembra um cone.

4. Veja como podemos representar uma planificação do cone.

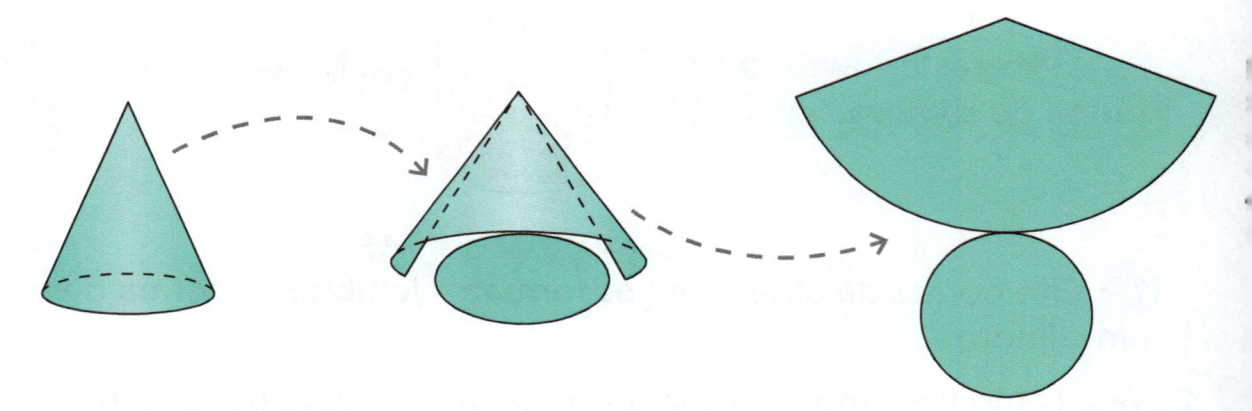

As figuras a seguir representam as partes que compõem a planificação do cone acima. Indique quantas linhas retas e quantas linhas curvas formam o contorno de cada figura.

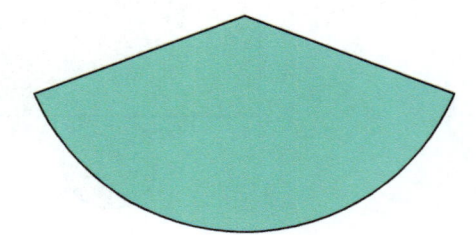

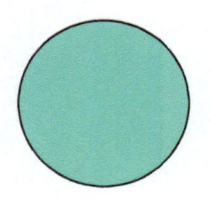

Linhas retas: _____.

Linhas curvas: _____.

Linhas retas: _____.

Linhas curvas: _____.

5. Leia o texto.

> Tênis, basquete, futebol
> Boliche, vôlei, handebol
> Para cada esporte praticar
> Uma bola diferente vou usar.
>
> Texto do autor.

O texto cita alguns nomes de esportes ou jogos em que se utilizam bolas cuja forma lembra a **esfera**.

a) Cite nomes de outros esportes ou jogos em que se utilizam bolas.

b) Você conhece nomes de jogos ou brincadeiras em que se utilizam bolas que não tenham forma de esfera? Quais?

6. Grãos como soja e milho podem ser armazenados em silos, recipientes como estes, mostrados abaixo.

Quais figuras geométricas espaciais você acha que as partes do silo da fotografia ao lado lembram? Assinale um ✘.

☐ Pirâmide   ☐ Cubo

☐ Cone   ☐ Cilindro

☐ Esfera

Silos de armazenamento de grãos, em Naviraí (MS), 2015.

Cinquenta e três **53**

JOGOS E BRINCADEIRAS

◤ QUAL É A FIGURA?

MATERIAL

- Moldes de planificações de figuras geométricas espaciais
- Tesoura com pontas arredondadas
- Cola ou fita adesiva

COMO JOGAR

1. Junte-se a um colega e montem os moldes.
2. Em cada rodada, decidam quem vai fazer as perguntas e quem vai respondê-las.
3. Aquele que responde às perguntas deve escolher um dos moldes montados, sem que o colega veja.
4. Aquele que vai tentar descobrir o molde escolhido deve fazer três perguntas para o colega, que pode responder apenas sim ou não.
5. Depois de fazer as três perguntas, o participante deve arriscar um palpite sobre a figura representada pelo molde escolhido pelo colega. Se acertar o palpite, ganha um ponto. Se errar, o outro participante ganha um ponto.
6. Na rodada seguinte, os participantes trocam de função, ou seja, quem fez as perguntas agora escolhe o molde. Ao fim de seis rodadas, vence aquele que tiver mais pontos. Pode haver empate.

Veja alguns exemplos [de] perguntas:

Tem partes arredondadas?

Tem 8 arestas?

Tem mais de [?] faces?

Tem 12 vértices?

Tem faces triangulares?

Cinquenta e cinco 55

INTEGRANDO COM GEOGRAFIA E CIÊNCIAS

CONTÊINER

Você já viu um contêiner? Sabe para que ele serve?

Os contêineres são grandes recipientes, que geralmente lembram a forma de um bloco retangular. Eles servem para transportar diversos produtos por todo o mundo.

Esses recipientes costumam ser produzidos com formato e medidas padronizadas, o que facilita o transporte e o armazenamento, uma vez que podem ser empilhados.

WEERASAK SAEKU/SHUTTERSTOCK.COM

Casa construída tendo como base um contêiner.

Os contêineres que não são mais utilizados para o armazenamento e o transporte de produtos podem ser reaproveitados de diversas maneiras. Isso reduz o depósito de resíduos no meio ambiente.

CHOMPOOSUPPA/SHUTTERSTOCK.COM

VOCÊ LEITOR

1. Você sabia que o país para o qual o Brasil envia mais contêineres é a China? Isso ocorre porque a China é o maior parceiro comercial brasileiro.

O principal porto exportador do Brasil para a China é o de Santos, e o principal porto receptor chinês é o de Xangai.

- De qual oceano partem os navios repletos de contêineres que deixam o Brasil? Em qual oceano atracam quando chegam a Xangai?

Rota marítima: porto de Santos – porto de Xangai

Fonte: PORTAL FATOR BRASIL. 7 fev. 2015. Disponível em: <http://www.revistafatorbrasil.com.br/ver_noticia.php?not=287389.> Acesso em: 28 jun. 2017.

VOCÊ ESCRITOR

2. Quais outras utilidades podem ter os contêineres desativados, além de servirem como moradia? Pesquise com os colegas imagens na internet que mostrem a reutilização dos contêineres ou recortem-nas de jornais ou revistas.

3. O contêiner-tanque é muito utilizado no transporte de produtos líquidos.

Qual figura geométrica espacial esse tipo de contêiner lembra? Marque a resposta com um ✗.

☐ Esfera ☐ Cilindro

☐ Cubo

Cinquenta e sete **57**

UM POUCO MAIS

1. Ligue os pontos com linhas retas seguindo a ordem alfabética. Depois, escreva o nome de cada figura geométrica espacial representada.

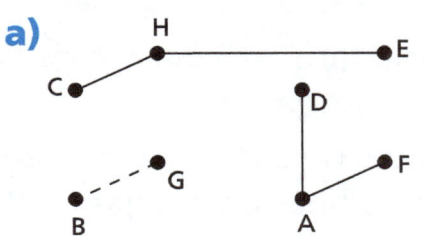

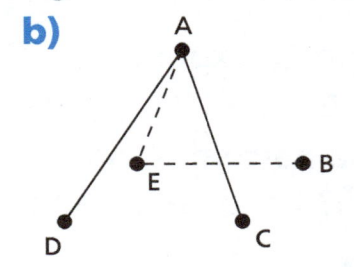

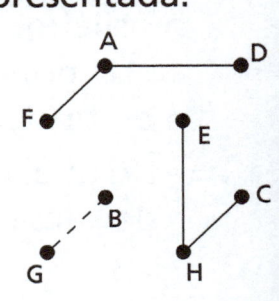

a)   b)   c)

_____   _____   _____

2. Em cada item, marque com um ✗ a parte que não pertence à planificação da figura geométrica espacial representada.

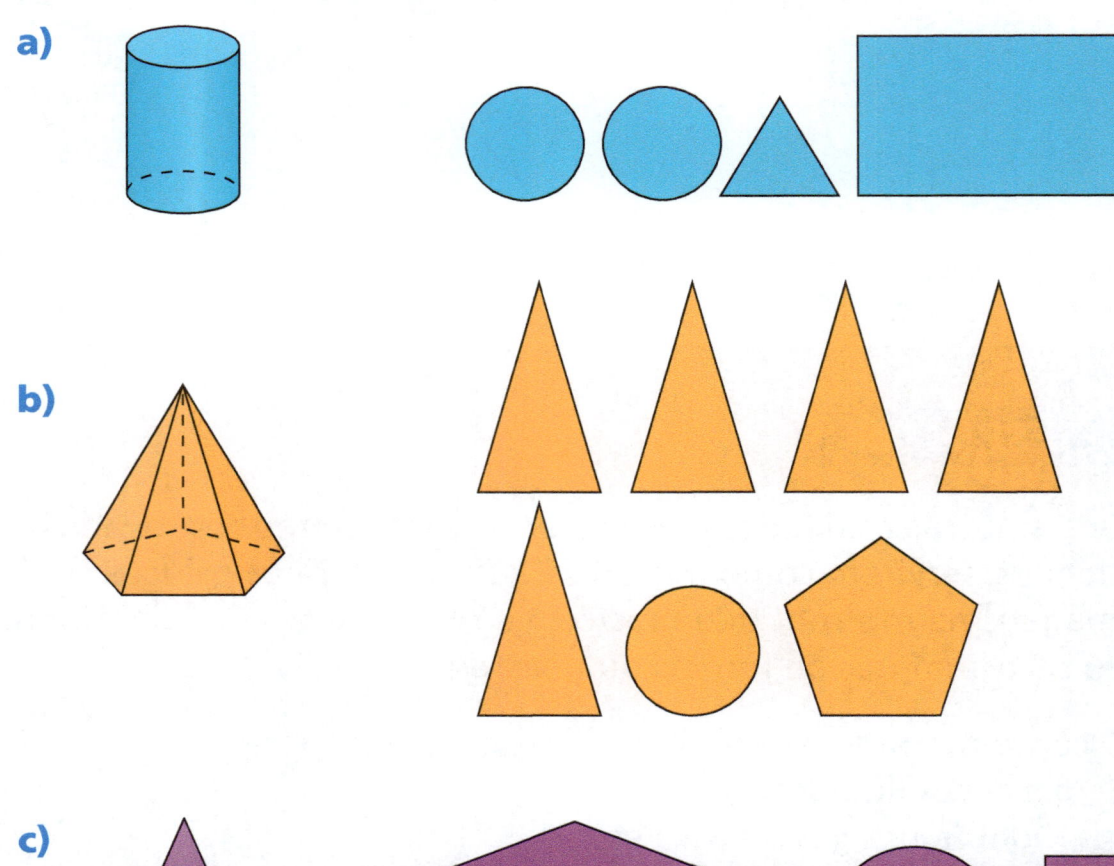

a)

b)

c)

58   Cinquenta e oito

3. Renato e seus colegas estão montando estruturas com palitos de madeira e massa de modelar para representar os vértices e as arestas de figuras geométricas espaciais.

a) Escreva o nome da figura cujas arestas e vértices são representados em cada estrutura. Depois, escreva a quantidade de palitos e bolinhas utilizadas.

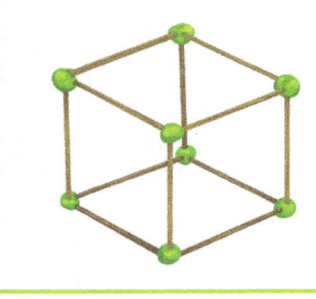

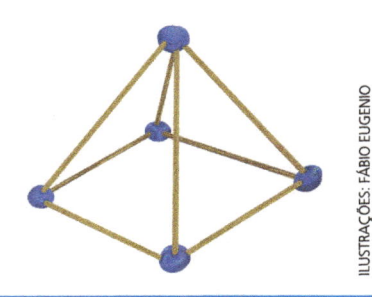

_____	_____	_____
_____ palitos.	_____ palitos.	_____ palitos.
_____ bolinhas.	_____ bolinhas.	_____ bolinhas.

b) O que os palitos e as bolinhas representam nessas estruturas?

_____

UNIDADE 3
ADIÇÃO E SUBTRAÇÃO

Vamos ver quanto conseguimos juntar para comprar o jogo, Gabriel?

- O que mostra a cena?
- Você acha importante guardar uma parte do dinheiro que se ganha? Por quê?
- Como você faria para saber quantos reais as crianças têm juntas?

Também posso ajudar com minhas moedas...

ADIÇÃO

1. Na cena das páginas **60** e **61**, Renata e Gabriel estão contando a quantia que guardaram, em cofrinhos, para comprar um jogo de xadrez.

Quantos reais Renata e Gabriel têm juntos?

Eu tenho 11 reais!

E eu tenho 14 reais!

Para calcular quantos reais eles têm juntos, podemos fazer uma adição. Observe:

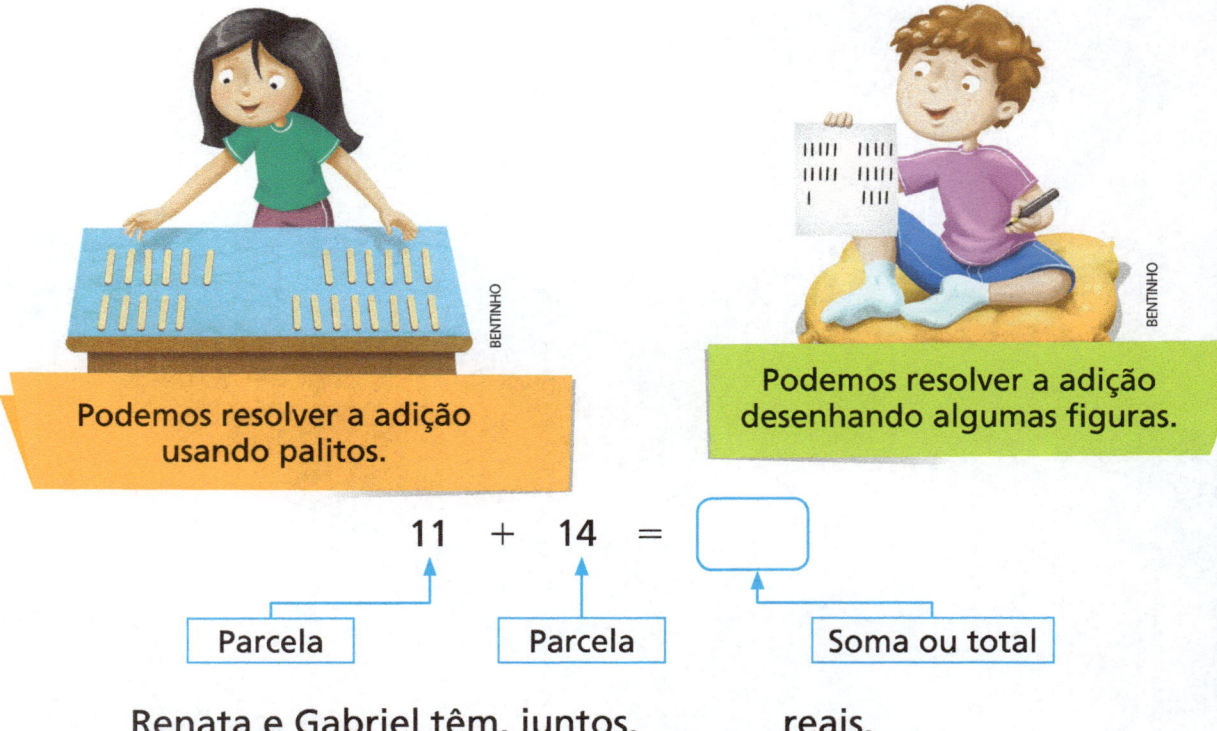

Podemos resolver a adição usando palitos.

Podemos resolver a adição desenhando algumas figuras.

11 + 14 = ☐

Parcela   Parcela   Soma ou total

Renata e Gabriel têm, juntos, _____ reais.

62 Sessenta e dois

2. Élcio tinha 62 moedas antigas em sua coleção. Ele acaba de ganhar 17 moedas do avô.

Para sabermos com quantas moedas Élcio ficou, podemos usar o **material dourado**.

- Representamos cada número. Depois juntamos as barras e os cubinhos.

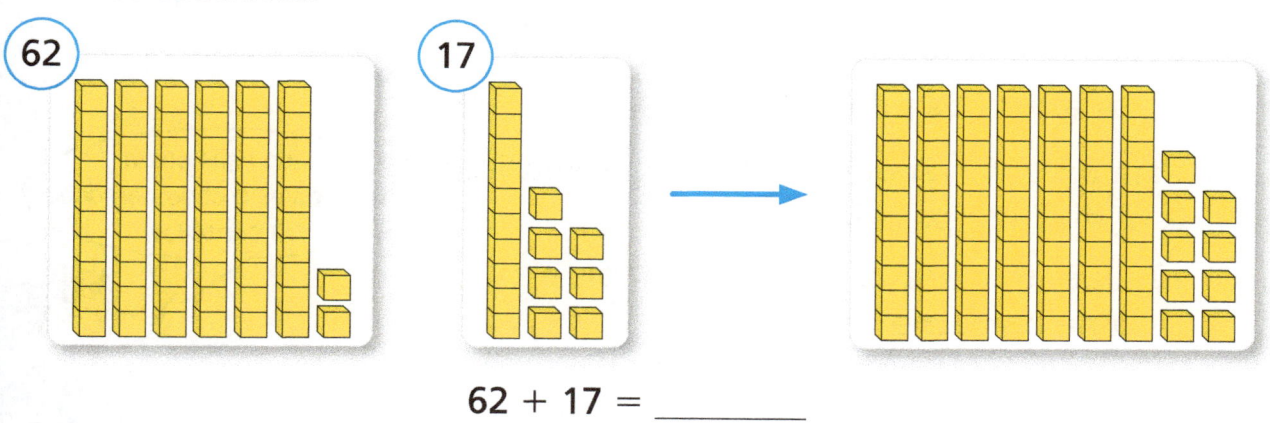

62

17

62 + 17 = _____

Agora, veja o cálculo com o **ábaco**.

- Representamos o número 62 e acrescentamos as argolas referentes ao número 17.

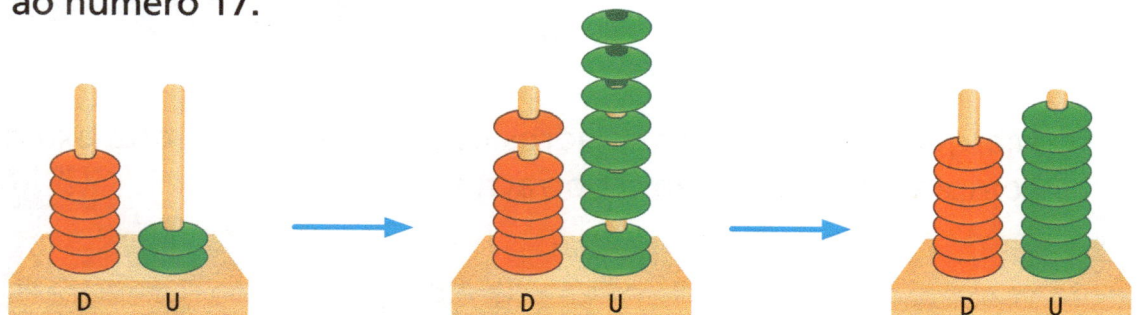

- Contamos as argolas das dezenas e das unidades.

62 + 17 = _____

Então, Élcio ficou com _____ moedas.

Sessenta e três **63**

3. Observe ao lado um empilhamento de caixas cujas formas lembram blocos retangulares.

Para calcular a altura dessa pilha de caixas, podemos fazer a adição **22 + 35** de diferentes maneiras:

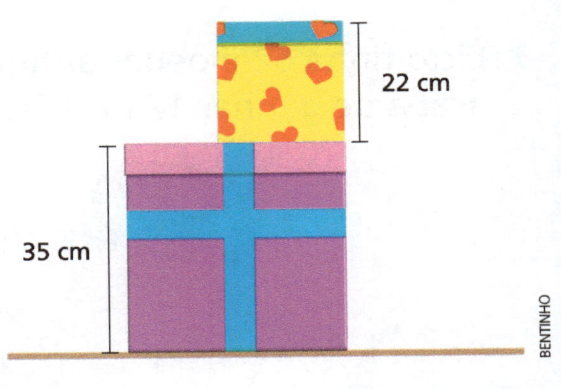

22 cm

35 cm

- Decompondo os números.

```
22  →   20 + 2
35  →   30 + 5
        ───────
        50 + 7
```

- Colocando no quadro de ordens.

D	U
2	2
+ 3	5

ou

```
   2 2
 + 3 5
 ─────
```

A altura da pilha de caixas é _____ cm.

4. Veja o que o vendedor de uma papelaria está dizendo para Marcelo.

Cada lápis custa 45 centavos e cada borracha, 30 centavos.

a) Quanto custam, juntos, um lápis e uma borracha?

_____ centavos.

b) Marque com um ✗ os quadros que contêm a quantia exata para comprar um lápis e uma borracha.

As moedas não estão em tamanho real.

64 Sessenta e quatro

5. Veja como Artur, Márcia e Luís fizeram a adição 25 + 31 + 41.

Artur:
```
  2 5
+ 3 1
-----
  5 6
```
```
  5 6
+ 4 1
-----
  9 7
```

Márcia:
```
  2 5
  3 1
+ 4 1
-----
  9 7
```

Luís:
```
  3 1
+ 4 1
-----
  7 2
```
```
  7 2
+ 2 5
-----
  9 7
```

a) Qual das maneiras acima você escolheria para resolver essa adição?

b) Para fazer a adição, Artur e Luís associaram as parcelas em duas etapas. Calcule a soma, associando as parcelas de um modo diferente daqueles utilizados por Artur e Luís.

c) Agora, resolva a adição abaixo.

64 + 12 + 20 = _____

Sessenta e cinco **65**

6. Para assistir a um jogo de futsal, cada torcedor levou 1 kg de alimento para doação.

Veja, ao lado, quantos quilogramas de alimentos foram arrecadados pela torcida de cada time.

Para calcular o total de alimentos arrecadados, podemos fazer a adição **243 + 315** de diferentes maneiras:

• Com o material dourado.

Inicialmente, representamos cada número. Depois, juntamos as placas, as barras e os cubinhos.

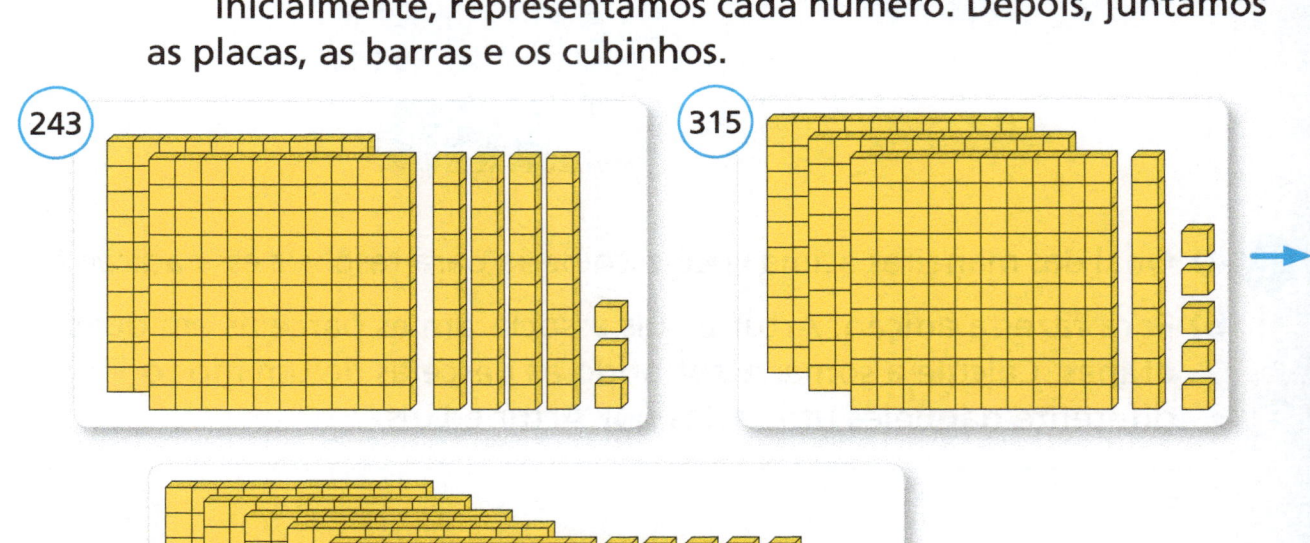

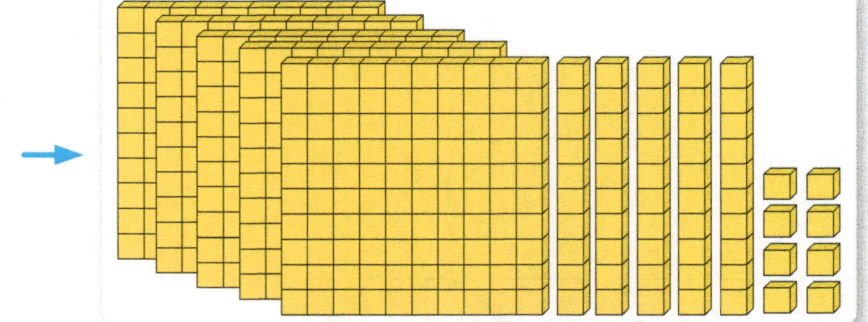

243

315

243 + 315 = _____

• Decompondo os números.

```
243  →  200 + 40 + 3
315  →  300 + 10 + 5
        ─────────────
        500 + 50 + 8
```

• Colocando no quadro de ordens.

C	D	U
2	4	3
+ 3	1	5

ou

```
    2 4 3
+   3 1 5
─────────
```

Então, foram arrecadados _____ kg de alimentos.

7. Leia o texto a seguir.

> João é trabalhador,
> No frio ou no calor,
> Carrega em seu carrinho
> Lixo bom pelo caminho.
>
> O material encontrado,
> Além do sustento de João,
> Pode ser reciclado,
> E não vira poluição.
>
> Texto do autor.

a) As informações contidas no texto se referem ao trabalho dos coletores de material reciclável. Você já viu alguém coletando material reciclável?

b) Em uma semana, João coletou 235 kg de papel e 143 kg de metal. Quantos quilogramas de papel e de metal, ao todo, ele coletou?

Podemos resolver o problema proposto nessa situação utilizando um ábaco.

- Representamos o número 235. Depois, colocamos as argolas referentes ao número 143.

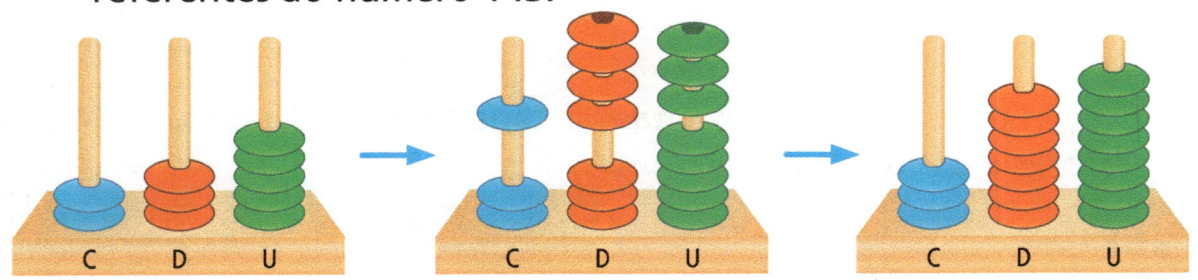

- Contamos as argolas das centenas, das dezenas e das unidades.

235 + 143 = _____

João coletou _____ kg de papel e de metal, ao todo.

8. Com um ábaco, resolva as adições abaixo.

a) 412 + 375 = _____

b) 2 134 + 1 755 = _____

ADIÇÃO COM REAGRUPAMENTO

1. Os alunos de uma turma do 3º ano fizeram um cartaz para indicar a quantidade de países em cada continente.

Europa
42 países

Ásia
48 países

América
35 países

África
54 países

Oceania
14 países

Para saber quantos países existem, no total, na América e na Ásia, podemos calcular **35 + 48**:

Com o material dourado

Inicialmente, representamos cada número. Depois, juntamos as barras e os cubinhos.

35

48

7 dezenas e 13 unidades

68 Sessenta e oito

Dos 13 cubinhos, podemos trocar 10 por uma barra, ou seja, trocar 10 unidades por uma dezena.

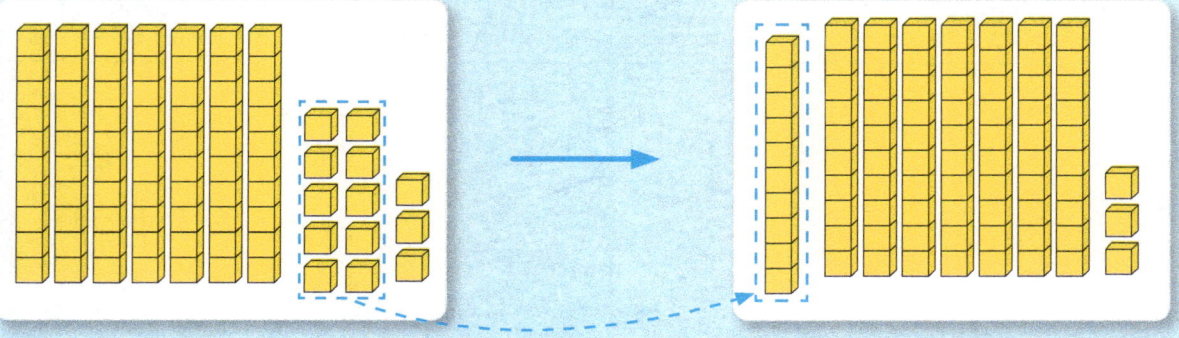

8 dezenas e 3 unidades

35 + 48 = _____

Com decomposição

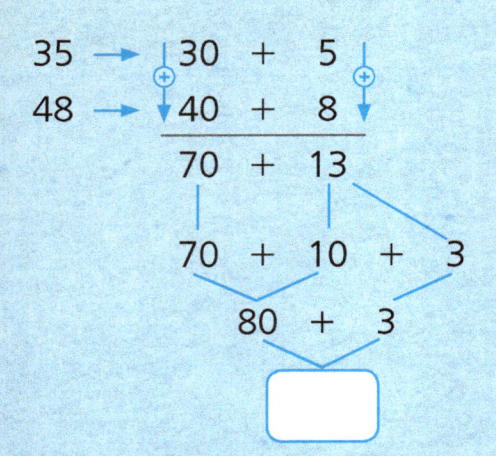

35 → 30 + 5
48 → 40 + 8
_____
70 + 13

70 + 10 + 3

80 + 3

Colocando no quadro de ordens

Primeiro, adicionamos as unidades. Como obtivemos 13 unidades, trocamos 10 delas por 1 dezena.
Depois, adicionamos as dezenas.

D	U
①3	5
+ 4	8
8	3

ou

```
  ①
  3 5
+ 4 8
-----
  8 3
```

Então, na América e na Ásia existem, ao todo, _____ países.

2. Quantos países existem, ao todo:

a) na Ásia e na Oceania?

_____ países.

b) na África e na América?

_____ países.

• Em qual adição acima houve a troca de unidades por dezenas? Marque com um ✗.

Sessenta e nove **69**

3. Calcule as adições.

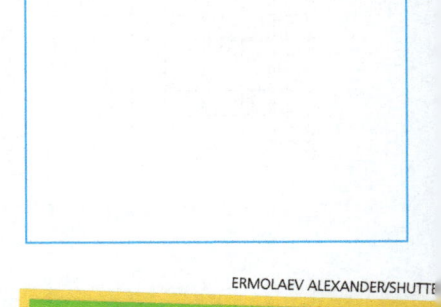

17 + 35 = ☐

44 + 19 = ☐

62 + 28 = ☐

4. Em uma feira de doação de animais, havia 14 cães e nenhum gato. Uma instituição que cuida de filhotes órfãos também deixou 19 gatos e 17 cães para ser doados.

a) Ao todo, quantos cães ficaram na feira?

_____ cães.

b) A feira ficou com mais gatos ou cães? _____

c) Ao todo, quantos animais ficaram na feira?

_____ animais.

5. Veja como Mariana calculou a adição **48 + 26 + 19**.

> Adicionei as unidades das três parcelas e obtive 23 unidades. Depois, troquei 20 unidades por 2 dezenas e adicionei as dezenas.

$$\begin{array}{r} {}^{2}4\ 8 \\ 2\ 6 \\ +\ 1\ 9 \\ \hline 9\ 3 \end{array}$$

Calcule assim como fez Mariana.

49 + 27 + 14 = ☐

19 + 39 + 29 = ☐

27 + 18 + 26 = ☐

6. Agora, veja como Mariana calculou mentalmente a adição **26 + 7**. Faça os cálculos mentalmente.

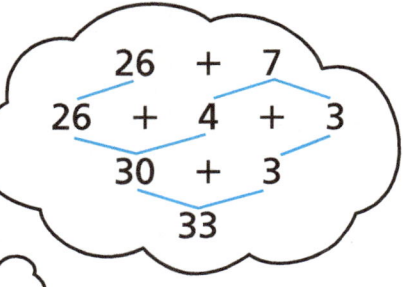

26 + 7
26 + 4 + 3
30 + 3
33

a) 17 + 8 = _____

b) 38 + 4 = _____

7. Veja como estão distribuídas as vagas cobertas e descobertas de carros em um estacionamento.

Para saber o total de vagas que há nesse estacionamento, podemos calcular a adição **164 + 187** de diferentes maneiras.

- Com o material dourado.

    Representamos cada número.

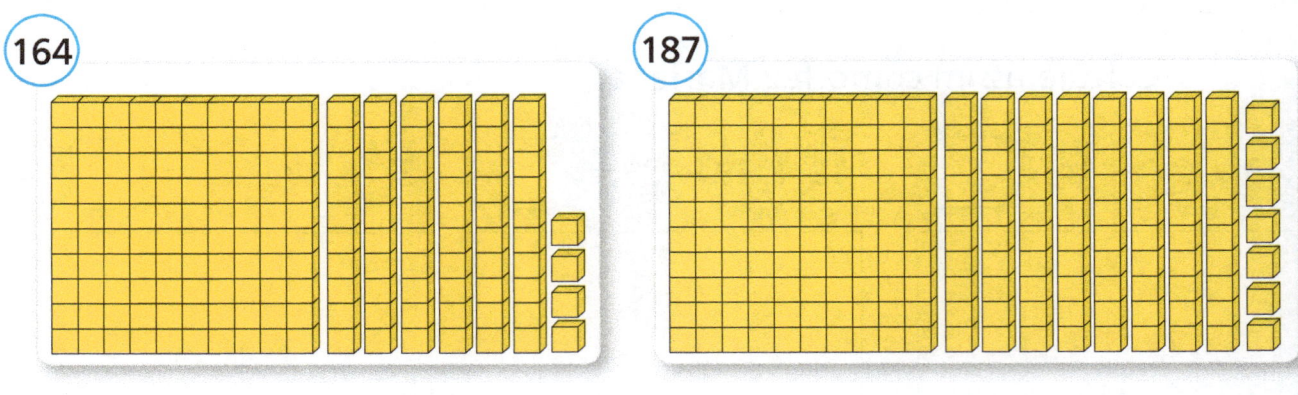

(164)

(187)

Depois, juntamos as placas, as barras e os cubinhos. Como obtivemos 11 cubinhos, podemos trocar 10 deles por 1 barra, ou seja, 10 unidades por 1 dezena.

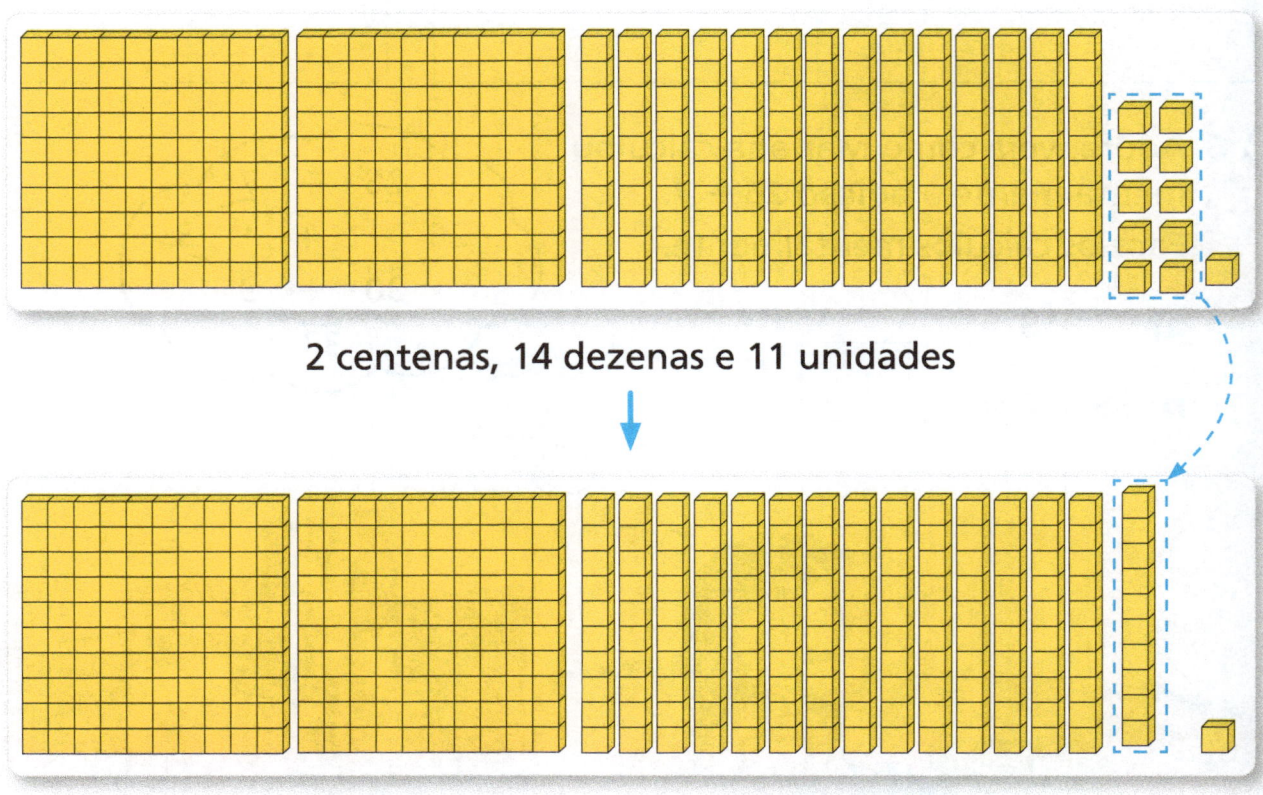

2 centenas, 14 dezenas e 11 unidades

2 centenas, 15 dezenas e 1 unidade

ESTACIONAMENTO
Vagas cobertas: 164
Vagas descobertas: 187

Como obtivemos 15 barras, podemos trocar 10 delas por 1 placa, ou seja, 10 dezenas por 1 centena.

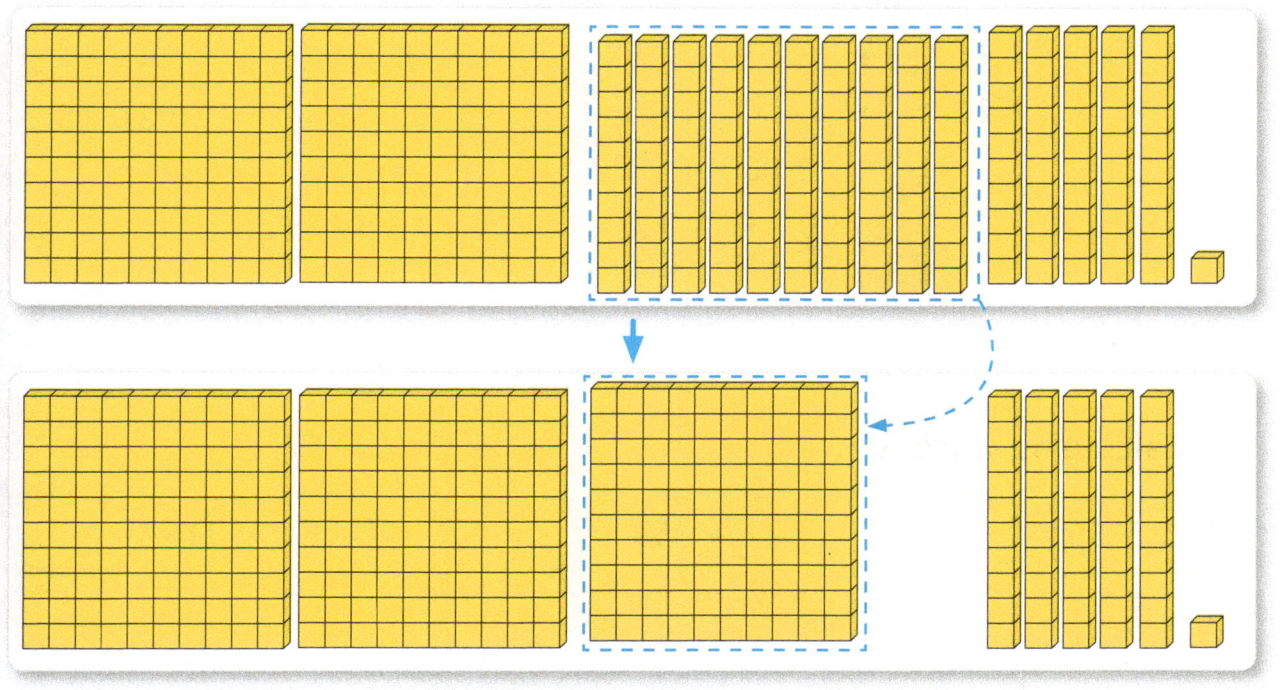

3 centenas, 5 dezenas e 1 unidade

- Com o quadro de ordens.

  Adicionamos as unidades. Como obtivemos 11 unidades, trocamos 10 delas por 1 dezena.

	C	D	U
	1	⁽¹⁾6	4
+	1	8	7
			1

- Decompondo os números.

  164 → 100 + 60 + 4
  187 → 100 + 80 + 7
  _____
  200 + 140 + 11
  200 + 100 + 40 + 10 + 1
  300 + 50 + 1
  ☐

Adicionamos as dezenas. Como obtivemos 15 dezenas, trocamos 10 delas por 1 centena. Por fim, adicionamos as centenas.

	C	D	U
	⁽¹⁾1	⁽¹⁾6	4
+	1	8	7
		5	1

→

	C	D	U
	⁽¹⁾1	⁽¹⁾6	4
+	1	8	7
	3	5	1

ou

⁽¹⁾1 ⁽¹⁾6 4
+ 1   8   7
_____
  ☐   ☐   ☐

Então, no total, há _____ vagas nesse estacionamento.

Setenta e três **73**

8. Obtenha o resultado de 3 821 + 2 546. Para isso, complete o cálculo com decomposição.

```
3 821 →   3 000 + 800 + 20 + 1
2 546 →   2 000 + 500 + 40 + 6
          ─────────────────────
          5 000 + 1 300 + 60 + 7
       5 000 + 1 000 + 300 + 60 + 7
```

☐ + ☐ + ☐ + ☐

☐

9. Calcule as adições.

796 + 59 = ☐

321 + 159 = ☐

4 687 + 531 = ☐

10. Veja quanto o casal, Ricardo e Edna, guardou para fazer um passeio de férias.

Eu tenho guardado duzentos e noventa e cinco reais.

Eu guardei duzentos e trinta e quatro reais.

a) Quantos reais cada um guardou?

• Ricardo: _____ reais.

• Edna: _____ reais.

b) No total, que quantia eles guardaram para o passeio?

_____ reais.

74 Setenta e quatro

11. Reinaldo precisa comprar um *mouse* e um teclado novos para seu computador. Veja alguns produtos que ele encontrou em uma loja.

99 reais — Conjunto de *mouse* e teclado da marca **A**.

46 reais — *Mouse* da marca **B**.

67 reais — Teclado da marca **B**.

Junte-se a um colega e façam o que se pede.

- Estimem o preço de cada opção abaixo e marque com um ✗ a que tem o menor preço. Depois, façam os cálculos e verifiquem a resposta.

  ☐ Um *mouse* e um teclado da marca **B**.

  ☐ Um conjunto de *mouse* e teclado da marca **A**.

12. Em um caderno, Eva anotou os gastos que ela teve com água e energia elétrica em dois meses.

	Março	Abril
Água	62 reais	58 reais
Energia elétrica	74 reais	83 reais

- Escreva, abaixo, uma situação-problema envolvendo os valores que Eva anotou e que possa ser resolvida por meio de adição. Peça a um colega que tente resolvê-la, ao mesmo tempo que você tenta resolver a que ele elaborou. Depois, confiram as respostas.

_____
_____
_____

Setenta e cinco **75**

JOGOS E BRINCADEIRAS

PARE!

MATERIAL
- Quadro da página **247** do Material complementar
- Lápis
- Cartolina
- Tesoura com pontas arredondadas

VOCÊ ESCRITOR

COMO JOGAR

1. Junte-se a três colegas e façam 26 fichas retangulares com a cartolina, cada uma com uma letra do alfabeto brasileiro.

2. Coloquem as fichas em uma caixa e peçam ao professor ou a um colega que não esteja no grupo que sorteie uma letra em cada rodada.

3. Os participantes devem preencher cada campo do quadro com uma palavra que comece com a letra sorteada.

4 Quem terminar de preencher o quadro deve falar "PARE!". Os demais participantes devem parar de escrever imediatamente.

5 Em seguida, os participantes do grupo dizem a palavra que escreveram em cada campo.

6 As palavras corretas e diferentes das palavras escolhidas por outros participantes valem 10 pontos. Se a palavra for repetida, vale 5 pontos. Caso o campo não esteja preenchido ou a palavra não seja adequada, o participante não ganha pontos.

7 Os participantes devem anotar a quantidade de pontos em cada rodada. Depois de cinco rodadas, cada participante calcula o respectivo total de pontos.

8 Vence o participante que tiver mais pontos.

Boa diversão!

SUBTRAÇÃO

Hoje, vou entregar 37 pães. Já deixei 14 na casa do Zé. Quantos pães ainda preciso entregar?

1. Leia o texto abaixo e o que diz o padeiro.

> Sou o padeiro,
> Amasso pão o dia inteiro.
> Com água, farinha e fermento,
> Preparo esse alimento.
>
> Texto do autor.

Para saber quantos pães faltam ser entregues, podemos fazer a subtração **37 − 14** de duas maneiras.

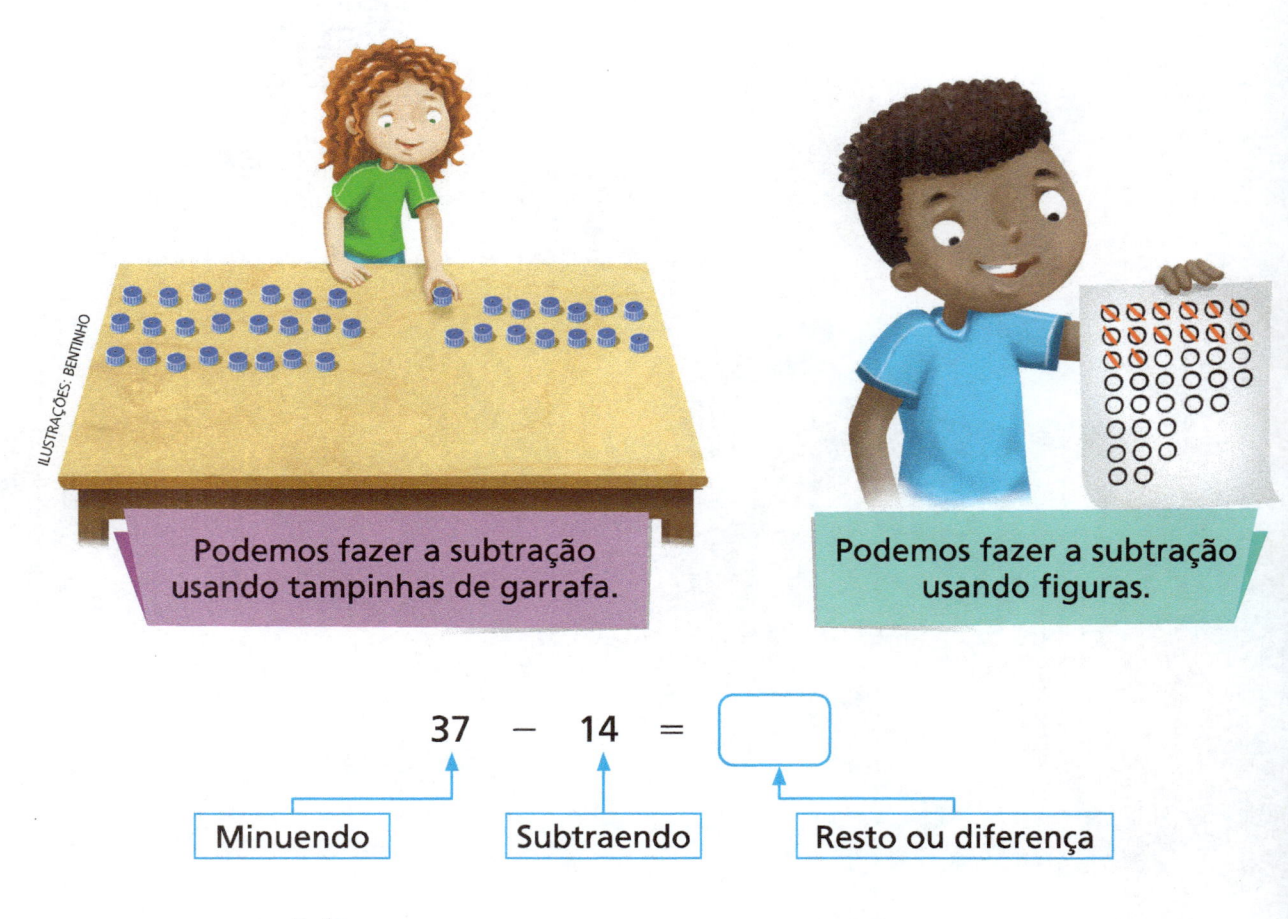

Podemos fazer a subtração usando tampinhas de garrafa.

Podemos fazer a subtração usando figuras.

37 − 14 = ☐

Minuendo   Subtraendo   Resto ou diferença

Então, faltam ser entregues _____ pães.

2. Veja o placar final de um jogo de basquete.

GUERREIROS 84 X GIGANTES 72

Para saber quantos pontos o time Guerreiros fez a mais que o time Gigantes, podemos calcular **84 − 72** de diferentes maneiras.

- Com o material dourado.

    Representamos o número 84 e retiramos as barras e os cubinhos referentes ao número 72.

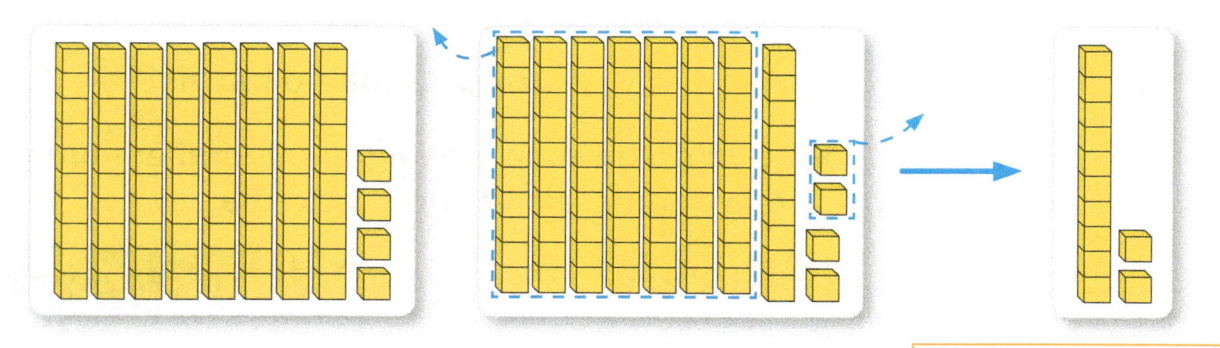

    Contamos as barras e os cubinhos que sobraram. | 84 − 72 = _____

- Com o ábaco.

    Representamos o número 84 e retiramos as argolas referentes ao número 72.

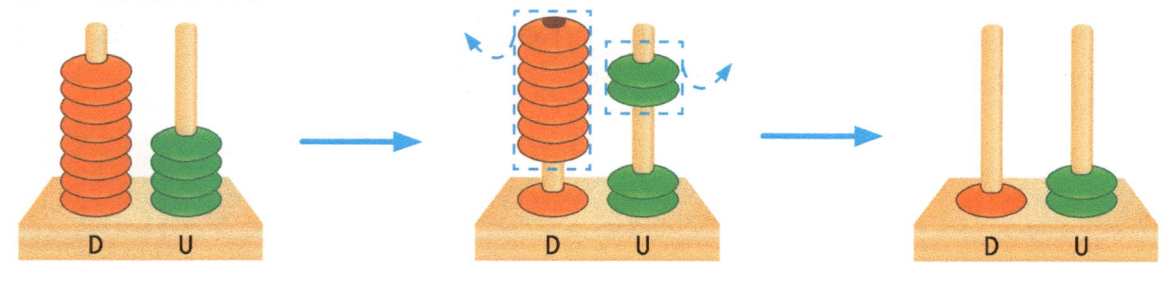

    84 − 72 = _____

    O time Guerreiros fez _____ pontos a mais que o time Gigantes.

3. Aldo armazena a água da lavadora de roupas em um barril para reutilizá-la na limpeza do quintal e para lavar o carro.

Durante este mês, ele armazenou 88 litros de água, dos quais utilizou 53 litros para limpar o quintal. Quantos litros de água sobraram no barril?

Podemos resolver essa situação-problema calculando **88 − 53** de duas maneiras.

- Decompondo os números.

    88 → 80 + 8
    53 → 50 + 3
    ──────────
         30 + 5

- Com o quadro de ordens.

D	U
8	8
− 5	3

ou

```
   8  8
 − 5  3
 ──────
```

Então, sobraram _____ litros de água no barril.

4. Ana vende copos de caldo de cana e de água mineral em uma barraca na praia. Veja quanto ela vendeu certo dia:

Caldo de cana: 47 copos

Água mineral: 26 copos

Quantos copos de água mineral Ana vendeu a menos do que copos de caldo de cana?

_____ copos.

80 Oitenta

5. Rodrigo é vendedor de verduras. Ele tinha 65 maços de couve, mas vendeu 52. Quantos maços de couve ele ainda pode vender?

_____ maços de couve.

6. Jéssica comprou uma camiseta. Ela pagou com as cédulas abaixo e recebeu 20 reais de troco. Quantos reais Jéssica pagou por essa camiseta?

As cédulas não estão em tamanho real.

_____ reais.

7. No estoque de uma loja, havia 98 frascos de perfume. Depois das vendas de um dia, sobraram 41 frascos no estoque. Quantos frascos de perfume foram vendidos nesse dia?

_____ frascos de perfume.

Oitenta e um **81**

8. Marcos é um veterinário que trabalha em uma fazenda, cuidando de animais bovinos, e neste momento ele está acompanhando a gestação de uma vaca.

O tempo de gestação dessa vaca é, aproximadamente, 284 dias. Esse animal está com 123 dias de gestação.

Quantos dias faltam para o parto dessa vaca?

_____ dias.

9. Resolva as subtrações.

756 − 325 =

689 − 43 =

2 475 − 1 052 =

10. Gabriela quer comprar a bicicleta mostrada no cartaz abaixo. Ela já tem 163 reais. Quanto falta para ela comprar essa bicicleta?

BICICLETA INFANTIL FEMININA, ARO 20

399 REAIS

_____ reais.

11. Complete cada subtração abaixo com os algarismos que estão faltando.

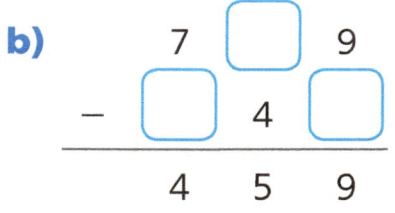

a)
```
    3 4 5
  - 1 ☐ ☐
  ─────────
    ☐ 1 3
```

b)
```
    7 ☐ 9
  - ☐ 4 ☐
  ─────────
    4 5 9
```

💬 Agora, explique aos colegas como você pensou para responder.

12. Veja o que Lucas está dizendo e escreva uma situação-problema que envolva essas informações e que possa ser resolvida por meio de subtração.

Peça a um colega que a resolva, ao mesmo tempo que você tenta resolver a que ele elaborou. Depois, confiram as respostas.

Eu tinha 36 figurinhas. Depois de jogar com um amigo, fiquei com 58.

Oitenta e três **83**

SUBTRAÇÃO COM REAGRUPAMENTO

1. Veja o preço de um ventilador em uma loja.

Ventilador a prazo: 94 reais
À vista: 79 reais

Para saber quanto a mais uma pessoa pagará pelo ventilador se comprá-lo a prazo, podemos calcular **94 − 79** de diferentes maneiras.

- Com o material dourado.

Inicialmente, representamos o número 94. Como não é possível retirar 9 cubinhos de 4 cubinhos, trocamos 1 barra por 10 cubinhos, ou seja, 1 dezena por 10 unidades.

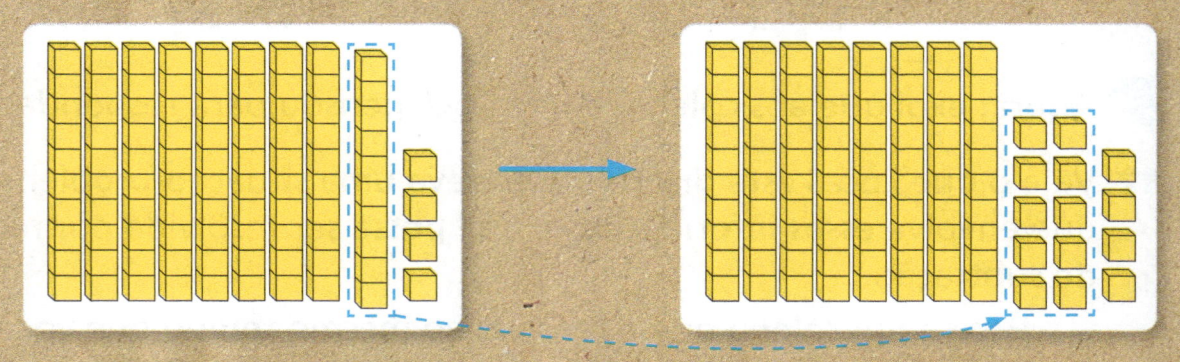

Agora, retiramos 7 barras e 9 cubinhos, ou seja, 7 dezenas e 9 unidades. Depois, contamos as barras e os cubinhos que sobraram.

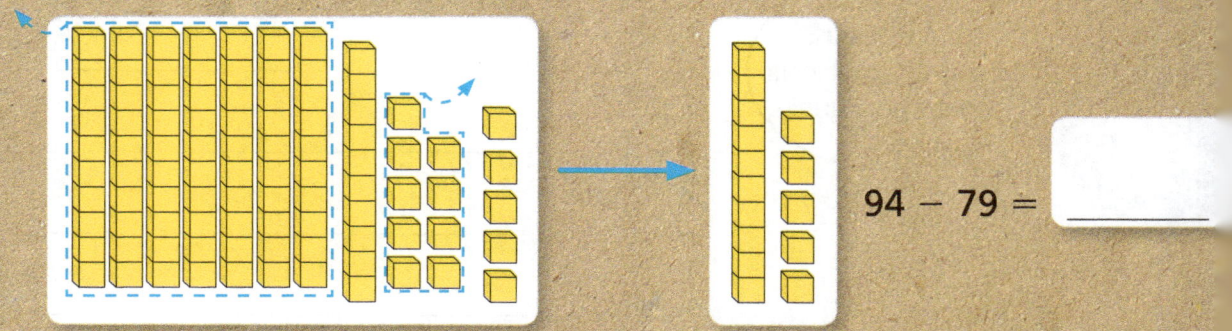

94 − 79 = _____

- Com decomposição.

    Decompomos 94 e 79 em dezenas inteiras e unidades.

    Como não é possível retirar 9 unidades de 4 unidades, podemos decompor o número 94 de outra maneira. Veja.

    94 → 90 + 4   94 → 80 + 14
    79 → 70 + 9   79 → 70 + 9
                                10 + 5

- Com o quadro de ordens.

    Como não é possível retirar 9 unidades de 4 unidades, trocamos 1 dezena por 10 unidades. Depois, subtraímos as unidades e as dezenas.

D	U
⁸9̸	¹⁴4̸
7	9

→

D	U
⁸9̸	¹⁴4̸
7	9
1	5

ou

  ⁸9̸ ¹⁴4̸
− 7   9

Então, o preço do ventilador a prazo é _____ reais a mais que o preço à vista.

2. Resolva as subtrações a seguir.

71 − 9 = ☐   44 − 36 = ☐   82 − 57 = ☐

3. Em um jogo de pescaria, cada participante, na sua vez, pode pescar dois peixes. Cada peixe vale uma quantidade de pontos. Felipe obteve, no total, 23 pontos. O primeiro peixe que ele pescou vale 15 pontos.

a) Marque com um ✗ o segundo peixe que Felipe pescou.

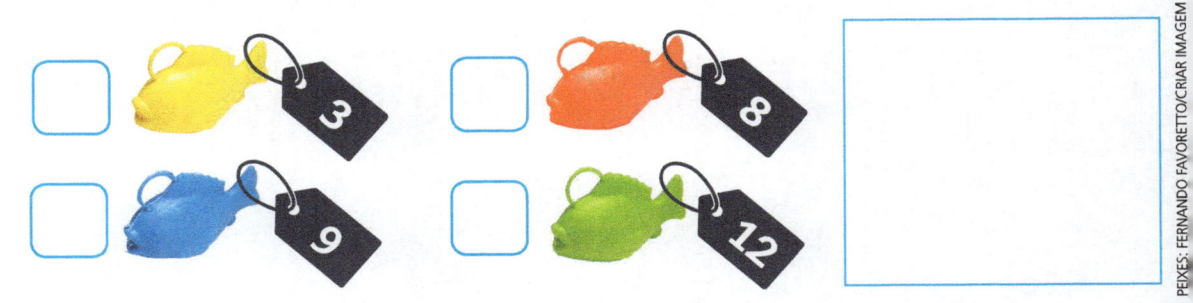

☐ 3 ☐ 8
☐ 9 ☐ 12

b) De acordo com o quadro abaixo, escreva qual foi o prêmio de Felipe. _____

Prêmios da pescaria			
Pontuação	Até 10	De 11 a 20	De 21 a 30
Prêmio	Chaveiro	Bola	Livro

c) Desenhe, em cada peixe a seguir, um número. A soma desses números deve corresponder à premiação de uma bola.

4. Uma rendeira gasta 38 reais com o material para tecer uma toalha, que é vendida por 95 reais. Qual é o lucro que ela obtém com a venda dessa toalha?

_____ reais.

A renda feita à mão é um dos principais produtos do artesanato brasileiro.

86 Oitenta e seis

5. Carlos quer saber quantos quilogramas tem seu cachorro, mas ele não para quieto sobre a balança do consultório do veterinário. Veja, então, como Carlos fez.

a) Como Carlos pode calcular a massa do cachorro?

b) Qual é a massa do cachorro?

_____ kg

6. Maria e Celso calcularam mentalmente **62 − 38**.

Calculei 62 − 30 = 32.
Em seguida, fiz 32 − 8 = 24, pois faltava retirar 8 unidades.
Então, 62 − 38 = 24.

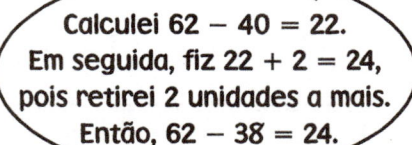

Calculei 62 − 40 = 22.
Em seguida, fiz 22 + 2 = 24, pois retirei 2 unidades a mais.
Então, 62 − 38 = 24.

Faça como Maria ou Celso e calcule mentalmente as subtrações a seguir.

a) 91 − 67 = _____

b) 57 − 39 = _____

c) 76 − 59 = _____

d) 42 − 14 = _____

7. Os quilombolas são descendentes de africanos e afro-brasileiros escravizados que mantêm muitas de suas tradições culturais de origem. Há comunidades quilombolas em todas as regiões do Brasil. Em 2015, havia 343 comunidades na região Sudeste e 157 na região Sul.

Apresentação de dança durante a Festa Cultura Afro. Araruama (RJ), nov. 2015.

Podemos determinar quantas comunidades quilombolas a região Sudeste tinha a mais que a região Sul, calculando **343 − 157**.

• Com o material dourado.

Inicialmente, representamos o número 343. Como não é possível retirar 7 cubinhos de 3 cubinhos, trocamos 1 barra por 10 cubinhos, ou seja, 1 dezena por 10 unidades.

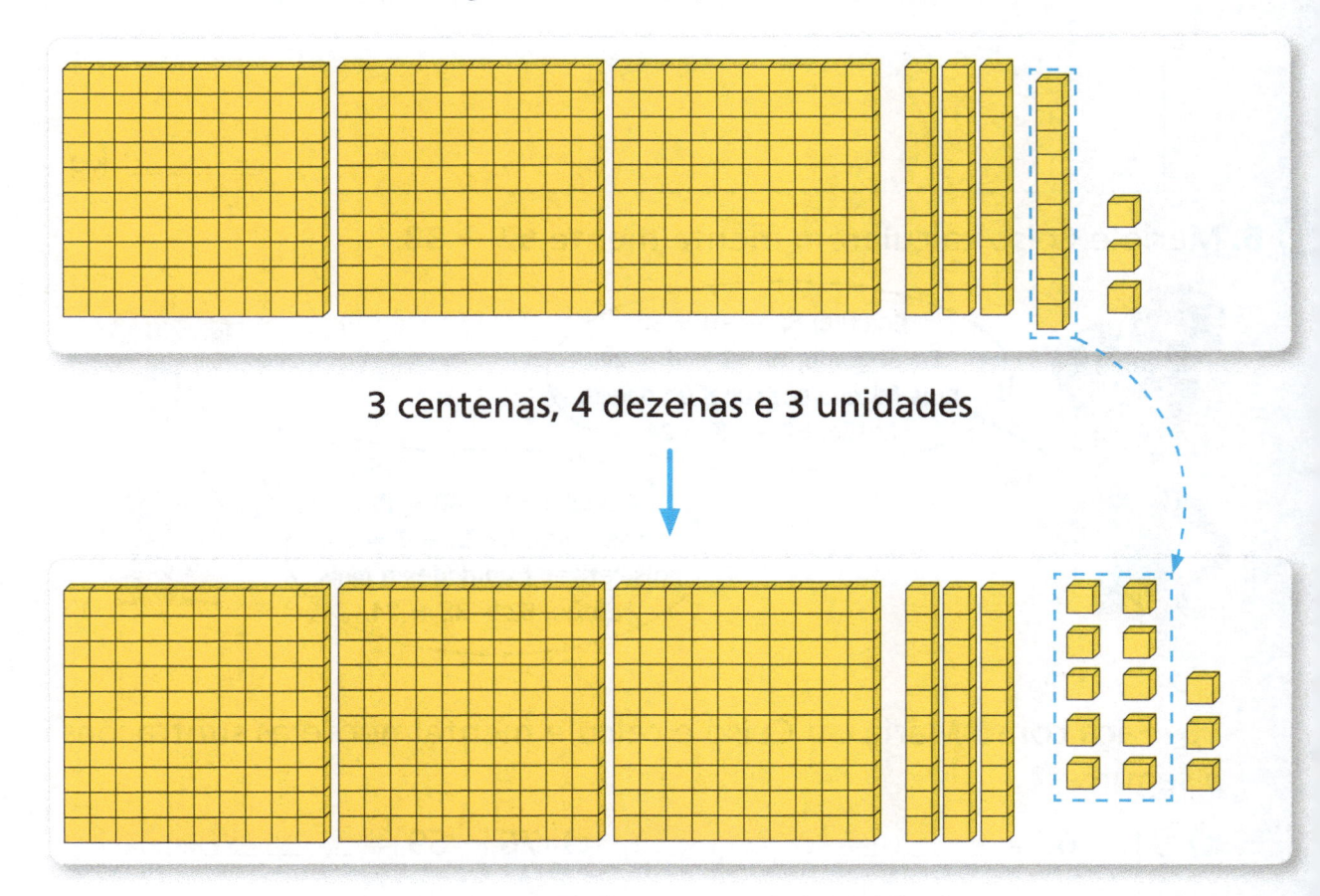

3 centenas, 4 dezenas e 3 unidades

3 centenas, 3 dezenas e 13 unidades

Como não é possível retirar 5 barras de 3 barras, trocamos 1 placa por 10 barras, ou seja, 1 centena por 10 dezenas.

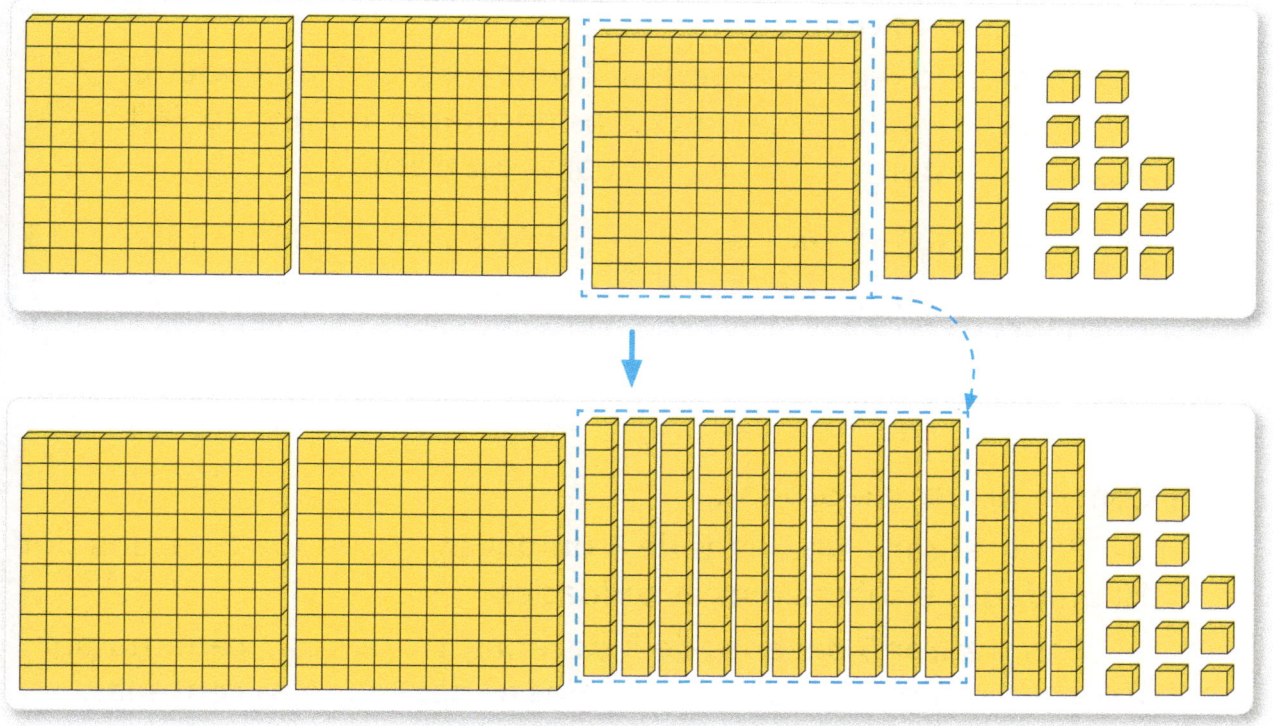

2 centenas, 13 dezenas e 13 unidades

Agora, retiramos 1 placa, 5 barras e 7 cubinhos, ou seja, 1 centena, 5 dezenas e 7 unidades.

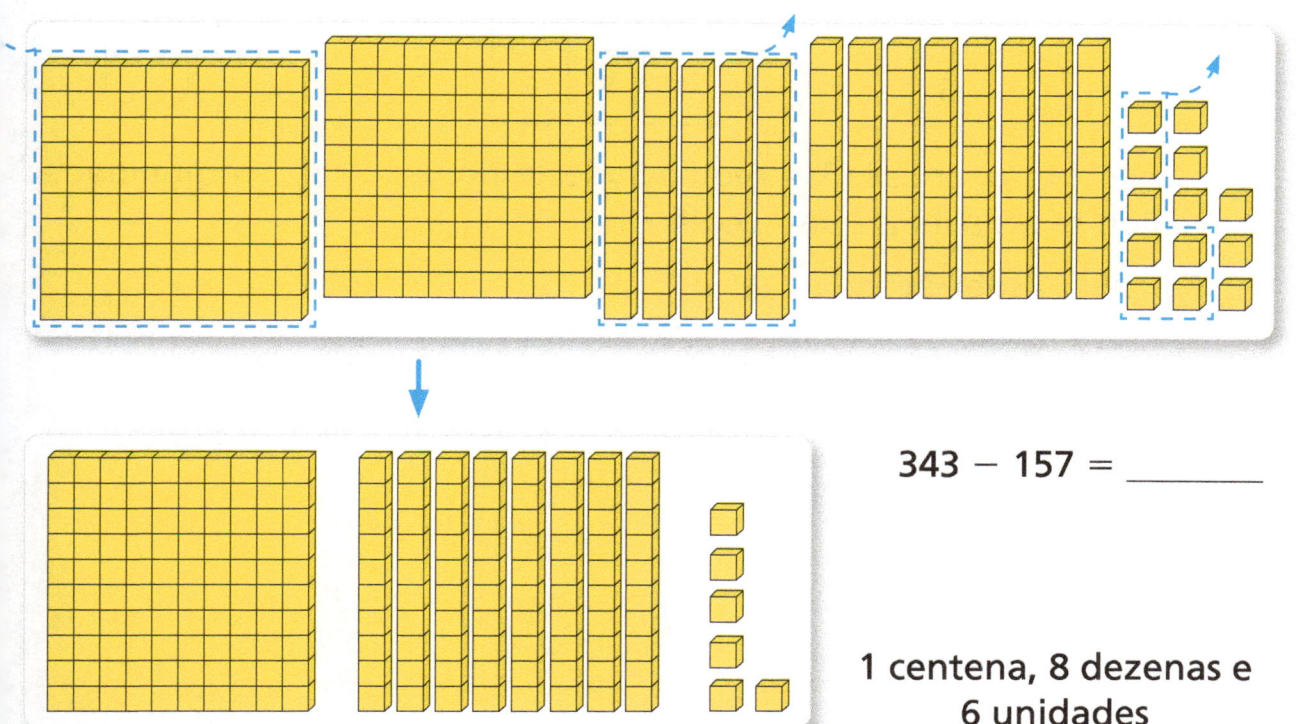

343 − 157 = _____

1 centena, 8 dezenas e 6 unidades

Oitenta e nove **89**

Observe como calcular **343 − 157** por decomposição e com o quadro de ordens.

- Com decomposição.

Como não é possível retirar 7 unidades de 3 unidades e 5 dezenas de 4 dezenas, podemos decompor o número 343 de outra maneira e, assim, efetuar a subtração.

343 → 300 + 40 + 3
157 → 100 + 50 + 7

343 → 200 + 130 + 13
157 → 100 + 50 + 7
         100 + 80 + 6

- Com o quadro de ordens.

Para retirar 7 unidades de 3 unidades, trocamos 1 dezena por 10 unidades e subtraímos as unidades.

Para retirar 5 dezenas de 3 dezenas, trocamos 1 centena por 10 dezenas. Em seguida, subtraímos as dezenas e as centenas.

C	D	U
3	³4̶	¹³3̶
− 1	5	7
		6

→

C	D	U
²3̶	¹³4̶	¹³3̶
− 1	5	7
1	8	6

ou

²3̶ ¹³4̶ ¹³3̶
− 1   5   7

Portanto, em 2015, a região Sudeste tinha _____ comunidades quilombolas a mais que a região Sul.

8. Calcule as subtrações.

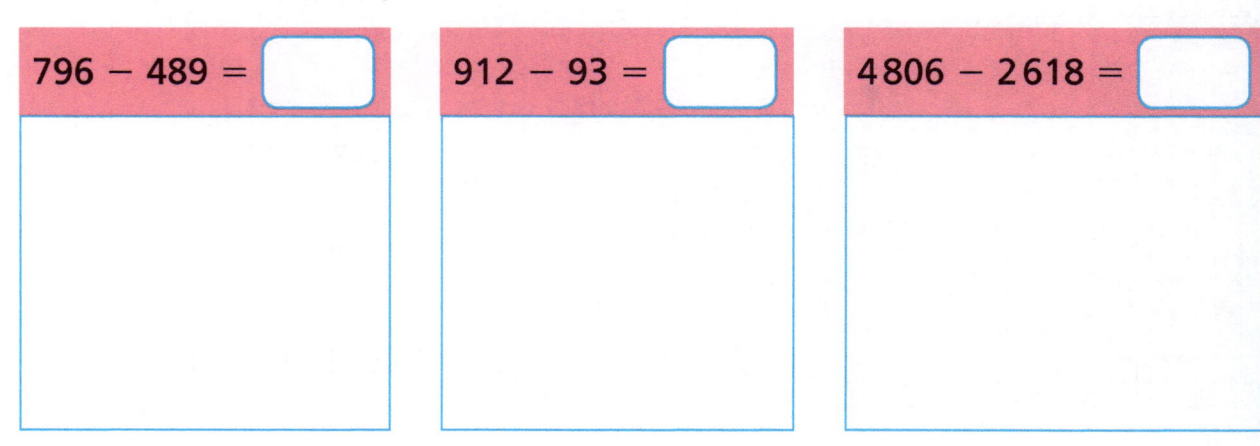

796 − 489 =

912 − 93 =

4 806 − 2 618 =

9. A piraíba e o pirarucu representam duas das maiores espécies de peixes brasileiros. Veja.

Piraíba — 158 cm

Pirarucu — 200 cm

a) Qual peixe tem mais de 180 cm de comprimento? Quantos centímetros a mais?

b) Qual peixe tem menos de 180 cm de comprimento? Quantos centímetros a menos?

10. Observe a tabela e responda.

Algumas espécies de animais brasileiros em risco de extinção						
Grupos de animais	Mamíferos	Aves	Répteis	Anfíbios	Peixes
Quantidade de espécies	110	234	80	41	409

Fonte: BRASIL. Ministério do Meio Ambiente. **Fauna ameaçada**. Disponível em: <http://www.mma.gov.br/biodiversidade/especies-ameacadas-de-extincao/fauna-ameacada?tmpl=component&print=1>. Acesso em: 13 mar. 2017.

a) Qual dos grupos tem mais espécies em risco de extinção? E qual deles tem menos?

b) Entre aves e anfíbios, qual deles tem mais espécies em risco de extinção? Quantas espécies a mais?

SITUAÇÕES QUE ENVOLVEM ADIÇÕES E SUBTRAÇÕES

1. Caio vai comprar, pela internet, ingressos para uma peça teatral. Veja as informações fornecidas no *site* do teatro.

Setor	Total de ingressos	Ingressos vendidos
A	250	169
B	580	393

No total, quantos ingressos:

a) foram colocados à venda?

_____ ingressos.

b) já foram vendidos?

_____ ingressos.

2. Rafaela comprou um rolo de fita de cetim de 500 cm. Para enfeitar as peças de artesanato que faz, ela recortou dois pedaços com 140 cm cada e dois pedaços com 90 cm cada.

a) No total, quantos centímetros de fita Rafaela recortou?

_____ cm

b) Quantos centímetros de fita sobraram no rolo?

_____ cm

3. Mílton tinha 370 reais. Ele gastou 138 reais na feira e 85 reais na padaria.

a) Quantos reais Mílton já gastou?

_____ reais.

b) Mílton ainda precisa comprar alguns itens no supermercado. No máximo, quanto ele poderá gastar nessa compra?

_____ reais.

4. Veja como Alex calculou o valor aproximado de **218 + 83**.

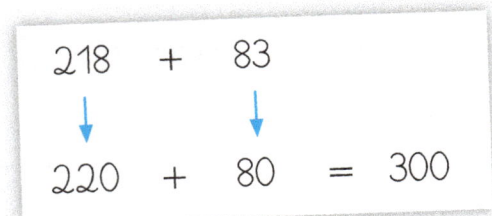

218 + 83
↓   ↓
220 + 80 = 300

Arredondei os números para a dezena inteira mais próxima.

Faça como Alex e calcule o valor aproximado de:

a) 159 + 22
   ↓   ↓
   ☐ + ☐ = ☐

b) 474 − 158
   ↓   ↓
   ☐ − ☐ = ☐

c) 713 − 31
   ↓   ↓
   ☐ − ☐ = ☐

d) 553 + 276
   ↓   ↓
   ☐ + ☐ = ☐

Agora, usando uma calculadora, resolva as adições e subtrações acima e escreva os resultados exatos de cada uma.

_____

_____

5. Observe a cena e verifique a massa de cada pessoa.

Massas: 72 kg, 68 kg, 25 kg, 85 kg, 94 kg, 110 kg
CAPACIDADE: 5 PESSOAS
CARGA MÁXIMA: 350 kg

a) No máximo, quantas pessoas por vez podem entrar nesse elevador? _____ pessoas.

b) Quantos quilogramas, no máximo, podem ser transportados por vez nesse elevador? _____ kg

c) No total, qual é a massa, em quilogramas, das pessoas que já estão no elevador? _____ kg

d) Marque com um ✗ as duas pessoas que podem entrar no elevador, de maneira que não exceda sua carga máxima.

94 kg   110 kg   72 kg

94 Noventa e quatro

6. Escreva o próximo número de cada sequência.

a) 350 —15→ 335 —15→ 320 —15→ 305 —15→ ☐

b) 280 +48→ 328 +48→ 376 +48→ 424 +48→ ☐

7. Com uma calculadora, identifique e pinte o número **incorreto** em cada sequência. Depois, reescreva-a substituindo esse número pelo correto.

a) Aumenta 123 unidades de um número para o próximo.

78   201   324   447   500   693   816   939

_____

b) Diminui 97 unidades de um número para o próximo.

743   646   549   452   355   258   143   64

_____

8. Conduza Luísa até a saída do labirinto. Ela deve passar apenas por casas cujos números formam uma sequência crescente que, de um número para o próximo, aumentam-se 48 unidades.

678	540	310	420	560	620	56	95	90
465	790	715	631	859	111	63	15	48
800	735	687	639	981	159	207	255	795
890	783	601	591	911	901	450	303	348
918	831	597	543	495	447	399	351	400
499	879	927	975	500	725	999	821	450

SAÍDA

Noventa e cinco **95**

VOCÊ CIDADÃO

◤ CONSUMO CONSCIENTE DE ÁGUA

A água é um recurso muito importante para nossa sobrevivência. Por isso, precisamos consumi-la de maneira consciente.

Para evitar o desperdício, é necessário mudar alguns hábitos. Veja algumas dicas para economizar água.

Ao escovar os dentes com a torneira aberta, por 5 minutos, gastam-se 12 litros de água. Se você apenas molhar a escova, fechar a torneira e enxaguar a boca com um copo de água, o gasto será de apenas 1 litro.

VOCÊ LEITOR

1. Qual é a importância de evitar o desperdício de água?

2. Na casa de Joice, moram três pessoas: ela, a mãe e o pai. Até o último mês, cada pessoa dessa família tomava um banho diário de 15 minutos, com o chuveiro aberto o tempo todo.

   • Quantos litros de água essa família consumia diariamente nos banhos?

   • Agora, Joice e seus pais passaram a desligar o chuveiro enquanto se ensaboam e reduziram o tempo de banho para 5 minutos. Quantos litros de água eles economizaram diariamente com essa mudança de hábito?

96 Noventa e seis

Um banho de 15 minutos, com o chuveiro aberto, significa um gasto de 45 litros de água. Se você desligar o chuveiro enquanto se ensaboa e reduzir o tempo do banho para 5 minutos, seu consumo diminuirá para 15 litros.

Se você ensaboar a louça com a torneira aberta, por 15 minutos, o gasto de água será de 117 litros. Mas se, antes de lavar a louça, você limpar os restos de comida de pratos e panelas, o consumo de água poderá ser de apenas 20 litros.

Ao regar as plantas com uma mangueira por 10 minutos, o consumo de água poderá chegar a 186 litros. Então, o melhor é usar um regador.

3. Observe como Marta, a mãe de Joice, faz para regar o jardim.

> Para regar o jardim, uso dois desses regadores cheios e gasto ao todo 8 litros de água. Se usasse uma mangueira, eu iria demorar 5 minutos e gastaria 7 litros de água por minuto.

- Usando as informações acima, escreva, no caderno, um problema que possa ser resolvido por meio de uma adição ou subtração. Peça a um colega que o resolva e tente resolver o que ele elaborou. Depois, confiram as respostas.

Noventa e sete **97**

UM POUCO MAIS

1. Em 2015, o Brasil participou dos Jogos Parapan-Americanos de Toronto, no Canadá, com uma quantidade recorde de atletas: 95 mulheres e 175 homens.

Atletas brasileiras do time de basquete feminino, comemorando a medalha de bronze nos jogos Parapan-Americanos de Toronto.

a) Quantos atletas brasileiros participaram dessa competição?

_____ atletas.

b) Participaram mais homens ou mulheres? Quantos(as) a mais?

_____

2. Luís está organizando sua coleção de miniaturas de carros em uma estante. Das 78 miniaturas que ele tem, já guardou 35 na estante. Quantas miniaturas ainda falta guardar?

_____ miniaturas.

3. Veja como Manuela registrou a quantidade de copos de suco vendidos na cantina em que trabalha, em certo dia.

Sabor	Quantidade de copos
Uva	22
Laranja	36
Morango	9

a) Quantos copos de suco foram vendidos no total?

_____ copos de suco.

b) Para completar 100 copos de suco, quantos faltaram ser vendidos?

_____ copos de suco.

4. Nas operações, escreva o algarismo que representa cada símbolo.

a)
```
    6  8  7
 -  5  ★  9
    ✿  5  8
```

★ = _____

✿ = _____

b)
```
    8  6  ✿
 +     5  🍎
    9  1  5
```

🍎 = _____

5. Escreva uma sequência de dez números que comece em 950 e diminua 50 unidades a cada número.

_____

_____

UNIDADE 4

FIGURAS GEOMÉTRICAS PLANAS, LOCALIZAÇÃO E DESLOCAMENTO

- O que a menina está fazendo na cena?
- Você usa óculos ou conhece alguém que usa?
- Por que será que algumas pessoas precisam usar óculos?

INFANTIL

Esse modelo combina com o formato do seu rosto.

Cento e um 101

ALGUMAS FIGURAS GEOMÉTRICAS PLANAS

1. Observe o contorno das lentes de cada óculos que Ana experimentou.

a) Ligue cada contorno aos óculos correspondentes.

b) Veja um exemplo de representação de linha curva e outro de linha reta.

| Representação de linha curva | Representação de linha reta |

Agora, pinte o interior dos contornos das lentes acima de acordo com a legenda:

- 🟦 formado apenas por linhas curvas.
- 🟩 formado apenas por linhas retas.

102 Cento e dois

VOCÊ LEITOR

2. Leia as dicas que as crianças escreveram.

Para representar um quadrado, não tive outra saída: usei quatro linhas retas com a mesma medida.

Para representar um retângulo, pensei por um momento: pode ser dois pares de linhas retas, cada par com um comprimento.

Marquei três pontos no papel e os liguei com linhas retas. Assim desenhei a representação de um **triângulo**, de maneira bem correta.

Para desenhar a representação de um **círculo**, bem pouco demorei. Escolhi uma moeda e, depois, a contornei.

Escreva o nome das figuras representadas de acordo com essas dicas.

a) _____

b) _____

c) _____

d) _____

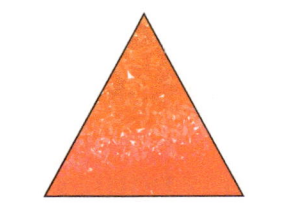

Cento e três **103**

3. João contornou parte de alguns objetos. Cubra o tracejado e, depois, pinte e escreva o nome da figura representada.

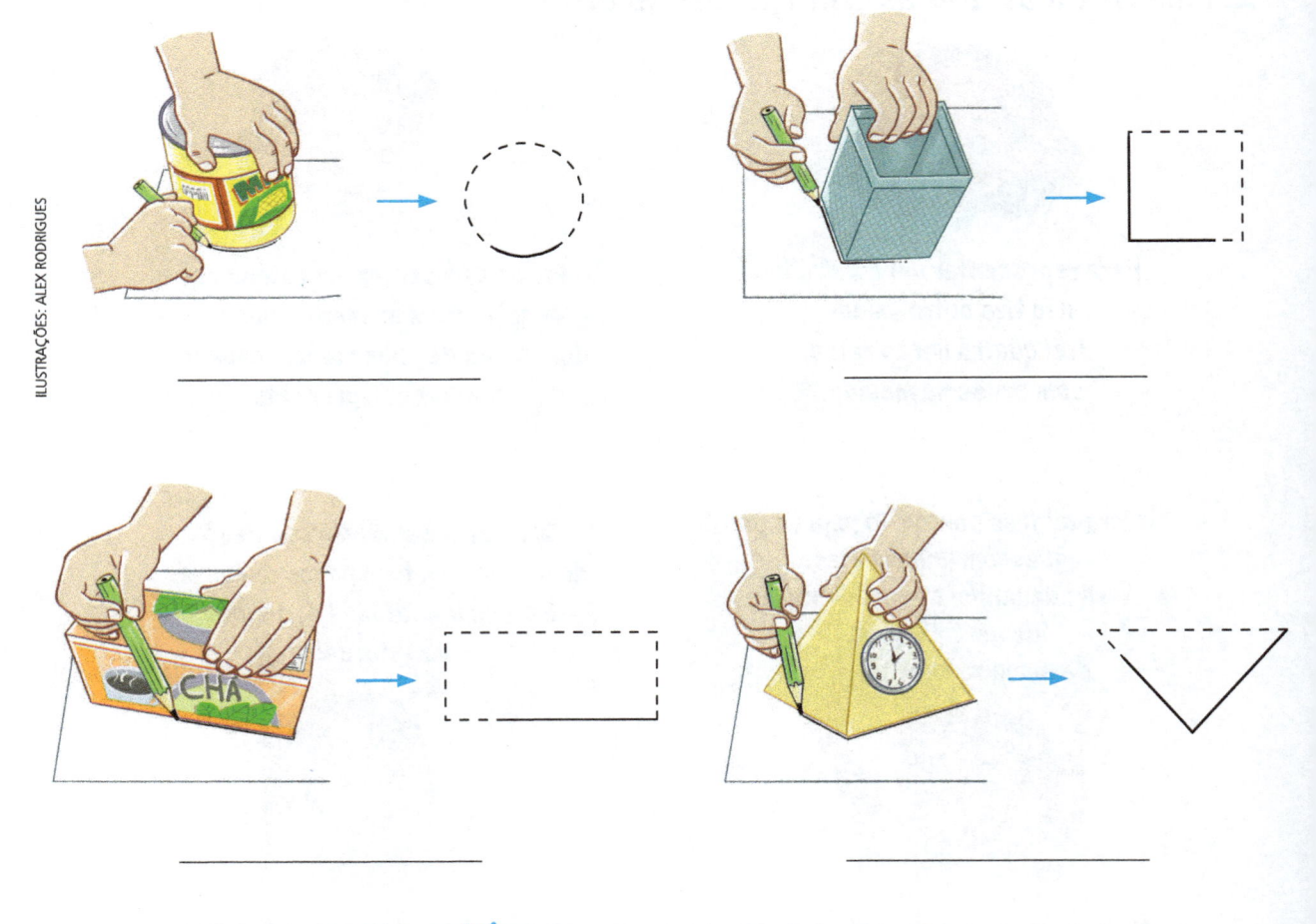

ILUSTRAÇÕES: ALEX RODRIGUES

_____   _____

_____   _____

a) Marque com um ✗ os nomes das figuras cujo contorno é formado apenas por **linhas retas**. Depois, escreva quantas são essas linhas em cada figura.

☐ Quadrado ⟶ _____

☐ Triângulo ⟶ _____

☐ Círculo ⟶ _____

☐ Retângulo ⟶ _____

b) Qual das figuras acima é formada apenas por uma linha curva?

_____

104 Cento e quatro

4. De acordo com a legenda, pinte as partes que estão em branco na figura a seguir.

- Círculo
- Retângulo
- Quadrado
- Triângulo

5. Bruna desenhou algumas figuras na malha quadriculada.

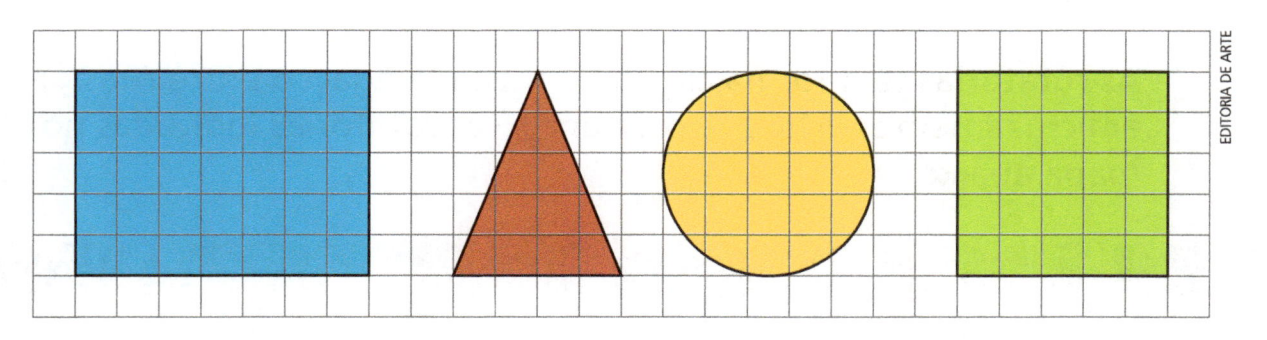

a) Faça uma marcação nas figuras cujo contorno é formado:

apenas por linhas retas.

por 4 linhas.

por linhas com o mesmo comprimento.

b) Qual é o nome da representação da figura em que você fez três marcações? _____

Cento e cinco **105**

6. Lucas recortou pedaços de papel com formas e cores diferentes para representar a bandeira do Brasil.

Contorne os pedaços de papel abaixo que você acha que Lucas usou.

Marque com um ✗ o nome da figura geométrica que **não** está representada na bandeira do Brasil.

☐ Círculo ☐ Triângulo ☐ Retângulo

7. As rotatórias têm forma circular e fazem a ligação entre ruas em cruzamentos. Marque com um ✗ as rotatórias indicadas no mapa abaixo.

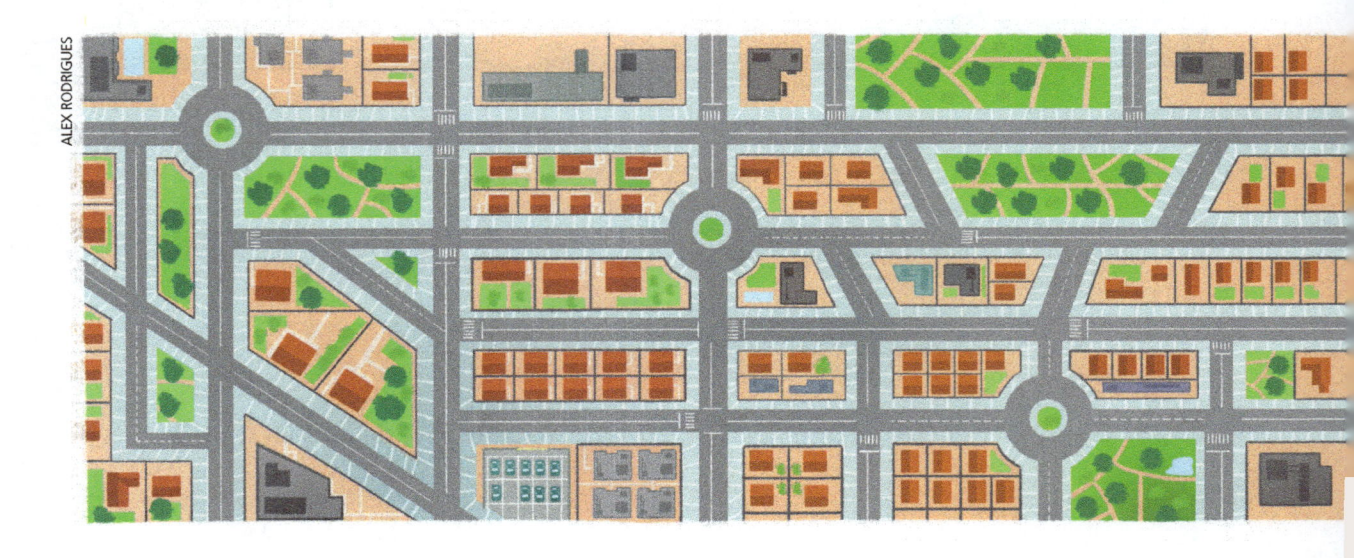

8. Veja como Aline desenhou uma figura que representa um quadrado em um programa de computador.

Primeiro, representei esses quatro pontos.

Depois, liguei as representações dos pontos às representações das linhas retas e pintei o interior da figura.

Cada ponto que Aline representou corresponde a um **vértice**, e cada linha reta, a um **lado** do quadrado.

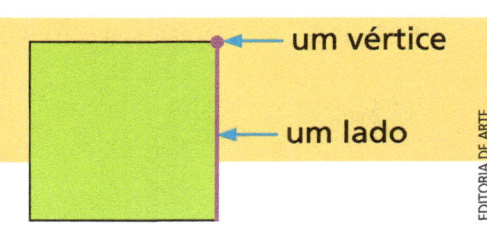

← um vértice
← um lado

a) Complete a frase.

O quadrado tem _____ vértices e _____ lados.

b) Escreva a quantidade de vértices e de lados das figuras que representam o triângulo e o retângulo que Aline desenhou.

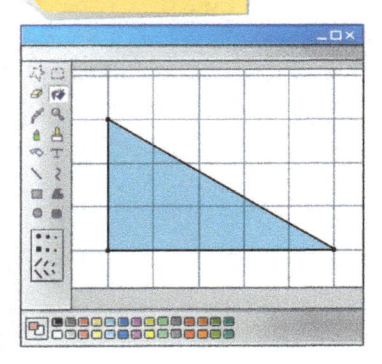

Triângulo

_____ vértices.

_____ lados.

Retângulo

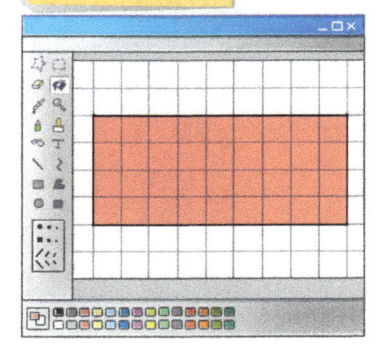

_____ vértices.

_____ lados.

Cento e sete **107**

9. Qual destas figuras não tem vértice ou lado? Marque a resposta com um ✗. Depois, represente essa figura com um desenho.

☐ Triângulo

☐ Quadrado

☐ Círculo

☐ Retângulo

10. Usando as palavras **vértice** ou **lado**, escreva uma semelhança e uma diferença entre o quadrado e o retângulo representados ao lado.

▸ Semelhança

_____

_____

▸ Diferença

_____

_____

11. Veja o que Adriano está dizendo.

> Na figura geométrica representada, cada vértice corresponde ao encontro de dois lados.

a) Quantos vértices tem essa figura? _____ vértices.

b) Ligue dois vértices da figura com uma linha reta, dividindo-a em um triângulo e um retângulo.

108 Cento e oito

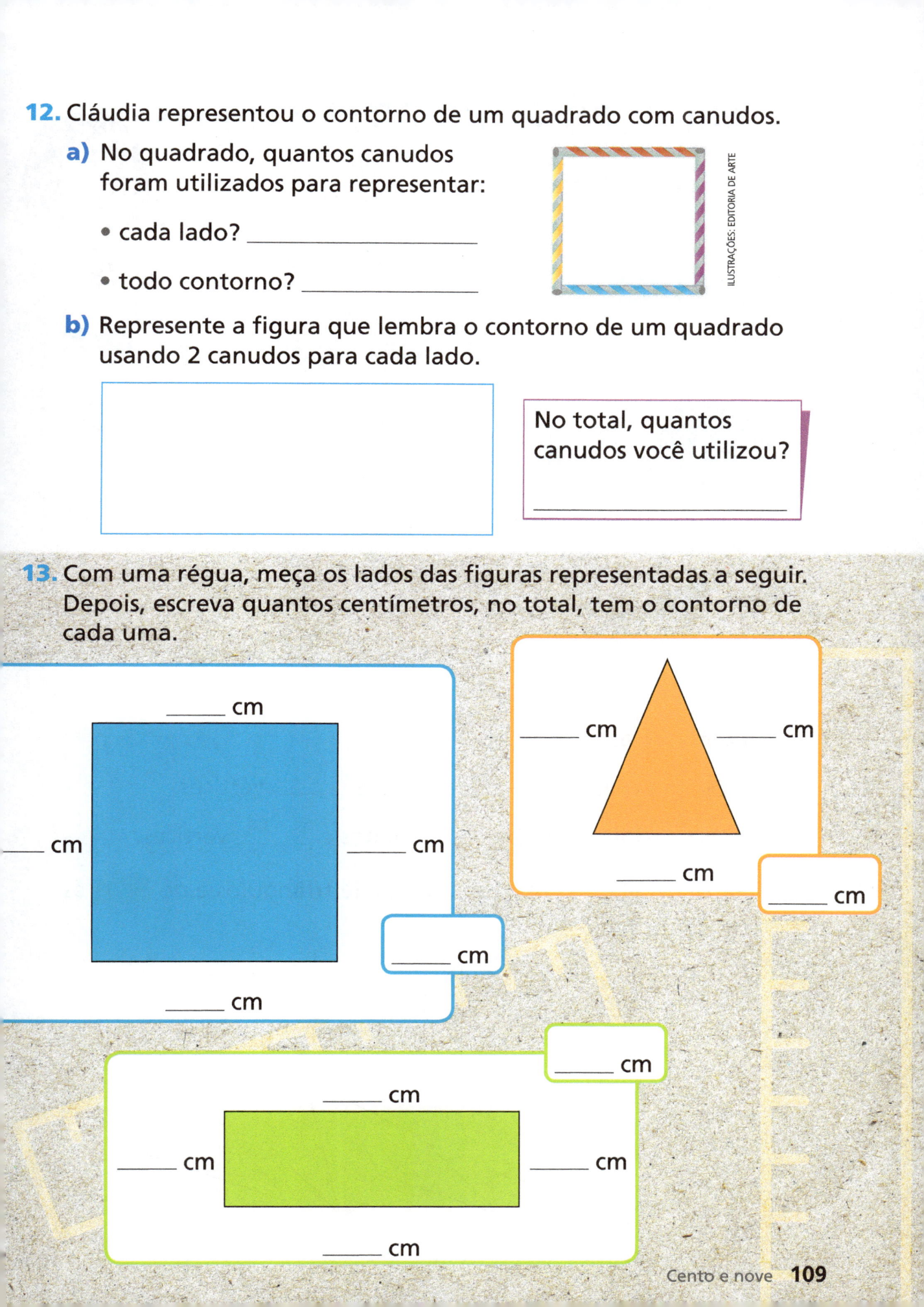

12. Cláudia representou o contorno de um quadrado com canudos.

a) No quadrado, quantos canudos foram utilizados para representar:

- cada lado? _____

- todo contorno? _____

b) Represente a figura que lembra o contorno de um quadrado usando 2 canudos para cada lado.

No total, quantos canudos você utilizou?
_____

13. Com uma régua, meça os lados das figuras representadas a seguir. Depois, escreva quantos centímetros, no total, tem o contorno de cada uma.

_____ cm

_____ cm

_____ cm

_____ cm

_____ cm

_____ cm

_____ cm

_____ cm

_____ cm

_____ cm

_____ cm

_____ cm

_____ cm

Cento e nove **109**

TRIÂNGULOS E QUADRILÁTEROS

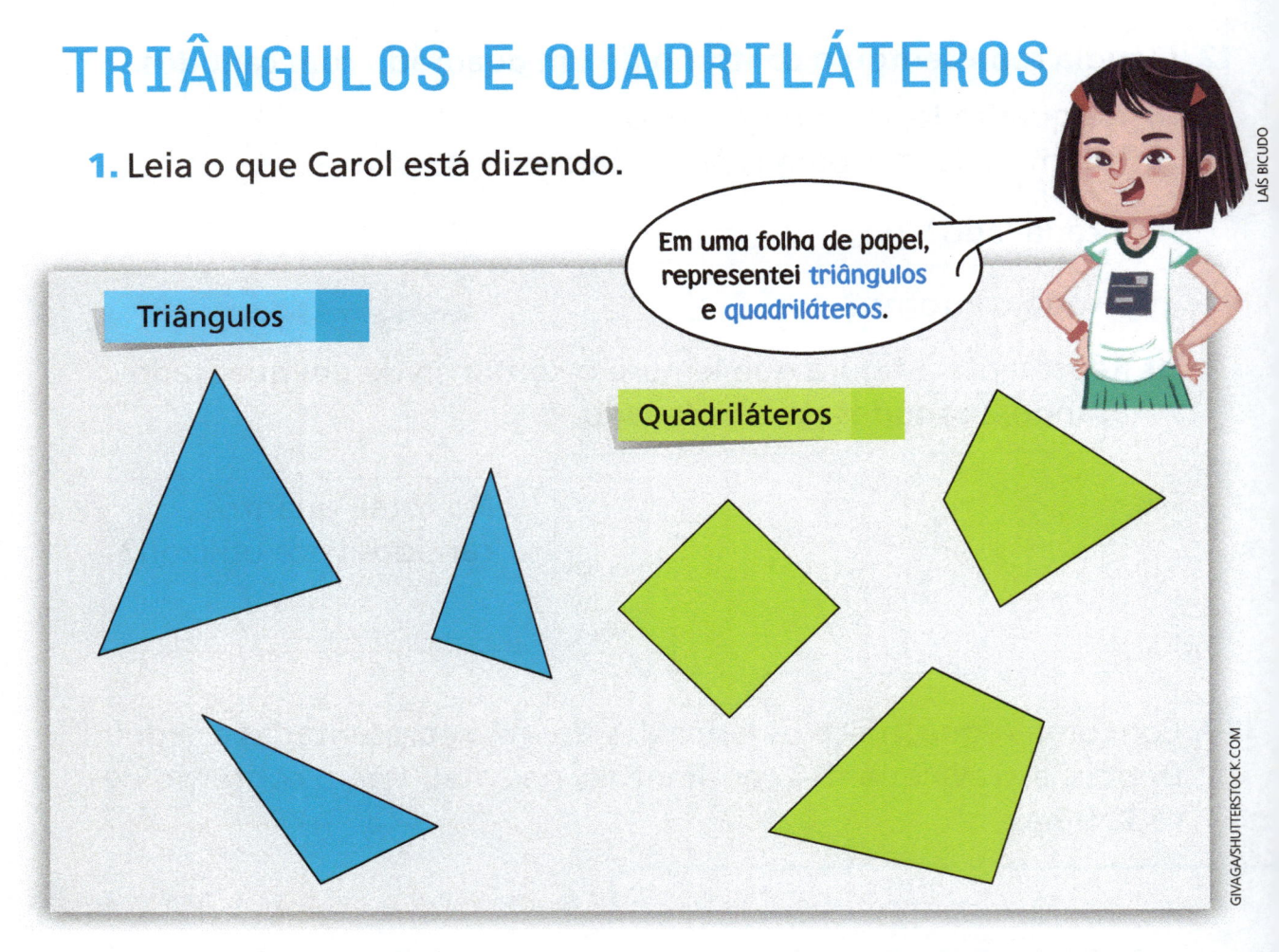

1. Leia o que Carol está dizendo.

> Em uma folha de papel, representei triângulos e quadriláteros.

a) Complete as frases.

- Os triângulos têm _____ lados e _____ vértices.

- Os quadriláteros têm _____ lados e _____ vértices.

b) Pinte de 🟦 as representações de triângulos e de 🟩 as de quadriláteros.

110 Cento e dez

2. Usando a régua, desenhe e pinte uma figura que representa:

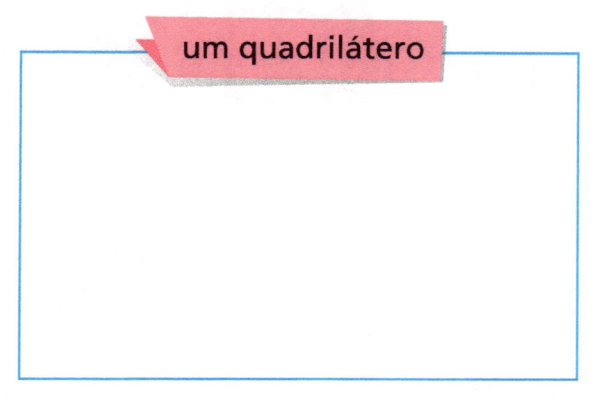

um quadrilátero	um triângulo

Agora, compare seu desenho com os de seus colegas. Que semelhanças e diferenças vocês percebem nessas figuras?

3. Marque com um X as pipas que lembram a forma de um quadrilátero.

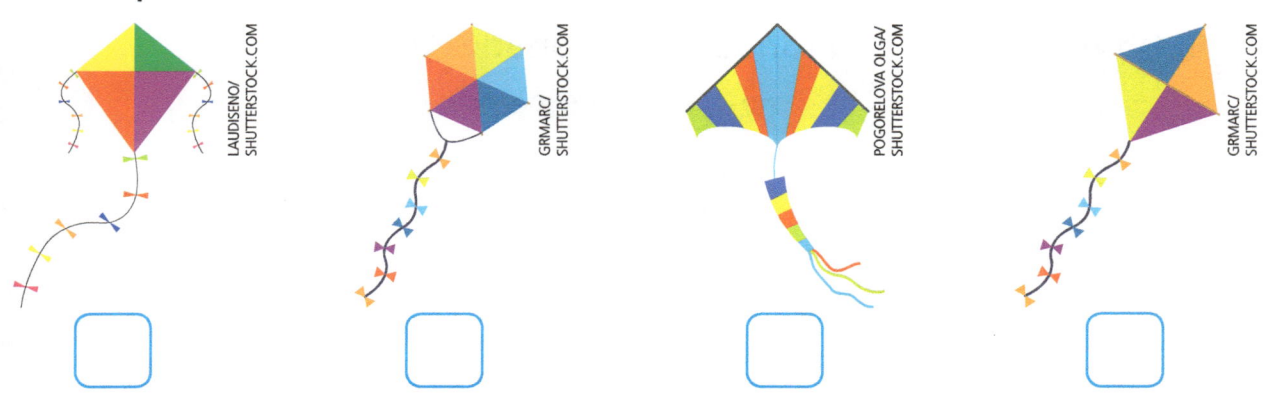

4. Juarez trabalha em uma vidraçaria e vai cortar peças de vidro para colocar em uma janela como ilustrada ao lado.

a) Que figuras geométricas lembram as peças que Juarez vai cortar: triângulo, quadrado, retângulo ou círculo? Essas figuras são triângulos ou quadriláteros?

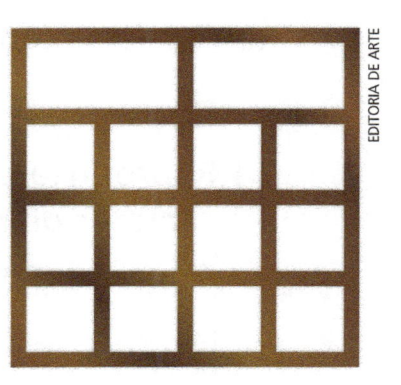

_____

b) Quantas peças de cada tipo serão cortadas?

_____

_____

Cento e onze **111**

5. Veja ao lado uma tela do artista brasileiro Luiz Sacilotto.

a) As figuras vermelhas representam quadriláteros ou triângulos?

_____

b) Elas são idênticas?

_____

c) Na tela, o que diferencia as figuras vermelhas?

_____
_____

LUIZ SACILOTTO. 1982. TÊMPERA SOBRE TELA FIXADA EM DURATEX. ACERVO SACILOTTO, SÃO PAULO.

Luiz Sacilotto (1924-2003). **C8215** 1982. Têmpera em tela sobre duratex, 80 cm × 80 cm.

6. Observe esta figura formada por canudos plásticos.

EDITORIA DE ARTE

a) Quantos contornos de triângulos você observa na figura?

_____

b) Reproduza essa figura usando canudos. Depois, mova dois canudos de modo que apareça o contorno de dois quadriláteros. Agora, desenhe a figura que você obteve.

112 Cento e doze

7. O paralelogramo e o trapézio também são quadriláteros.

Elton representou na malha quadriculada um exemplo de cada uma dessas figuras. Observe.

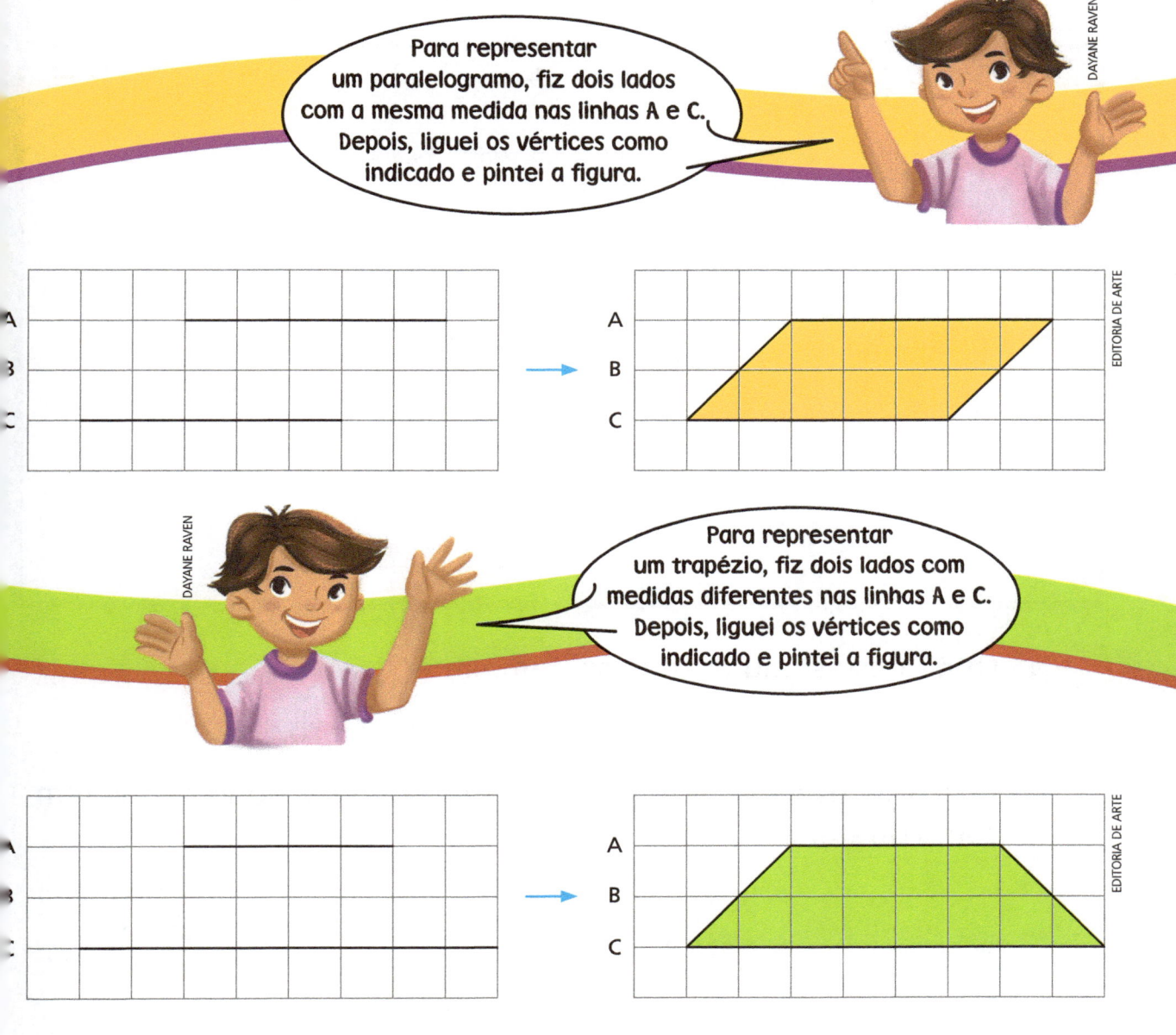

Para representar um paralelogramo, fiz dois lados com a mesma medida nas linhas A e C. Depois, liguei os vértices como indicado e pintei a figura.

Para representar um trapézio, fiz dois lados com medidas diferentes nas linhas A e C. Depois, liguei os vértices como indicado e pintei a figura.

a) Por que podemos dizer que o paralelogramo e o trapézio são quadriláteros?

_____

b) Cite uma diferença e uma semelhança na maneira como Elton representou o paralelogramo e o trapézio.

c) Agora é a sua vez! De maneira parecida à de Elton, represente em uma malha quadriculada um paralelogramo e um trapézio.

Cento e treze **113**

8. Você já ouviu falar do Geogebra? Ele é um programa de computador em que é possível construir diversas figuras.

Mônica usou o Geogebra para construir as figuras a seguir.

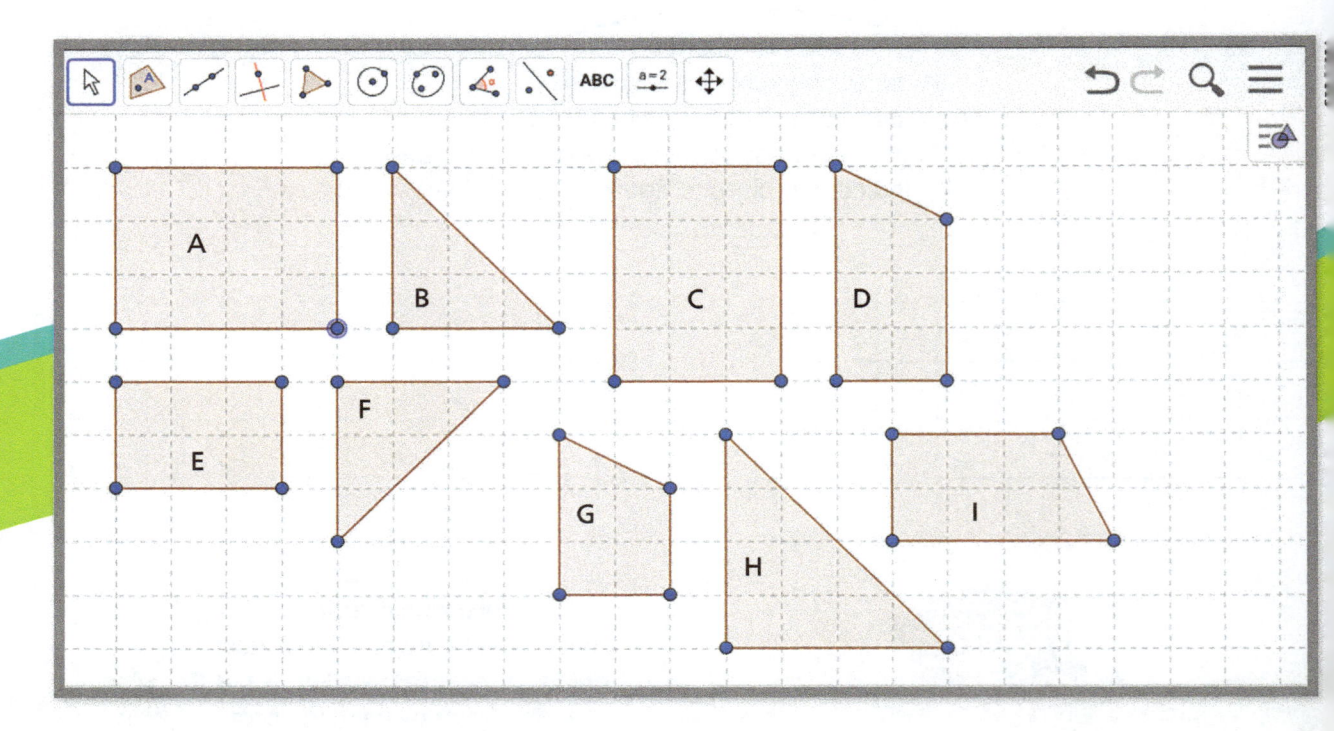

a) Quais dessas figuras representam um:

- triângulo? _____
- quadrilátero? _____

b) Contorne os pares de figuras idênticas, ou seja, aquelas que têm como diferença apenas a sua posição.

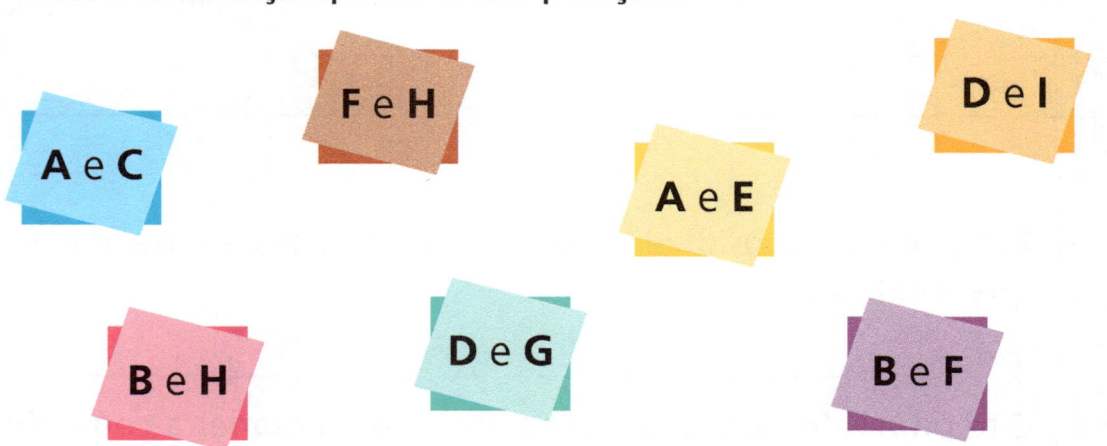

F e H

D e I

A e C

A e E

B e H

D e G

B e F

- Para conferir sua resposta, destaque as figuras da página **249** e tente sobrepô-las nas construções de Mônica.

114 Cento e quatorze

9. Veja como Raquel preencheu uma figura que representa um retângulo com peças que lembram quadrados e triângulos.

a) Quantas peças de cada tipo Raquel utilizou?

_____ quadrados.

_____ triângulos.

b) Destaque as peças da página **249** e cole-as, sem sobreposição, para preencher as figuras a seguir. Depois, escreva quantas peças de cada tipo você utilizou.

_____ quadrados.

_____ triângulos.

_____ quadrados.

_____ triângulos.

10. Michel desenhou duas figuras em uma malha quadriculada. Observe.

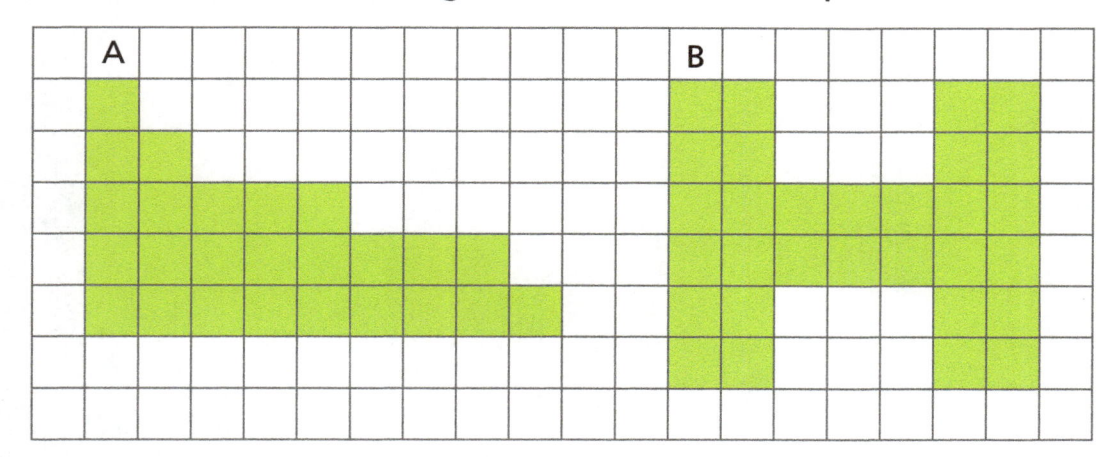

- Quantos ▢ tem cada figura?

figura **A**: _____

figura **B**: _____

Cento e quinze **115**

JOGOS E BRINCADEIRAS

▼ VAMOS MONTAR UM CATA-VENTO?

Material

- Um pedaço de papel com forma quadrada de 20 cm de lado
- Tesoura com pontas arredondadas
- Cola
- Fita adesiva
- Dois palitos de madeira com pontas arredondadas
- Uma tachinha

Como fazer

1ª etapa

Dobre o papel e forme figuras que representam triângulos.

2ª etapa

Dobre-o novamente e forme quatro figuras que representam triângulos.

3ª etapa

Abra o papel e recorte nas linhas tracejadas, como mostra a figura acima.

116 Cento e dezesseis

5ª etapa

Agora, junte os palitos com a fita adesiva e encaixe-os no cata-vento.

4ª etapa

Dobre cada parte, como indicado acima, cole-a e coloque uma tachinha para juntar as partes.

Cento e dezessete **117**

VISTAS

1. Marcos fez um carrinho com sucata e o desenhou em diferentes posições. Ligue cada posição do carrinho ao desenho correspondente.

Vista de frente ou vista frontal

Vista lateral

Vista de cima ou vista superior

2. Leia a tirinha.

> É UM QUADRADO! DE CERTEZA!
>
> TRIÂNGULO! TRIÂNGULO! CERTEZA ABSOLUTA!!
>
> QUER DIZER...
>
> FILHO, ANTES DE CONCLUIR, OLHE POR OUTROS LADOS...

Alexandre Beck. **Armandinho Sete**. Florianópolis: A. C. Beck, 2015. p. 80.

a) Que figura geométrica espacial lembra o objeto que o menino está observando? Marque o nome da figura com um ✗.

☐ Cubo ☐ Pirâmide

☐ Cone ☐ Esfera

☐ Cilindro ☐ Bloco retangular

b) Em cada item, contorne a figura que **não** corresponde a uma vista das peças que lembram figuras geométricas espaciais.

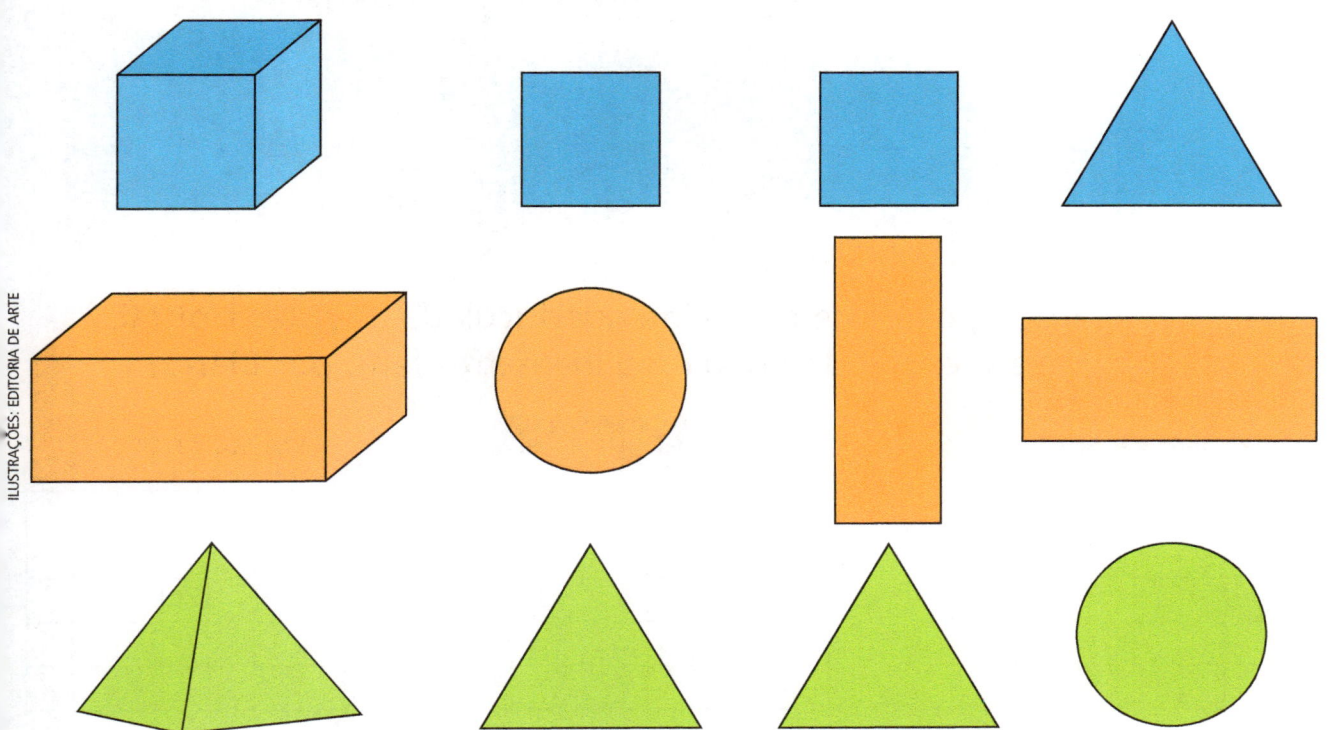

3. Bianca fez, na malha quadriculada, desenhos que representam diferentes vistas de um empilhamento com 10 blocos.

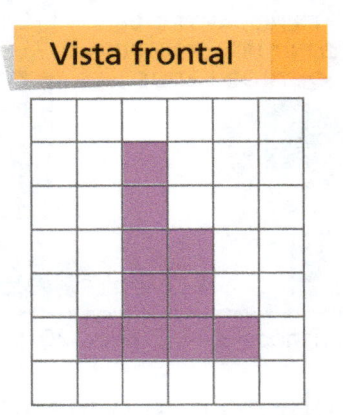

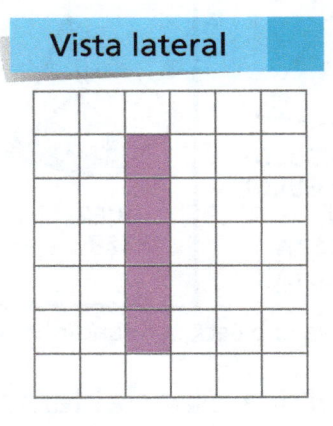

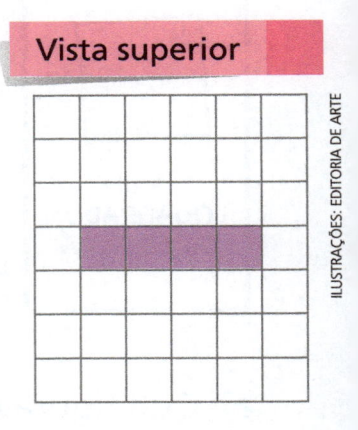

| Vista frontal | Vista lateral | Vista superior |

a) Qual dos empilhamentos abaixo ela observou para fazer os desenhos? Contorne-o.

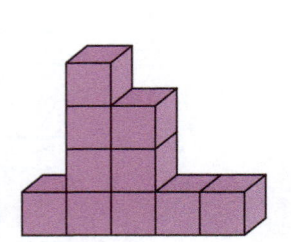

b) Veja como Bianca decidiu reorganizar os blocos.

Vista superior

Vista frontal   Vista lateral

Agora, desenhe na malha quadriculada as vistas frontal, lateral e superior do novo empilhamento feito por Bianca.

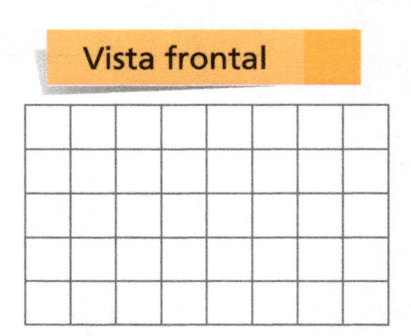

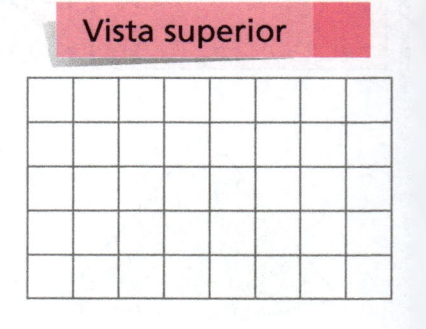

| Vista frontal | Vista lateral | Vista superior |

4. Escolha um objeto da sala de aula e coloque-o sobre a carteira. Depois, desenhe esse objeto de acordo com as diferentes vistas.

Nome do objeto: _____.

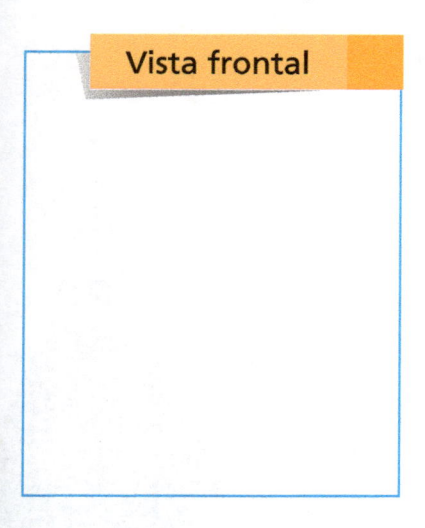

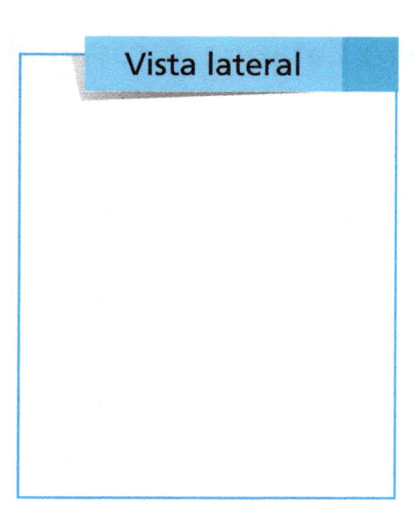

Vista frontal	Vista lateral	Vista superior

5. Observe os dados abaixo.

Marque com um ✗ o item que representa a vista superior desses dados e contorne a que representa a vista lateral.

Cento e vinte e um **121**

LOCALIZAÇÃO E DESLOCAMENTO

VOCÊ ESCRITOR

1. Leia um trecho do livro **Catarina encastelada**.

> Era uma vez um castelo,
> no reino de Monte Carmelo.
> [...]
> Um dia, o castelo acordou com um grito:
> — AAAAAAAAAAaaaaaaaaaaiiiiiiiiii!!!!!!!!!!
> Era um grito aflito, agitando a cortina
> Do quarto da princesa Catarina.
> [...]
>
> Rita Espeschit. **Catarina encastelada**.
> São Paulo: FTD, 2007. (Série Isto ou aquilo).

Observe o castelo da princesa da história.

a) Leia as dicas. Localize a janela do quarto da princesa Catarina e desenhe uma cortina para ela.

| Fica na torre à sua esquerda. | Está logo acima de vasos de flores. | Fica entre outras duas janelas. |

b) Agora, escolha outra janela do castelo e escreva duas dicas para ajudar um colega a encontrá-la.

_____
_____
_____

2. Os alunos da turma do 3º ano vão apresentar uma peça de teatro na escola. Para o dia da apresentação, as cadeiras foram organizadas com letras e números em um mapa de assentos.

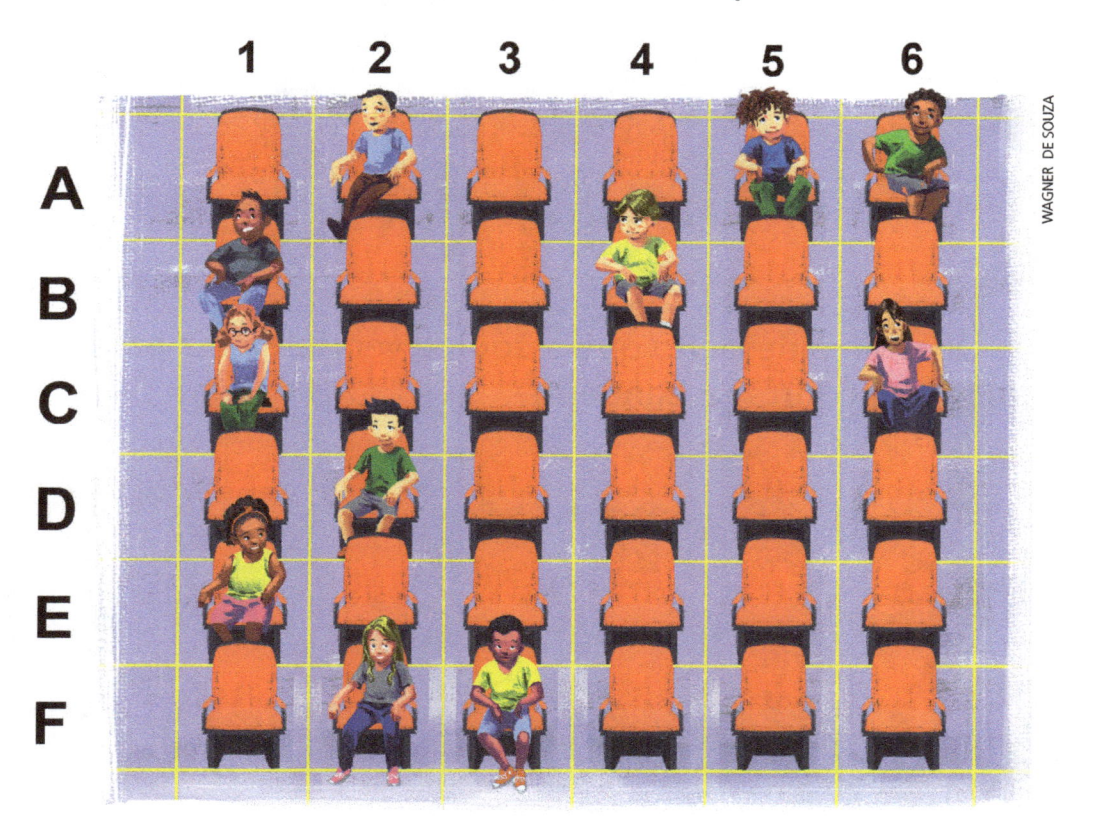

a) Leia o que está escrito no ingresso de Paulo e marque com um ✗ a cadeira que ele vai ocupar.

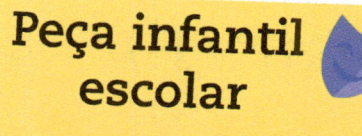

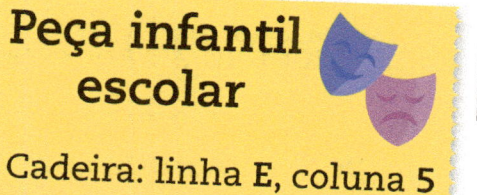

Peça infantil escolar
Cadeira: linha E, coluna 5

b) A cadeira de Marina está localizada uma linha **abaixo** e três colunas à **esquerda** em relação à cadeira de Paulo. Contorne a cadeira que Marina está no auditório da escola e escreva sua localização.

Linha: _____. Coluna: _____.

c) Desenhe uma criança na cadeira da linha **C**, coluna **2**.

d) Escolha uma cadeira desocupada e escreva sua localização. Depois, peça a um colega que marque essa cadeira com um ⭕.

Linha: _____. Coluna: _____.

3. Em uma gincana, cada equipe esconde uma bandeira e faz um desenho para ajudar a outra equipe a localizá-la.

Observe o desenho que a equipe vermelha fez para a equipe amarela encontrar a bandeira.

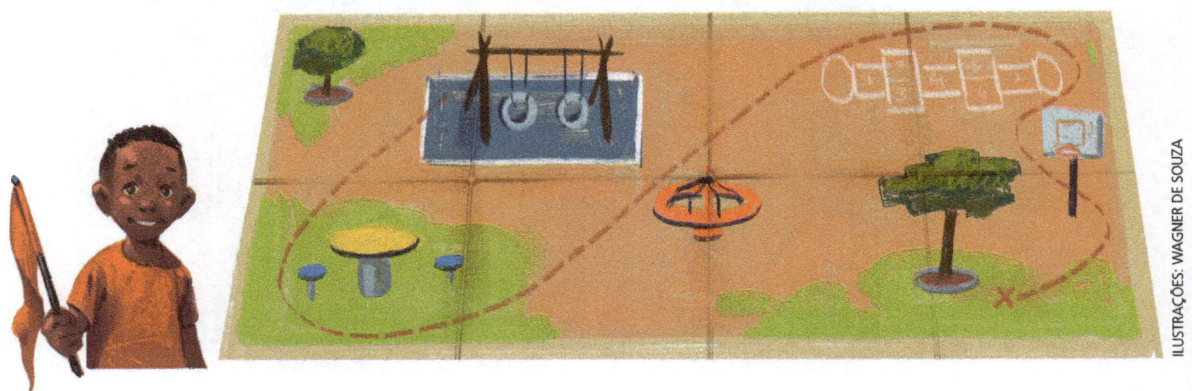

a) No desenho, que figura indica o local onde a equipe vermelha escondeu a bandeira? _____

b) De qual elemento, indicado no desenho, a bandeira ficou mais perto? Marque com um ✗.

☐ Mesa ☐ Amarelinha ☐ Balanços

☐ Árvore ☐ Cesta de basquete ☐ Gira-gira

c) Para chegar até a bandeira, partindo dos balanços, a equipe amarela terá de passar pelos locais abaixo. Numere-os de 1 a 6 para indicar a ordem em que eles aparecem no trajeto.

☐ Mesa ☐ Amarelinha ☐ Balanços

☐ Árvore ☐ Cesta de basquete ☐ Gira-gira

124 Cento e vinte e quatro

4. Os alunos do 3º ano estão brincando no pátio. De olhos vendados, eles devem seguir os comandos do professor para encontrar alguns objetos. Observe.

a) Que objeto a criança vai encontrar ao seguir os comandos abaixo?

Caio	Laís
1º Caminhe 7 passos para a frente.	1º Caminhe 4 passos para a frente.
2º Vire à esquerda.	2º Vire à direita.
3º Caminhe 10 passos para a frente.	3º Caminhe 4 passos para a frente.
4º Vire à direita.	4º Vire à esquerda.
5º Caminhe 2 passos para a frente.	5º Caminhe 3 passos para a frente.

b) Escreva comandos para Ígor encontrar o cone de sinalização. Comece pelo local em que ele aparece na cena.

_____

_____

c) Qual dessas crianças fez o caminho mais curto? _____

5. Observe a legenda.

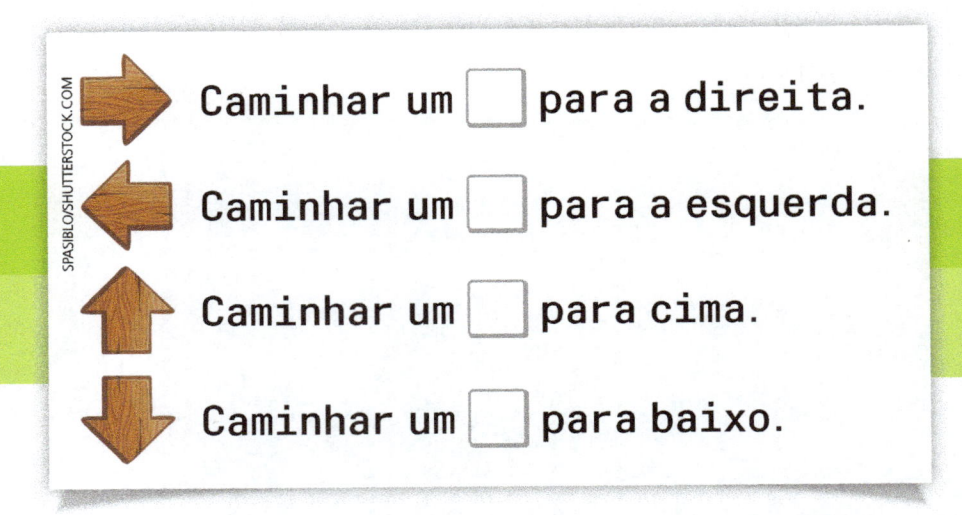

➡️ Caminhar um ☐ para a direita.

⬅️ Caminhar um ☐ para a esquerda.

⬆️ Caminhar um ☐ para cima.

⬇️ Caminhar um ☐ para baixo.

a) Com base na sequência de setas abaixo, trace um caminho na malha quadriculada. Atenção: as setas contornadas já foram representadas na malha quadriculada.

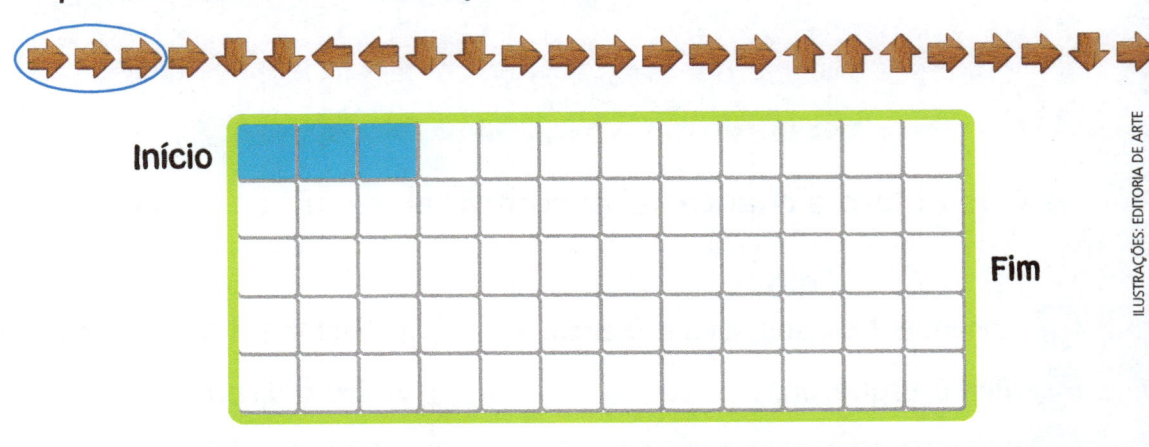

➡️➡️➡️➡️ ⬇️⬇️ ⬅️ ⬇️⬇️ ➡️➡️➡️➡️➡️➡️ ⬆️⬆️⬆️ ➡️➡️➡️ ⬇️ ➡️

b) Agora, complete a sequência de setas que representa o caminho traçado abaixo.

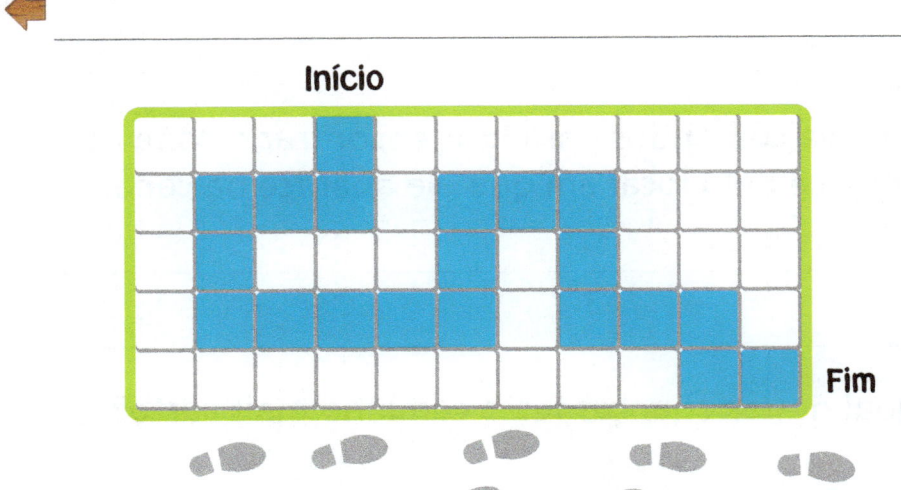

⬇️⬇️⬅️ _____

126 Cento e vinte e seis

6. Desenhe na malha quadriculada um caminho com 20 ☐ que ligue o **Início** ao **Fim**.

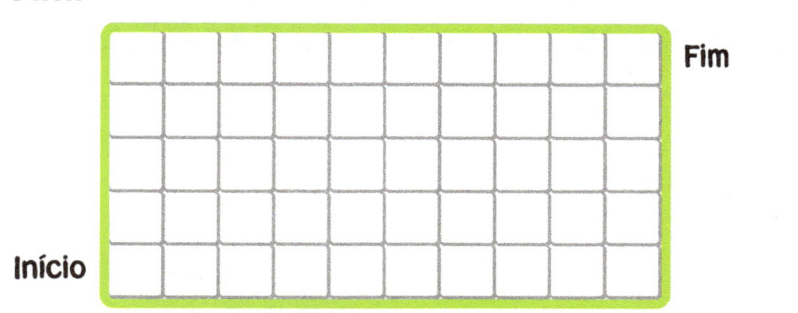

- Peça a um colega que desenhe uma sequência de setas que represente o caminho traçado na malha quadriculada.

7. Em um jogo de *video game*, um robô se move pelo labirinto tentando localizar as baterias escondidas. O robô conseguiu encontrar uma bateria no quadradinho formado pela linha **D** e pela coluna **10**, ou seja, em **D10**.

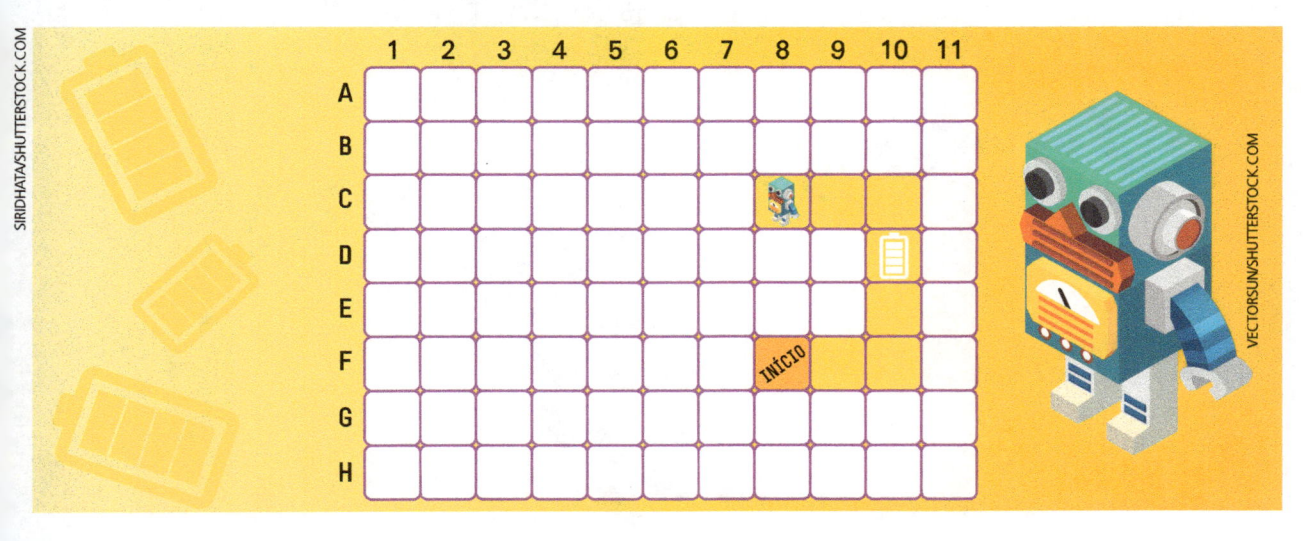

a) Qual a localização do robô? _____

b) Represente no labirinto as baterias em **B5**, **D4**, **F2** e **G6**.

c) Desenhe a continuação do caminho para que o robô encontre todas as baterias. Depois, complete a sequência de setas que representa esse caminho.

→ → ↑ ↑ ↑ ←

Cento e vinte e sete **127**

INTEGRANDO COM GEOGRAFIA E LÍNGUA PORTUGUESA

▼ TESOURO DO PIRATA

Leia o poema abaixo.

O pirata

O menino brinca de pirata:
sua espada é de ouro
e sua roupa de prata.
[...]

Roseana Murray. **No mundo da lua**.
São Paulo: Paulus, 2011. p. 7.

Inspirados em histórias de piratas, Diego e Érica enterraram um tesouro e fizeram um desenho para se lembrar do local.

LEGENDA

△ casa da vovó 🌀 pé de manga ✖ casinha do Rex ❙ passo ✗ tesouro

128 Cento e vinte e oito

1. Com base no poema, responda às questões.

   a) Do que o menino está brincando? Você já brincou como ele?

   b) Como é descrita a roupa do menino?

   c) Do que é feita a espada do menino?

2. Qual símbolo corresponde à casa da vovó? Contorne-o.

3. Contorne, no desenho, o local onde o tesouro foi enterrado.

4. Quantos passos são dados desde:

   a) a casa da vovó até o pé de manga?

   _____ passos.

   b) o pé de manga até o tesouro?

   _____ passos.

5. Escolha um objeto para ser o tesouro e um local na sala de aula para escondê-lo. Faça um desenho que mostre o caminho desde sua carteira até o local onde o tesouro está escondido, passando por dois pontos de referência. Crie uma legenda com símbolos que representem esses pontos. Troque seu desenho com um colega, que deve tentar encontrar o tesouro e vice-versa.

Cento e vinte e nove 129

UM POUCO MAIS

1. Observe e responda: quantos centímetros de fita vermelha, no mínimo, Lígia utilizou para colar na caixa?

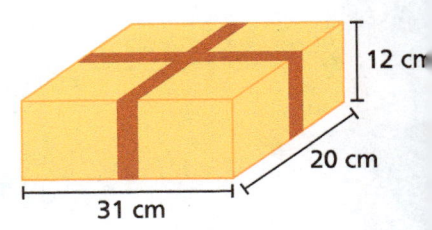

12 cm
20 cm
31 cm

_____ cm

2. Represente e pinte na malha a figura indicada em cada item.

a) Um quadrilátero com 36 □.

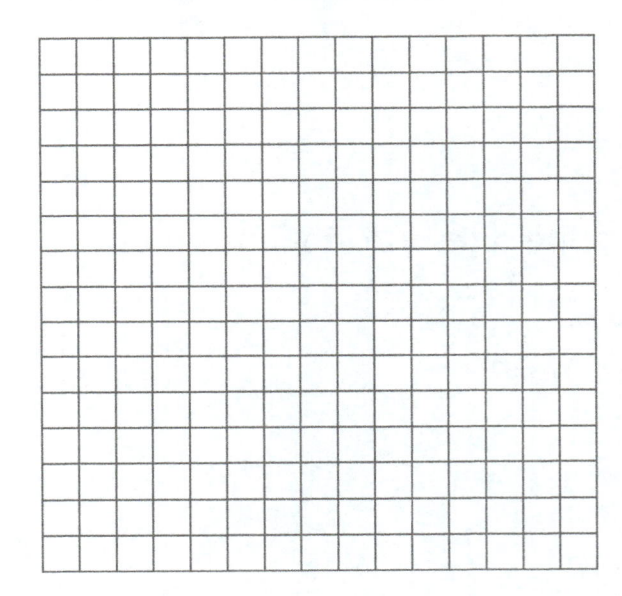

b) Um triângulo com 49 △.

3. A vista lateral de um dos objetos abaixo representa um triângulo, e sua vista superior representa um quadrilátero. Contorne esse objeto.

4. Em um jogo de computador, o personagem deve se movimentar da casa **Início** à casa **Fim** do tabuleiro. Nesse caminho, ele deve coletar duas figuras de cada cor. Atenção: a figura que representa o triângulo azul da localização **C1** já foi coletado.

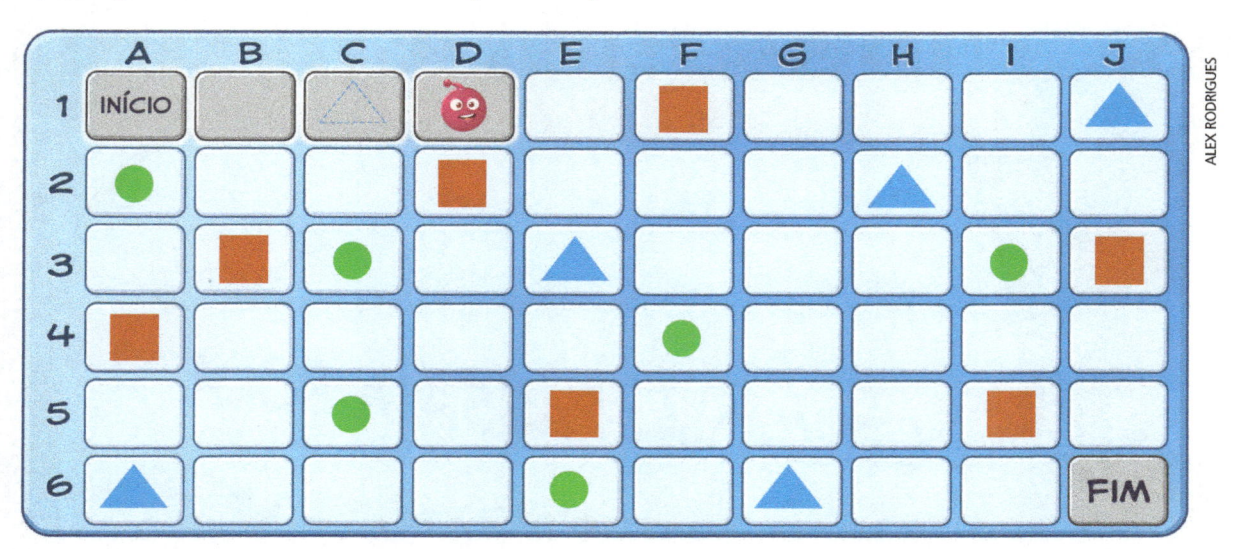

a) Qual é a localização das figuras que representam um:

- quadrado? _____

- triângulo? _____

- círculo? _____

b) Qual é a localização do personagem? _____

c) Quais são as localizações da casa **Início** e da casa **Fim**? _____

d) Continue o caminho até que o personagem colete as duas figuras de cada cor e chegue ao **Fim**. Depois, complete a sequência de setas que representa esse caminho.

➡➡➡ _____

e) Faça comparação entre o caminho que você e um colega fizeram.

- Quantas setas tem cada caminho?

_____

- Quem fez o caminho mais curto?

_____

UNIDADE 5
MULTIPLICAÇÃO

GINCANA: PASSA A BOLA

- O que está acontecendo na cena?
- Qual equipe você acha que vai vencer a competição?
- Como você faria para saber quantas crianças ao todo estão participando da brincadeira?

IDEIAS DA MULTIPLICAÇÃO

1. Na cena das páginas **132** e **133**, as crianças estão brincando de **Passa a bola**.

Podemos representar as 5 crianças de cada fila usando esta ficha:

A quantidade total de crianças é indicada por:

Assim, temos 4 fichas representando 5 crianças em cada uma.

Observe duas maneiras de calcular o total de crianças e complete.

- Adição:

$$5 + 5 + 5 + 5 = \_\_\_\_$$

Parcela   Parcela   Parcela   Parcela   Soma

- Multiplicação:

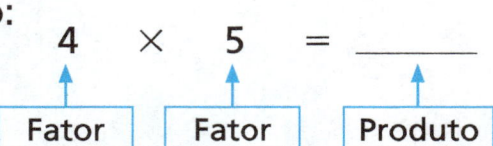

$$4 \times 5 = \_\_\_\_$$

Fator   Fator   Produto

Portanto, na brincadeira, há ao todo _____ crianças.

2. Represente cada adição por uma multiplicação e, depois, resolva-a.

a) 3 + 3 + 3 + 3 + 3 + 3 = ____ × ____ = ____

b) 8 + 8 + 8 = ____ × ____ = ____

c) 2 + 2 + 2 + 2 + 2 + 2 + 2 + 2 + 2 = ____ × ____ = ____

d) 5 + 5 + 5 + 5 + 5 + 5 + 5 = ____ × ____ = ____

3. Agora, escreva as adições de parcelas iguais que representam as multiplicações. Depois, resolva-as.

a) 4 × 8 = _____ + _____ + _____ + _____ = _____

b) 2 × 9 = _____ + _____ = _____

c) 5 × 6 = _____ + _____ + _____ + _____ + _____ = _____

4. Os alunos do 3º ano decidiram fazer 14 telefones de brinquedo como o que vemos abaixo. Para isso, eles vão usar barbante e copinhos de iogurte vazios.

Observe duas maneiras de calcular quantos copinhos de iogurte serão necessários e complete.

- Com figuras.

    Desenhando uma bolinha para representar cada copinho, temos:

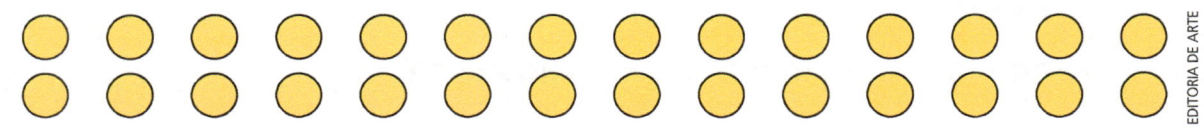

- Com a reta numérica.

    Como precisamos de dois copinhos para cada telefone, temos de "caminhar" de 2 em 2 pela reta numérica.

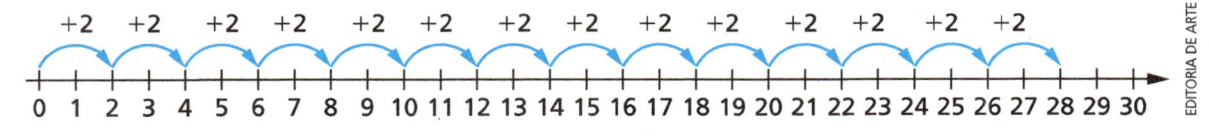

14 × 2 = _____

Serão necessários _____ copinhos de iogurte.

5. Cada caixa ao lado tem 3 kg. Calcule a massa sobre a balança e registre nela o resultado.

6. Leia a letra da canção a seguir e observe o canteiro de rosas.

Jardineiro cuidadoso

Jardineiro cuidadoso
Corre cedo ao jardim.
Vai cuidar da bela rosa,
Da papoula e do jasmim.
Corta a grama direitinho,
Rega as plantas com amor.
E, depois, um canteirinho.
Que beleza!
Quanta flor!

Chizuko Yogi. **Aprendendo e brincando com música e com jogos.** Belo Horizonte: Fapi, 2003. p. 159.

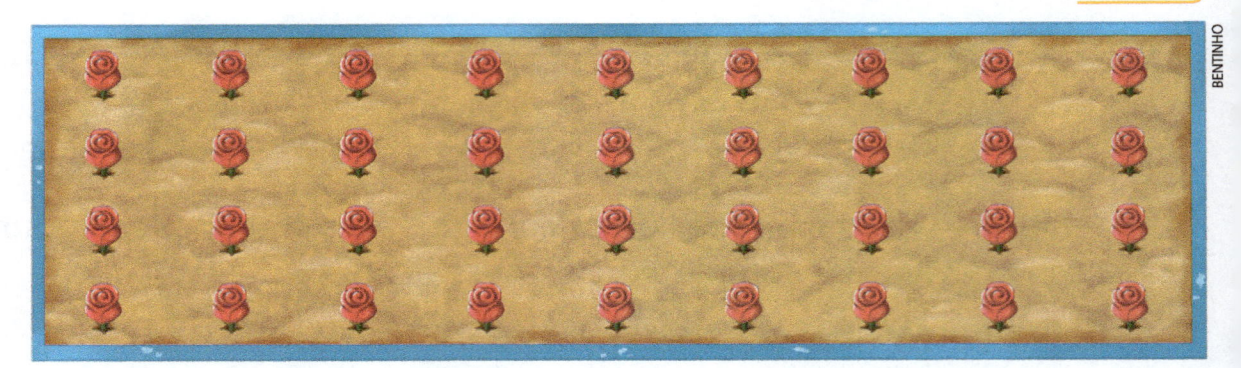

Agora veja duas maneiras de calcular a quantidade de rosas no canteiro e complete.

- São 4 linhas com 9 rosas em cada uma. → $4 \times 9 = $ _____

- São 9 colunas com 4 rosas em cada uma. → $9 \times$ _____ $= $ _____

Portanto, no canteiro há _____ rosas.

7. Faça duas multiplicações para indicar quantos ■ tem cada figura.

a) _____ × _____ = _____

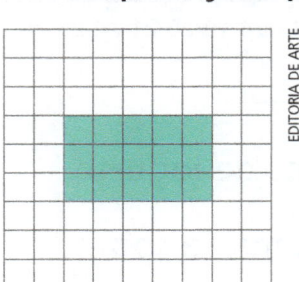

_____ × _____ = _____

b) _____ × _____ = _____

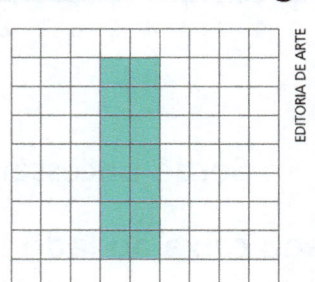

_____ × _____ = _____

8. Leia as informações contidas na embalagem de um pacote de arroz.

Quantas pessoas poderemos servir se cozinharmos 6 xícaras de chá desse arroz?

Rendimento: 2 xícaras de chá de arroz servem até 5 pessoas.

Note que a quantidade de xícaras indicada no pacote de arroz foi multiplicada por 3:

$$3 \times 2 = 6$$

- Quantidade de xícaras indicada no pacote.
- Quantidade de xícaras indicada na pergunta.

Assim, também multiplicamos por 3 a quantidade de pessoas indicada no pacote:

$$3 \times 5 = \underline{}$$

- Quantidade de pessoas indicada no pacote.
- Quantidade de pessoas servidas com 6 xícaras.

Portanto, 6 xícaras desse arroz servem _____ pessoas.

9. Marcos usou uma jarra vazia para coletar a água que estava pingando de uma torneira quebrada. Observe quanta água havia na jarra após uma hora de coleta.

a) Quantos litros de água foram coletados em uma hora?

_____ litros.

b) E se Marcos não tivesse percebido que a torneira estava quebrada, quanta água teria sido desperdiçada em um dia?

_____ litros.

Cento e trinta e sete **137**

MULTIPLICANDO POR 2

1. Complete as multiplicações por **2** e escreva a quantidade de bolas em cada item.

a)

2 × 1 = _____

_____ bolas.

b)

2 × 2 = _____

_____ bolas.

c)

2 × 3 = _____

_____ bolas.

d)

2 × 4 = _____

_____ bolas.

e)

2 × 5 = _____

_____ bolas.

f)

2 × 6 = _____

_____ bolas.

g)

2 × 7 = _____

_____ bolas.

h)

2 × 8 = _____

_____ bolas.

i)

2 × 9 = _____

_____ bolas.

j)

2 × 10 = _____

_____ bolas.

- Agora, complete o esquema.

×	1	2	3	4	5	6	7	8	9	10
2	2									

MULTIPLICANDO POR 3

1. Complete as multiplicações por **3** e escreva a quantidade de borrachas em cada item.

a)
3 × 1 = _____
_____ borrachas.

b)
3 × 2 = _____
_____ borrachas.

c)
3 × 3 = _____
_____ borrachas.

d)
3 × 4 = _____
_____ borrachas.

e)
3 × 5 = _____
_____ borrachas.

f)
3 × 6 = _____
_____ borrachas.

g)
3 × 7 = _____
_____ borrachas.

h)
3 × 8 = _____
_____ borrachas.

i)
3 × 9 = _____
_____ borrachas.

j)
3 × 10 = _____
_____ borrachas.

- Agora, complete o esquema.

×	1	2	3	4	5	6	7	8	9	10
3	3									

Cento e trinta e nove **139**

MULTIPLICANDO POR 4

1. Complete as multiplicações por **4** e escreva a quantidade de adesivos em cada item.

a) 4 × 1 = _____
_____ adesivos.

b) 4 × 2 = _____
_____ adesivos.

c) 4 × 3 = _____
_____ adesivos.

d) 4 × 4 = _____
_____ adesivos.

e) 4 × 5 = _____
_____ adesivos.

f) 4 × 6 = _____
_____ adesivos.

g) 4 × 7 = _____
_____ adesivos.

h) 4 × 8 = _____
_____ adesivos.

i) 4 × 9 = _____
_____ adesivos.

j) 4 × 10 = _____
_____ adesivos.

- Agora, complete o esquema.

×	1	2	3	4	5	6	7	8	9	10
4	4									

MULTIPLICANDO POR 5

1. Complete as multiplicações por **5** e escreva a quantidade de moedas em cada item.

a) 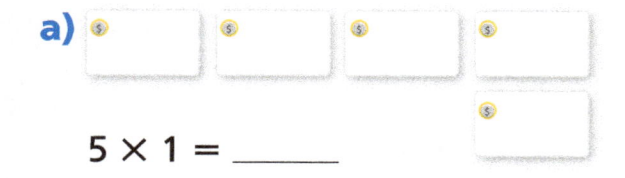 5 × 1 = _____

_____ moedas.

b) 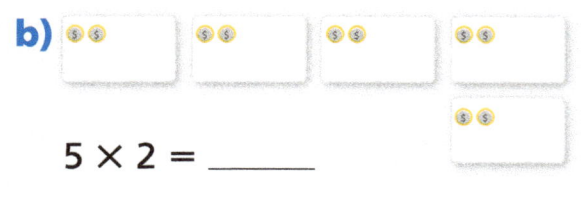 5 × 2 = _____

_____ moedas.

c) 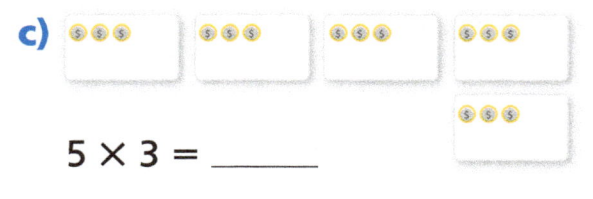 5 × 3 = _____

_____ moedas.

d) 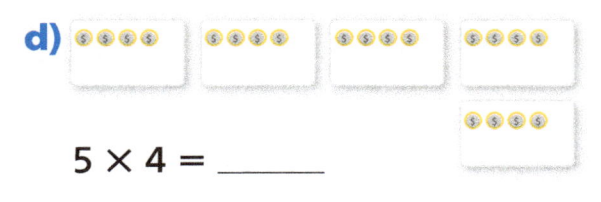 5 × 4 = _____

_____ moedas.

e)  5 × 5 = _____

_____ moedas.

f) 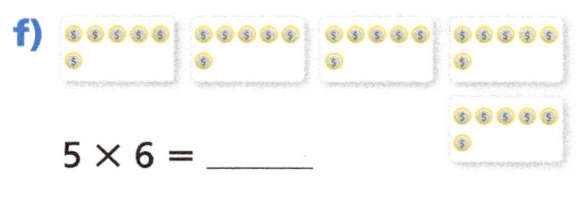 5 × 6 = _____

_____ moedas.

g) 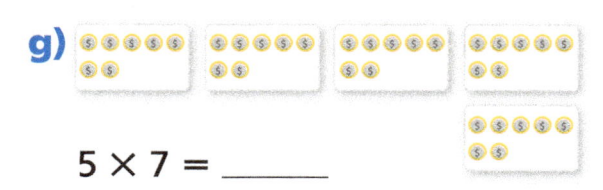 5 × 7 = _____

_____ moedas.

h) 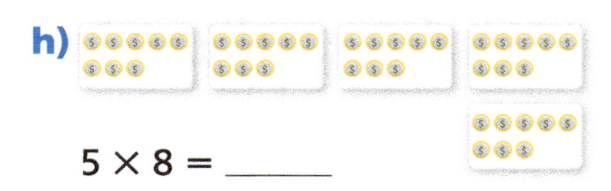 5 × 8 = _____

_____ moedas.

i) 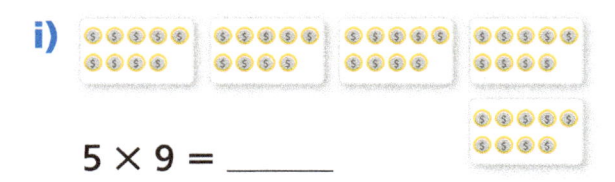 5 × 9 = _____

_____ moedas.

j) 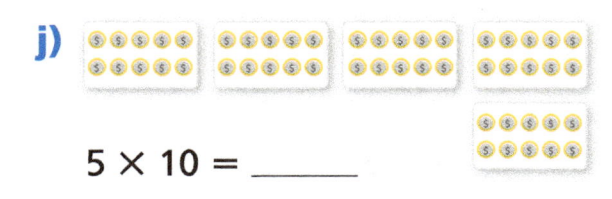 5 × 10 = _____

_____ moedas.

- Agora, complete o esquema.

×	1	2	3	4	5	6	7	8	9	10
5	5									

MULTIPLICANDO POR 6

1. Complete as multiplicações por **6** e escreva a quantidade de botões em cada item.

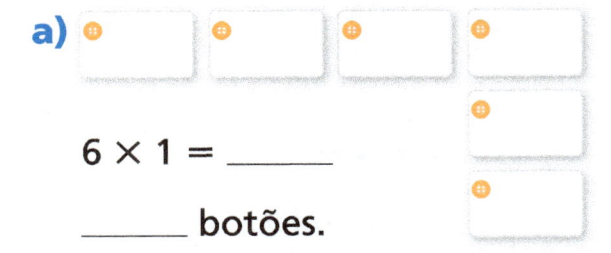

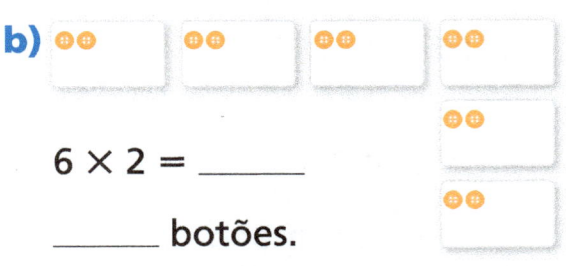

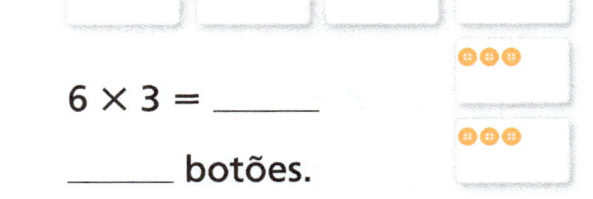

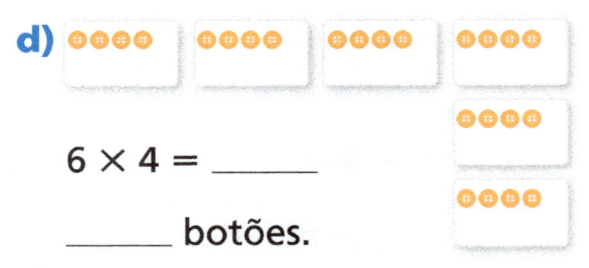

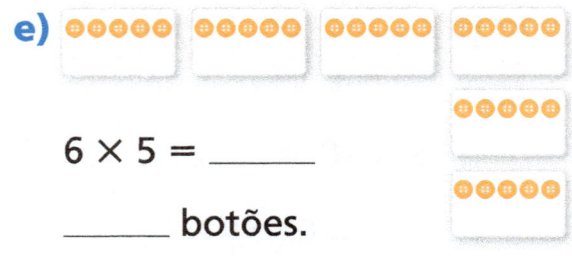

a) 6 × 1 = _____
_____ botões.

b) 6 × 2 = _____
_____ botões.

c) 6 × 3 = _____
_____ botões.

d) 6 × 4 = _____
_____ botões.

e) 6 × 5 = _____
_____ botões.

f) 6 × 6 = _____
_____ botões.

g) 6 × 7 = _____
_____ botões.

h) 6 × 8 = _____
_____ botões.

i) 6 × 9 = _____
_____ botões.

j) 6 × 10 = _____
_____ botões.

• Agora, complete o esquema.

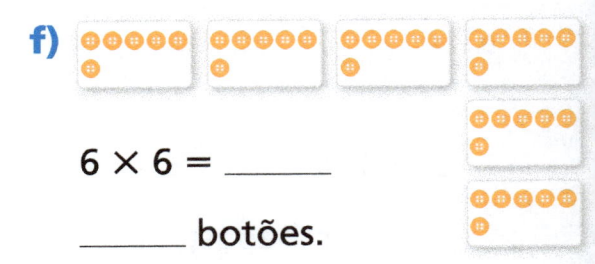

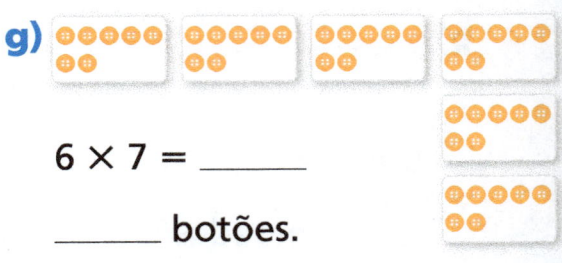

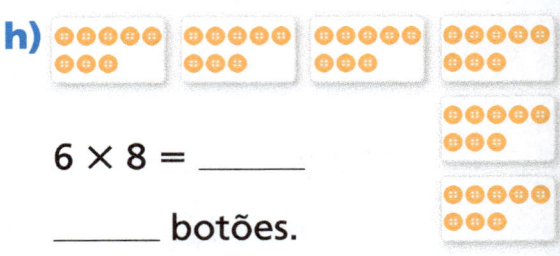

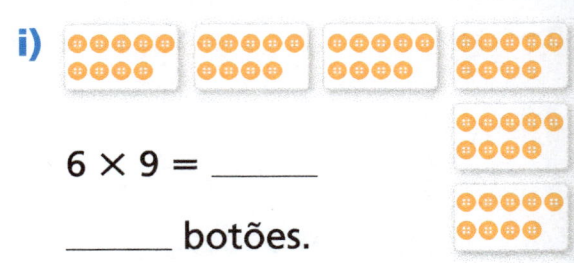

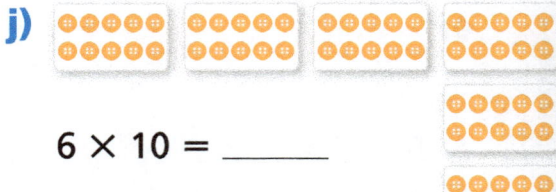

×	1	2	3	4	5	6	7	8	9	10
6	6									

MULTIPLICANDO POR 7

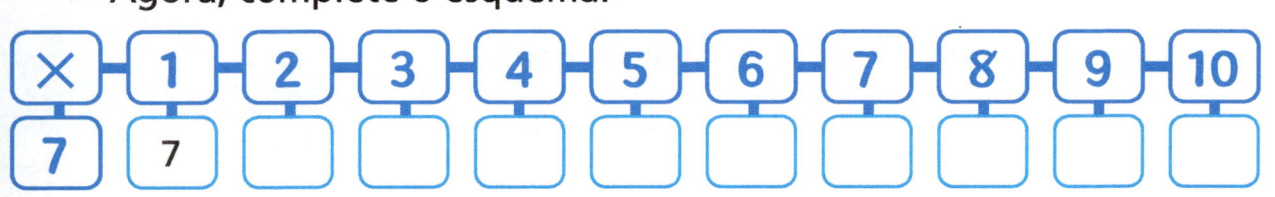

1. Complete as multiplicações por **7** e escreva a quantidade de clipes em cada item.

a) 7 × 1 = _____

_____ clipes.

b) 7 × 2 = _____

_____ clipes.

c) 7 × 3 = _____

_____ clipes.

d) 7 × 4 = _____

_____ clipes.

e) 7 × 5 = _____

_____ clipes.

f) 7 × 6 = _____

_____ clipes.

g) 7 × 7 = _____

_____ clipes.

h) 7 × 8 = _____

_____ clipes.

i) 7 × 9 = _____

_____ clipes.

j) 7 × 10 = _____

_____ clipes.

- Agora, complete o esquema.

×	1	2	3	4	5	6	7	8	9	10
7	7									

MULTIPLICANDO POR 8

1. Calcule e complete as multiplicações a seguir.

a) 8 × 2 = _____
b) 8 × 3 = 24
c) 8 × 4 = _____
d) 8 × 5 = _____
e) 8 × 6 = _____
f) 8 × 7 = _____

ATENÇÃO Lembre-se das multiplicações que já estudamos. Por exemplo:
3 × 8 = 24 → 8 × 3 = 24

2. Agora, depois de completar as multiplicações por **8**, escreva a quantidade de parafusos em cada item.

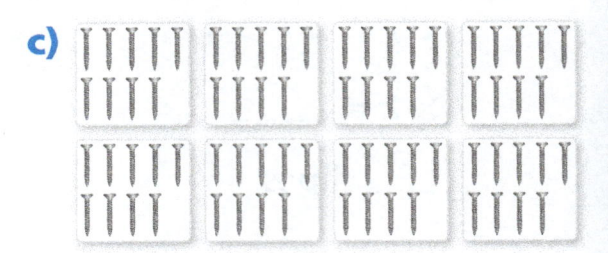

a) 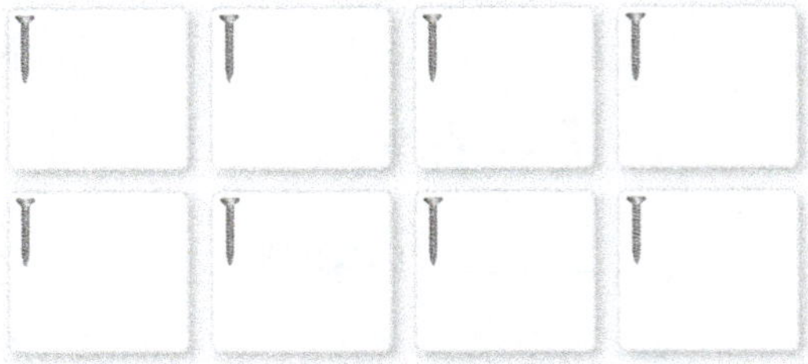 8 × 1 = _____
_____ parafusos.

b) 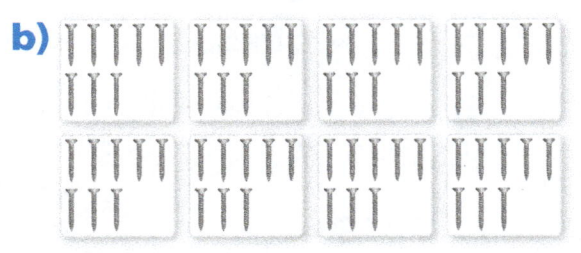 8 × 8 = _____
_____ parafusos.

c) 8 × 9 = _____
_____ parafusos.

d) 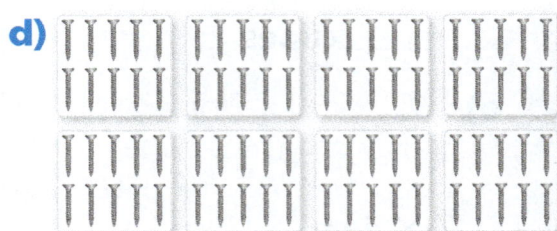 8 × 10 = _____
_____ parafusos.

3. Complete o esquema.

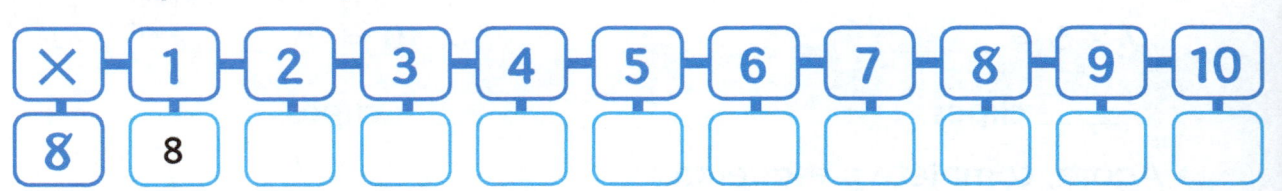

×	1	2	3	4	5	6	7	8	9	10
8	8									

4. Quanto custam 8 caixinhas de leite como a representada ao lado? _____ reais.

4 reais

144 Cento e quarenta e quatro

MULTIPLICANDO POR 9

1. Calcule e complete as multiplicações a seguir.

a) 9 × 2 = _____

b) 9 × 3 = _____

c) 9 × 4 = _____

d) 9 × 5 = 45

e) 9 × 6 = _____

f) 9 × 7 = _____

g) 9 × 8 = _____

> **ATENÇÃO** Lembre-se das multiplicações que já estudamos.
> Por exemplo:
> 5 × 9 = 45 ➔ 9 × 5 = 45

2. Agora, complete as multiplicações por **9** e escreva a quantidade de tachinhas em cada item.

a)

9 × 1 = _____   _____ tachinhas.

b)

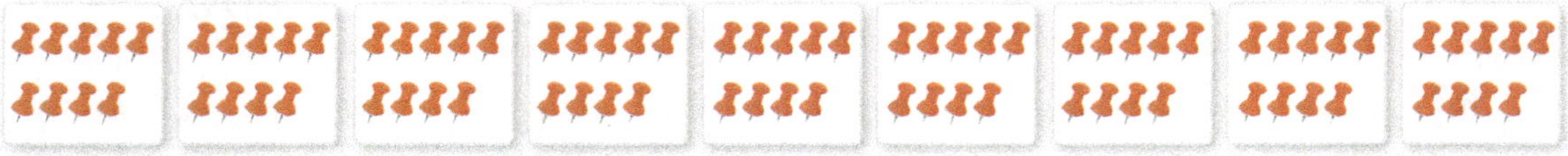

9 × 9 = _____   _____ tachinhas.

c)

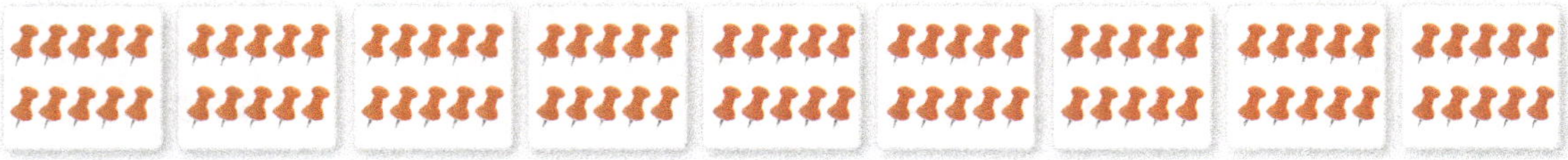

9 × 10 = _____   _____ tachinhas.

3. Complete o quadro a seguir.

×	1	2	3	4	5	6	7	8	9	10
9	9									

4. Paulo vai empilhar 9 caixas com forma de cubo uma sobre a outra. Quantos centímetros de altura terá essa pilha? _____ centímetros.

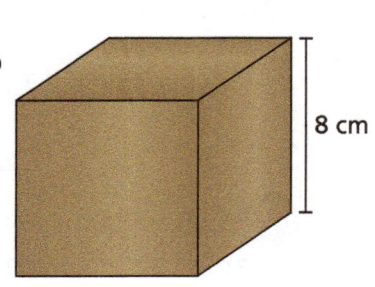

8 cm

Cento e quarenta e cinco **145**

MULTIPLICANDO POR 10

1. Calcule e complete as multiplicações a seguir.

a) 10 × 2 = _____
b) 10 × 3 = _____
c) 10 × 4 = _____
d) 10 × 5 = _____
e) 10 × 6 = _____
f) 10 × 7 = 70
g) 10 × 8 = _____
h) 10 × 9 = _____

ATENÇÃO Lembre-se das multiplicações que já estudamos.
Por exemplo:
7 × 10 = 70 → 10 × 7 = 70

2. Complete as multiplicações por **10** e escreva a quantidade de caixas em cada quadro.

a)

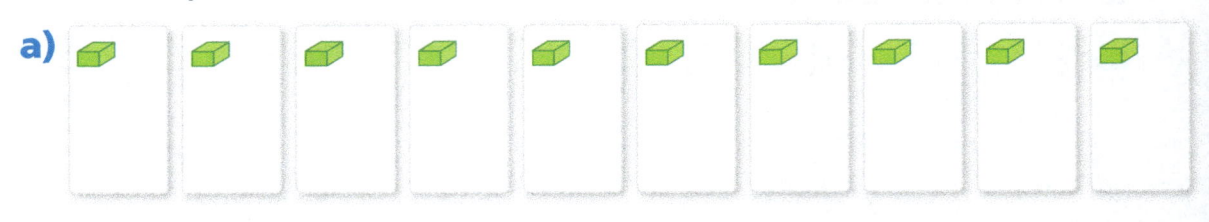

10 × 1 = _____   _____ caixas.

b)

10 × 10 = _____   _____ caixas.

3. Agora, complete o esquema a seguir.

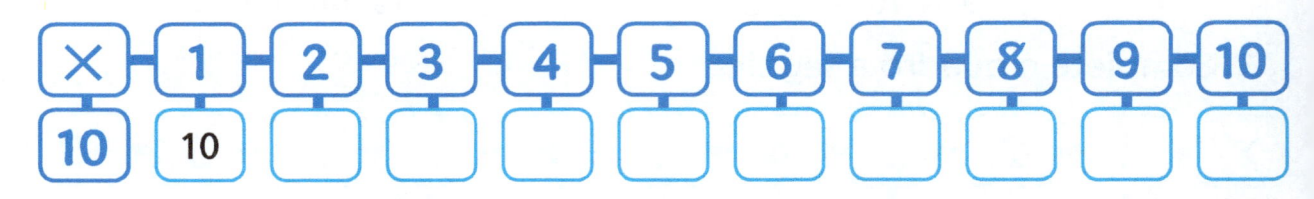

×	1	2	3	4	5	6	7	8	9	10
10	10									

4. Observe o esquema da atividade **3** e complete as multiplicações com os algarismos que faltam.

a) 10 × 11 = 11____
b) 10 × 15 = 1____0
c) 10 × 38 = ____80
d) 10 × ____6 = 560

💬 Converse com um colega sobre o que vocês observaram em relação às multiplicações por 10.

MULTIPLICANDO POR 0 E POR 1

1. Complete cada multiplicação, que representa uma adição, e depois escreva o resultado.

a) 0 + 0 = 2 × 0 = _____

b) 0 + 0 + 0 = 3 × 0 = _____

c) 0 + 0 + 0 + 0 = 4 × _____ = _____

d) 0 + 0 + 0 + 0 + 0 = _____ × _____ = _____

e) 0 + 0 + 0 + 0 + 0 + 0 = _____ × _____ = _____

💬 O que podemos concluir sobre o resultado de uma multiplicação em que um dos fatores é **0**?

2. Represente as multiplicações por meio de desenhos e escreva os resultados.

a) 1 × 4
1 × 4 = _____
4 × 1 = _____

b) 1 × 9
1 × 9 = _____
9 × 1 = _____

c) 1 × 8
1 × 8 = _____
8 × 1 = _____

💬 O que podemos concluir sobre o resultado de uma multiplicação em que um dos fatores é **1**?

3. Complete os esquemas.

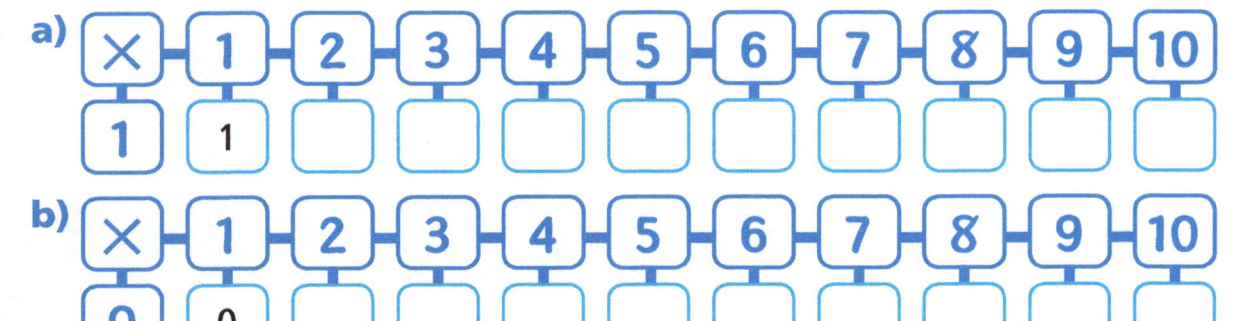

a) × – 1 – 2 – 3 – 4 – 5 – 6 – 7 – 8 – 9 – 10
1 | 1

b) × – 1 – 2 – 3 – 4 – 5 – 6 – 7 – 8 – 9 – 10
0 | 0

Cento e quarenta e sete **147**

JOGOS E BRINCADEIRAS

PEGA-VARETAS

Vamos jogar!

MATERIAL
- 20 palitos de churrasco sem ponta
- Tinta guache nas cores amarela, verde, vermelha, azul e preta
- Lixa para madeira
- Pincel
- Tabela para registrar a pontuação

COMO JOGAR

1. Reúna-se com dois colegas para confeccionar as varetas.
2. Com a ajuda do professor, lixem os palitos de churrasco.
3. Pintem os palitos com tinta guache: seis de amarelo, cinco de verde, quatro de vermelho, três de azul e dois de preto.
4. De acordo com a cor, cada vareta tem uma pontuação:

10 pontos	20 pontos	30 pontos	40 pontos	100 pontos
amarelo	verde	vermelho	azul	preto

148 Cento e quarenta e oito

5. Para iniciar o jogo, estabeleçam uma ordem entre os participantes.
6. O primeiro participante deve misturar as varetas, juntá-las em uma mão e, por fim, deixá-las cair sobre a mesa.
7. Ele deve tentar retirar uma vareta sem mover as demais. Se conseguir, deverá o participante guardar a vareta e tentar retirar outra. Caso contrário, é a vez do próximo participante, até que todas as varetas sejam tiradas.
8. Cada um deve anotar na tabela a quantidade de varetas de cada cor que conseguiu tirar e calcular o total de pontos.
9. Vence aquele que tiver conseguido mais pontos no fim do jogo.

MULTIPLICAÇÃO SEM REAGRUPAMENTO

1. Sônia junta uma dúzia de rosas para compor um buquê. De quantas rosas ela vai precisar para formar 3 buquês iguais a esse?

Podemos resolver este problema calculando **3 × 12** de diferentes maneiras.

- Com o material dourado.

Representamos a quantidade de rosas usadas para compor cada buquê. Depois, juntamos as barras e os cubinhos.

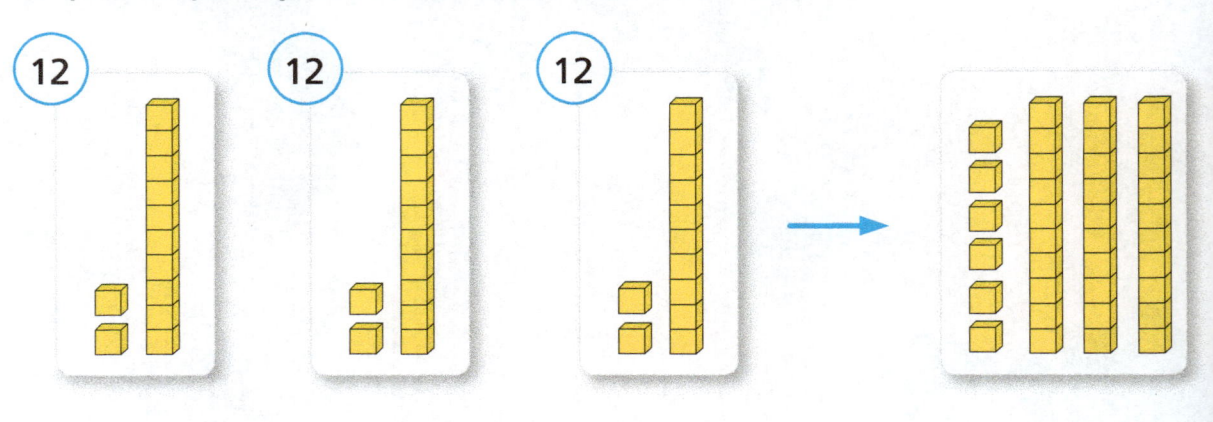

12   12   12

12 + 12 + 12 = 3 × 12 = _____

- Com decomposição.

```
    1 2        10  +  2
  ×   3             ×  3
  ─────        ──────────
                30  +  6
```

- Com o quadro de ordens.

D	U
1	2
	3

ou

```
    1 2
  ×   3
  ─────
  ☐ ☐
```

Portanto, Sônia vai precisar de _____ rosas para formar 3 buquês

150 Cento e cinquenta

• De quantas rosas Sônia vai precisar para fazer 4 buquês desses?

_____ rosas.

2. Escreva por meio de uma multiplicação a operação representada pelo material dourado.

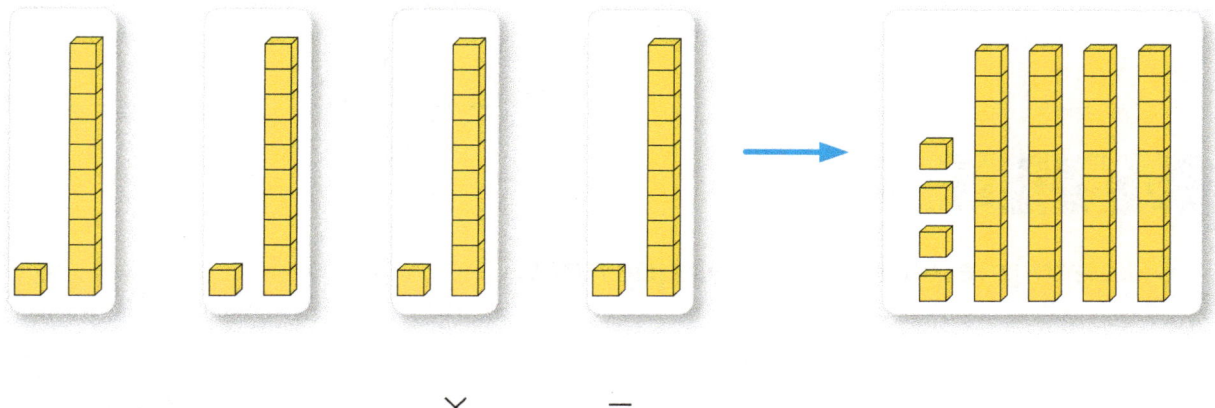

_____ × _____ = _____

3. Complete a multiplicação calculando por decomposição.

```
   2  1  1
×        4
_____
```

☐ + ☐ + ☐

               4

☐ + ☐ + ☐

      ☐

4. Cada símbolo representa um algarismo nas multiplicações a seguir. Descubra o valor de cada um.

a) 2 ★   b) ★ 3   c) 2 3 ●   d) 1 ☺ 1
   ×   4   ×   2   ×   3   ×   5
   ─────   ─────   ───────   ───────
    8 4   2 ♥   6 ☾ 6   5 0 ☀

★ = _____   ● = _____   ☀ = _____
♥ = _____   ☺ = _____   ☾ = _____

Cento e cinquenta e um **151**

5. Calcule as multiplicações.

2 × 24 = ☐

4 × 22 = ☐

3 × 231 = ☐

VOCÊ LEITOR

6. Leia o poema e resolva as questões.

Cachecol

Para o seu neto Osmar,
A vovó vai tricotar,
Um cachecol quentinho
Com lã azul-marinho.

Dois novelos vai usar,
Bem comprido vai ficar.
Duas voltas no pescoço,
Fica pronto antes do almoço!

Texto do autor.

De quantos novelos de lã a vovó precisaria para fazer:

a) 12 cachecóis?

_____ novelos.

b) 23 cachecóis?

_____ novelos.

MULTIPLICAÇÃO COM REAGRUPAMENTO

1. O pai de Pedro comprou dois pneus para a bicicleta do menino. Quantos reais ele gastou?

VALOR 37 REAIS

Para calcular quantos reais o pai de Pedro gastou com os pneus, podemos calcular **2 × 37** de diferentes maneiras.

• Com o material dourado.

Representamos o valor de cada pneu e juntamos as barras e os cubinhos. Trocamos 10 cubinhos por uma barra, ou seja, 10 unidades por uma dezena. Depois, contamos as barras e os cubinhos.

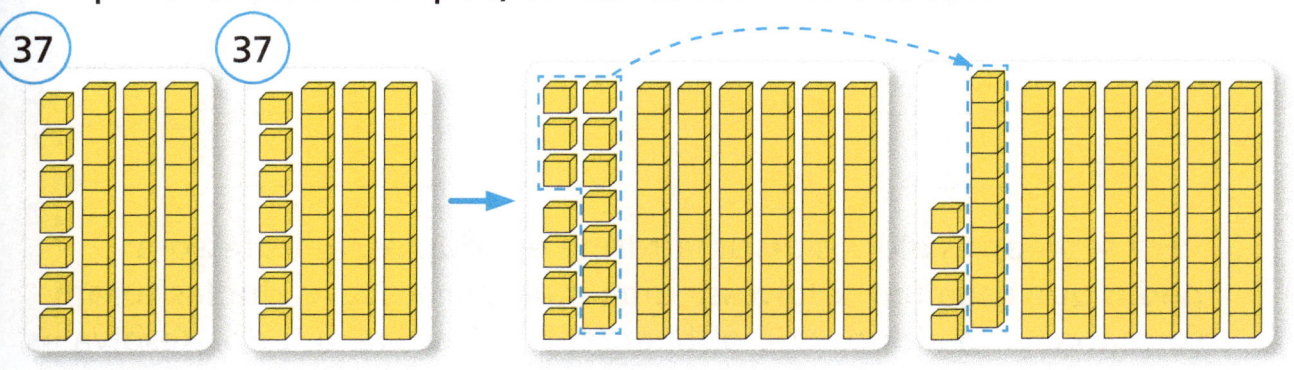

37 + 37 = 2 × 37 = _____

• Com o quadro de ordens.

Multiplicamos 7 unidades por 2.

Como obtemos 14 unidades, trocamos 10 unidades por 1 dezena.

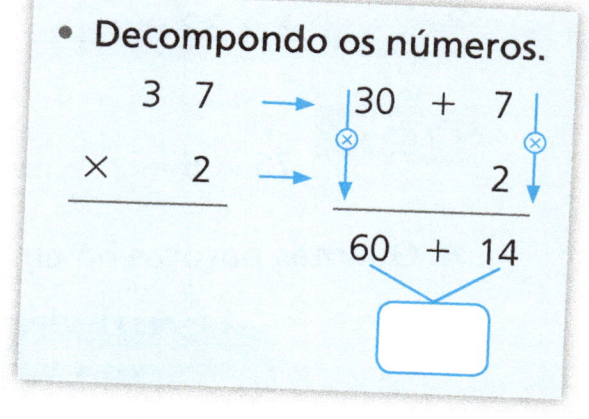

D	U
¹3	7
×	2
	4

• Decompondo os números.

$$3\ 7 \rightarrow 30 + 7$$
$$\times\ \ 2 \rightarrow \qquad\ \ 2$$
$$\qquad\quad 60 + 14$$

Multiplicamos 3 dezenas por 2 e adicionamos 1 dezena ao resultado.

D	U
¹3	7
×	2
7	4

ou

   ¹3 7
×   2
———
 ☐ ☐

Portanto, o pai de Pedro gastou _____ reais.

Cento e cinquenta e três **153**

2. Vamos resolver algumas multiplicações? Utilize os métodos indicados em cada item.

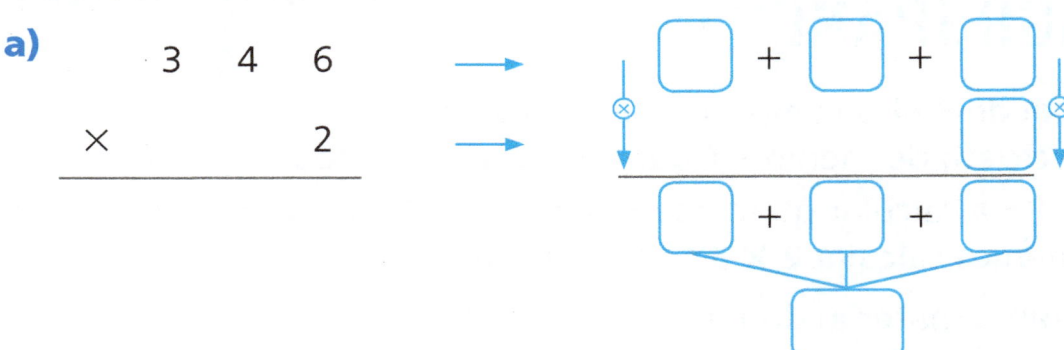

a)
```
    3  4  6
 ×        2
_____
```

⬜ + ⬜ + ⬜
         ⬜
_____
⬜ + ⬜ + ⬜
      ⬜

b)

C	D	U
	1	7
×		7

c)

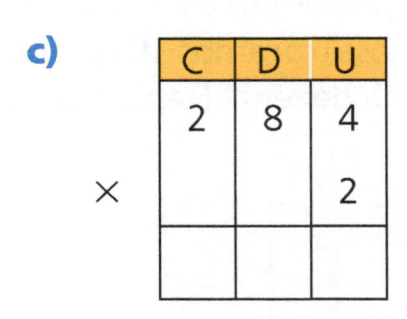

C	D	U
2	8	4
×		2

3. Para separar os alunos de uma turma em duplas, a professora pediu que cada um resolvesse uma multiplicação. As duplas foram formadas com alunos que obtiveram o mesmo resultado. Resolva as multiplicações no caderno e ligue as duplas.

Márcia: 3 × 32 = _____

Regina: 76 × 6 = _____

Rafael: 4 × 114 = _____

Lucas: 48 × 2 = _____

4. Quantas paçocas há em quatro potes como o indicado a seguir?

CONTÉM 17 PAÇOCAS

_____ paçocas.

5. Observe os produtos que Beto vai comprar para seu restaurante.

Por favor, me dê 12 kg de batatas, 20 kg de cebolas e 16 kg de tomates.

BATATA
8 reais o kg

CEBOLA
6 reais o kg

TOMATE
7 reais o kg

Ao todo, quantos reais Beto vai gastar nessa compra?

_____ reais.

6. Veja como Ana calculou mentalmente a multiplicação **3 × 25**.

Depois, faça mentalmente os cálculos a seguir.

Decomponho 25 em 20 + 5.
Faço as multiplicações 3 × 20 = 60 e 3 × 5 = 15.
Por fim, calculo 60 + 15 = 75.

a) 4 × 18 = _____

b) 5 × 22 = _____

c) 3 × 153 = _____

d) 2 × 19 = _____

e) 2 × 64 = _____

f) 6 × 24 = _____

Agora, use uma calculadora para conferir os resultados dos cálculos que você fez.

Cento e cinquenta e cinco **155**

7. Gabriela fez uma pesquisa de preços para comprar um micro-ondas. O melhor preço que encontrou está indicado ao lado.

FORNO DE MICRO-ONDAS
A prazo: 4 parcelas de 139 reais
À vista: 538 reais

a) Qual é o preço a prazo desse forno de micro-ondas?

_____ reais.

b) O preço do forno de micro-ondas é menor a prazo ou à vista? Quantos reais a menos?

8. Carlos fez um empilhamento com 3 camadas de caixas. Observe esse empilhamento de diferentes posições.

Vista frontal   Vista lateral   Vista superior

a) Quantas caixas há em cada camada?

_____ caixas.

b) Quantas caixas Carlos empilhou ao todo?

_____ caixas.

9. Bia calculou o preço aproximado do liquidificador. Para isso, ela arredondou o valor da parcela para a dezena inteira mais próxima. Observe o raciocínio de Bia.

Aproximo o 34 à dezena inteira mais próxima, que é 30. Depois, faço 4 × 30 = 120.

Aspirador de pó – a prazo
8 parcelas de 42 reais

Cafeteira – a prazo
2 parcelas de 184 reais

Batedeira – a prazo
5 parcelas de 48 reais

Liquidificador – a prazo
4 parcelas de 34 reais

Assim, o preço aproximado do liquidificador é 120 reais.

a) Faça como Bia e calcule o preço aproximado de cada produto.

Batedeira: _____ reais.

Aspirador de pó: _____ reais.

Cafeteira: _____ reais.

b) Agora, use uma calculadora e obtenha o preço exato de cada produto.

Liquidificador: _____ reais.

Aspirador de pó: _____ reais.

Batedeira: _____ reais.

Cafeteira: _____ reais.

INTEGRANDO COM LÍNGUA PORTUGUESA

Leia o texto e resolva as questões.

Mesada: que bicho é esse?

A mesada é uma quantia em dinheiro que uma pessoa recebe para gastar em benefício próprio.

- Por que mesada se chama mesada?

Porque a quantia é, geralmente, dada uma vez por mês. Daí, mesada. Mas o que hoje chamamos de mesada pode ser dado em períodos diferentes de tempo: uma vez por semana, por quinzena, por vintena, por bimestre etc. e até mesmo sem período definido.

- Quem recebe mesada?

A mesada pode ser dada aos filhos pelos pais e/ou responsáveis. A mesada faz parte da economia doméstica de uma família.

- De onde vem a mesada?

A mesada é retirada do salário, do rendimento ou da poupança da família. Num momento de crise, nem todo mundo tem salário, rendimentos ou poupança. Por isso, não é toda família que usa esse recurso.

Edson Gabriel Garcia. **No mundo do consumo:** o bom uso do dinheiro. São Paulo: FTD, 2014. p. 9.

1. Observe.

    Mês → Me_sada_

    Agora, contorne o número que aparece em cada palavra.

    a) Qu_inze_na.   b) V_inte_na.

2. No texto, qual é o significado da palavra **quinzena**? Marque com um ✗ a alternativa que contém a resposta.

    ☐ Período de 7 dias.   ☐ Período de 15 dias.

3. Complete os quadrinhos com as letras que faltam e descubra como é chamado o período de 40 dias.

    DICA Você vai escrever a primeira letra do nome de cada animal.

    As ilustrações não estão em proporção.

    | Q | U | | | | N | | | N | |

4. Jéssica recebe da avó 10 reais a cada quinzena.

    • Quanto Jéssica recebe da avó por mês?

    _____

5. Da mesada que recebe, Jonas poupa todo mês 12 reais para comprar um cubo mágico, que custa 34 reais. Em quantos meses ele conseguirá comprar o brinquedo?

    _____

Cento e cinquenta e nove **159**

UM POUCO MAIS

1. Cada ficha indica o resultado de uma multiplicação. Contorne, em cada item, as multiplicações que apresentam esse resultado.

   a) 24 → 6 × 4   2 × 7   9 × 5   3 × 8

   b) 40 → 2 × 20   8 × 5   5 × 5   4 × 10

2. Observe a quantidade de cestas que uma equipe fez em uma partida de basquete. Depois, calcule o total de pontos que essa equipe conseguiu obter.

   Cestas de 1 ponto
   5

   Cestas de 2 pontos
   12

   Cestas de 3 pontos
   3

   _____ pontos.

VOCÊ ESCRITOR

3. Leia a lista de ingredientes usados no preparo de uma receita de soro caseiro.

   - Agora, imagine que você terá de preparar mais receitas de soro caseiro. Calcule e escreva no quadro a quantidade de cada ingrediente.

   Soro Caseiro
   1 copo cheio de água filtrada
   1 medida rasa de sal
   2 medidas rasas de açúcar

Quantidade de receitas	6	11	21
Copo de água			
Medida de sal			
Medida de açúcar			

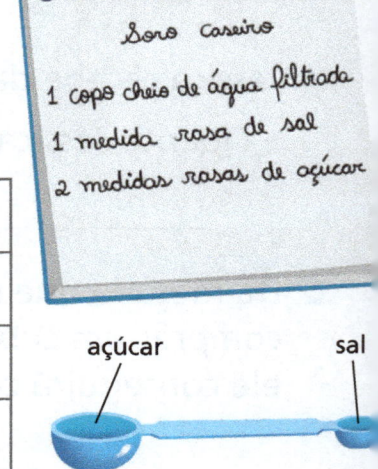

4. Quantos ☐ foram pintados na representação do retângulo abaixo? _____

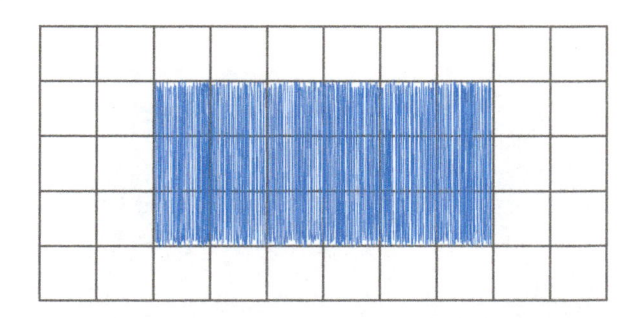

- Agora, represente na malha quadriculada abaixo um retângulo que tenha 4 vezes essa quantidade de ☐.

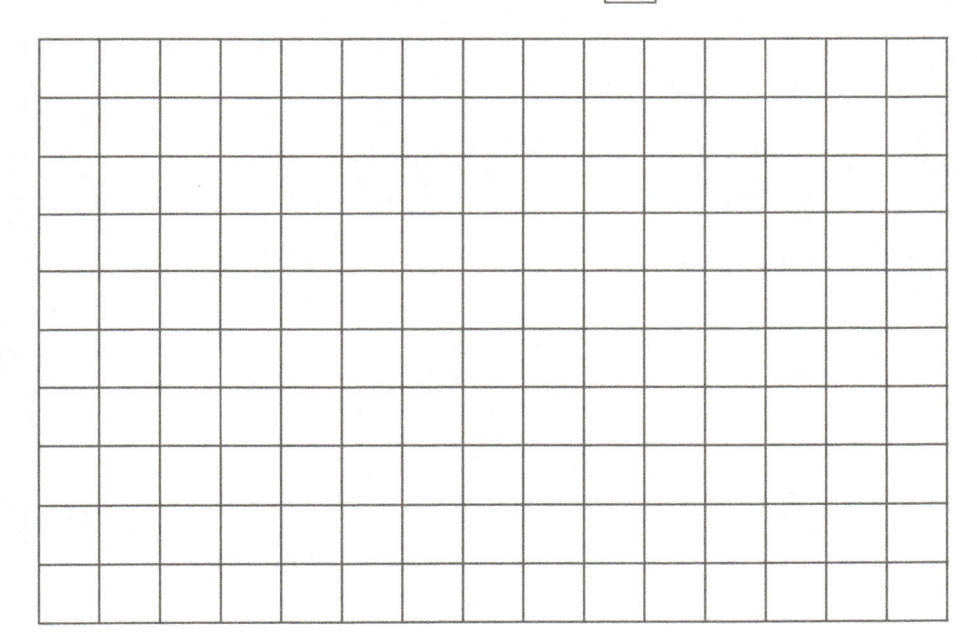

5. A mãe de Júlio comprou um brinquedo para o menino por 48 reais.

- Marque com um ✗ as cédulas que correspondem à quantia exata que custam três brinquedos desse.

As cédulas não estão em tamanho real.

UNIDADE 6
DIVISÃO

- O que a cena retrata?
- Quantas crianças estão brincando com cartas? Quantas cartas há na mesa?
- Como você distribuiria igualmente as cartas entre essas crianças?

Cento e sessenta e três **163**

IDEIAS DA DIVISÃO

REPARTIR EM PARTES IGUAIS

1. Aline, Lucas e Ígor estão brincando com cartas.

Há 12 cartas para distribuir igualmente entre nós três.

Quantas cartas receberá cada criança?

- Para resolver esse problema, separamos 3 cartas e distribuímos uma para cada criança. Fazemos isso quantas vezes forem possíveis.

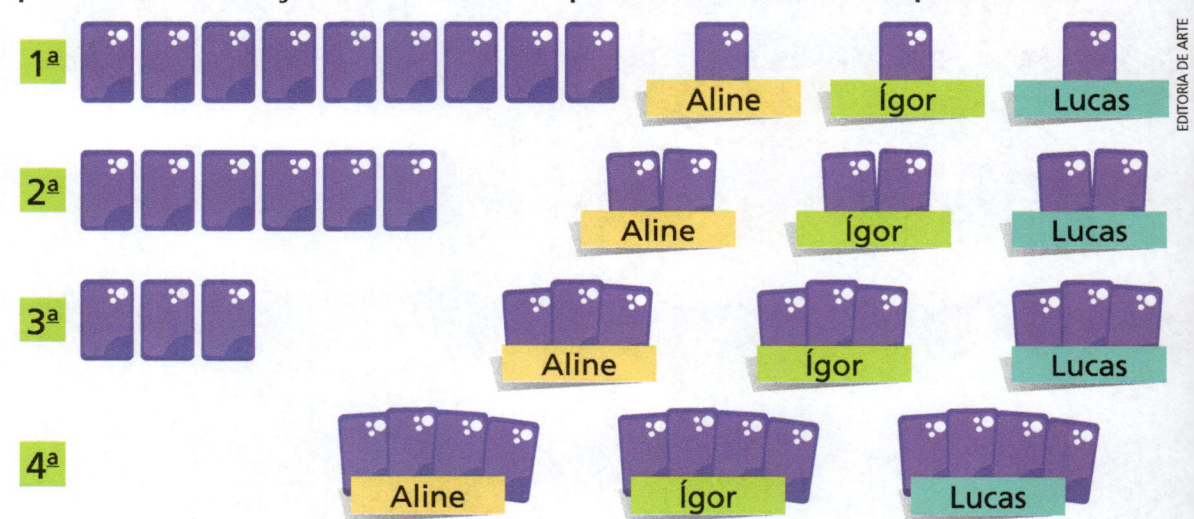

1ª Aline Ígor Lucas
2ª Aline Ígor Lucas
3ª Aline Ígor Lucas
4ª Aline Ígor Lucas

Portanto, cada criança vai receber _____ cartas.

- Podemos utilizar a divisão para calcular quantas cartas cada criança vai receber.

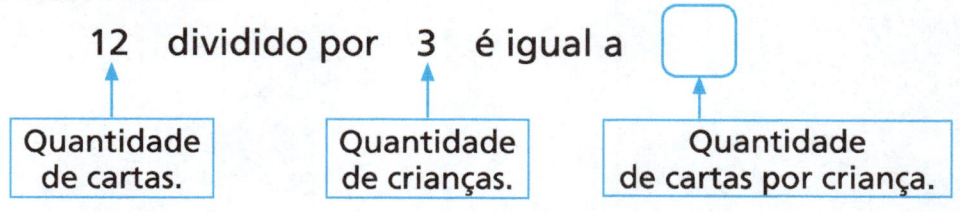

12 dividido por 3 é igual a ⬜

Quantidade de cartas. Quantidade de crianças. Quantidade de cartas por criança.

Essa divisão pode ser representada da seguinte maneira:

12 ÷ 3 = _____

2. Em uma aula de Educação Física, 14 alunos serão distribuídos igualmente em dois times para jogar bola queimada.

- Podemos determinar a quantidade de alunos em cada time por meio da divisão.

Quantidade de alunos. → 14 ÷ 2 ← Quantidade de times.

Também podemos resolver a divisão utilizando figuras.

1º Representamos cada criança por uma figura e os times **A** e **B** por dois quadrinhos.

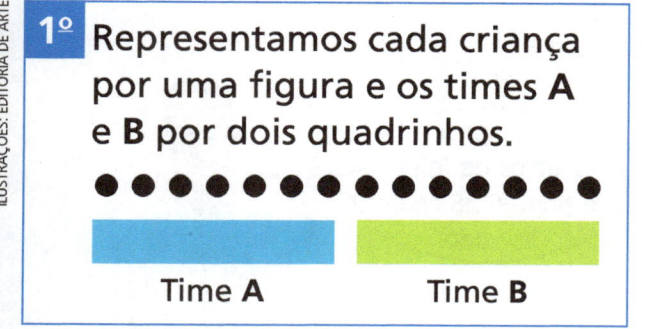

2º Riscamos duas figuras e apontamos uma em cada quadrinho.

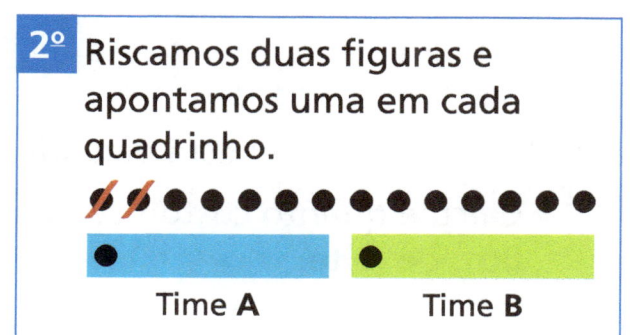

Repetimos a 2ª etapa até riscarmos todas as figuras.

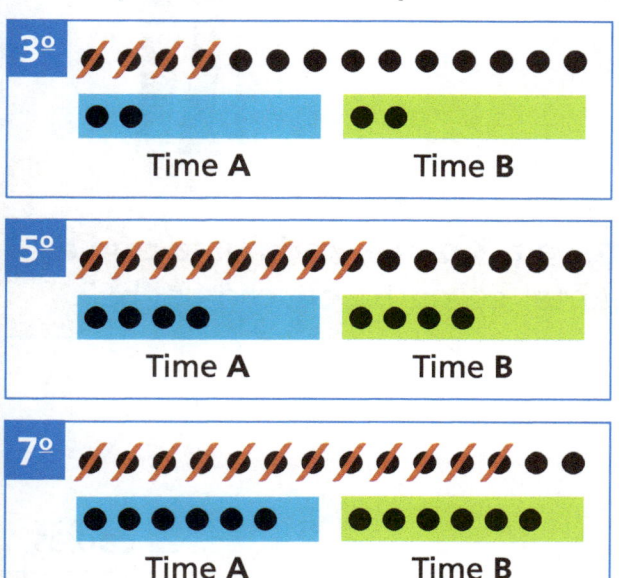

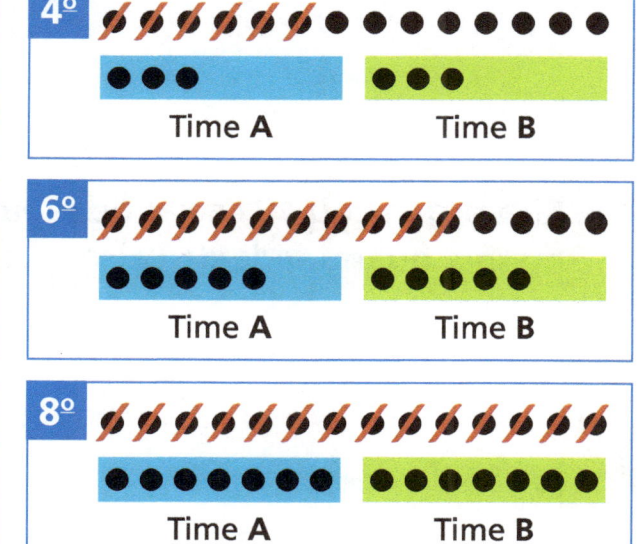

Portanto, cada time terá __7__ alunos.

- Agora, calcule quantos alunos ficarão em cada time se 18 alunos forem distribuídos igualmente.

_____ alunos.

3. Veja o achocolatado que Adriana comprou.

- Quanto Adriana pagou em cada unidade desse achocolatado?

ACHOCOLATADO
12 REAIS
EMBALAGEM COM 6 UNIDADES

_____ reais.

4. Veja o que Rafael está dizendo.

- Calcule quanto custou cada litro de leite.

Comprei 7 litros de leite e paguei 28 reais ao todo.

_____ reais.

5. Rita organizou 15 caixas de sapatos em 3 pilhas, cada uma com a mesma quantidade de caixas. Quantas caixas há em cada pilha?

_____ caixas.

6. O contorno de um quadrado mede 16 cm. Quantos centímetros tem cada lado desse quadrado?

_____ cm.

7. André faz bombons para vender. Ele preparou 20 bombons e quer distribuir a mesma quantidade de bombons em cada uma das 6 caixas que possui. Quantos bombons terá, no máximo, cada caixa?

Podemos calcular essa quantidade resolvendo a divisão:

20 ÷ 6

Quantidade de bombons. Quantidade de caixas.

Representamos cada bombom por uma figura e cada caixa por um quadro. Como são 6 caixas, na primeira distribuição riscamos 6 figuras e indicamos uma em cada quadro. Fazemos isso repetidamente até não conseguirmos juntar 6 figuras.

1ª distribuição   2ª distribuição   3ª distribuição

Dessa forma, indicamos 3 figuras em cada quadro e sobram 2 figuras. Assim:

20 ÷ 6 = 3, com resto 2

Portanto, cada caixa terá _____ bombons e sobrarão _____.

> Em uma divisão, quando o resto é diferente de zero, dizemos que a **divisão é não exata**.

- Se André fizer mais 4 bombons, quantos haverá em cada caixa? Agora, temos de distribuir da mesma maneira 24 bombons em 6 caixas.

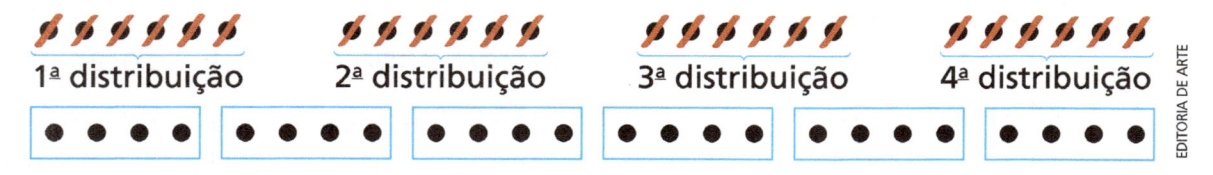

1ª distribuição   2ª distribuição   3ª distribuição   4ª distribuição

Cada quadro ficou com 4 figuras e não teve sobra. Assim, temos:

24 ÷ 6 = 4, com resto 0

Portanto, com o total de 24 bombons, haverá _____ bombons em cada caixa, sem sobra.

> Em uma divisão, quando o resto é igual a zero, dizemos que a **divisão é exata**.

8. Destaque as fichas da página **249** para realizar cada divisão. Depois, complete com o que falta.

a) 12 ÷ 4 = _____ e resto _____

b) 13 ÷ 4 = _____ e resto _____

c) 14 ÷ 4 = _____ e resto _____

d) 15 ÷ 4 = _____ e resto _____

e) 16 ÷ 4 = _____ e resto _____

f) 17 ÷ 4 = _____ e resto _____

g) 18 ÷ 4 = _____ e resto _____

h) 19 ÷ 4 = _____ e resto _____

i) 20 ÷ 4 = _____ e resto _____

j) 21 ÷ 4 = _____ e resto _____

• Que números você obteve como resto nessas divisões por 4?
É possível obter um resto maior que 3 ao fazer uma divisão por 4?

_____

9. Marcos compra frutas no mercado para vender em bandejas. Observe como ele distribui igualmente frutas em bandejas fazendo subtrações.

• **70 pêssegos em 14 bandejas**

70 − 14 = 56 ⟶ 1 pêssego em cada bandeja, sobraram 56.
56 − 14 = 42 ⟶ 2 pêssegos em cada bandeja, sobraram 42.
42 − 14 = 28 ⟶ 3 pêssegos em cada bandeja, sobraram 28.
28 − 14 = 14 ⟶ 4 pêssegos em cada bandeja, sobraram 14.
14 − 14 = 0 ⟶ 5 pêssegos em cada bandeja, não há sobras.

Portanto, cada bandeja terá _____ pêssegos e não sobrará pêssego.

• **64 carambolas em 10 bandejas**

64 − 10 = 54 ⟶ 1 carambola em cada bandeja, sobraram 54.
54 − 10 = 44 ⟶ 2 carambolas em cada bandeja, sobraram 44.
44 − 10 = 34 ⟶ 3 carambolas em cada bandeja, sobraram 34.
34 − 10 = 24 ⟶ 4 carambolas em cada bandeja, sobraram 24.
24 − 10 = 14 ⟶ 5 carambolas em cada bandeja, sobraram 14.
14 − 10 = 4 ⟶ 6 carambolas em cada bandeja, sobraram 4.

Portanto, cada bandeja terá _____ carambolas e

sobrarão _____ carambolas.

10. Luciana preparou 34 sanduíches naturais e vai organizá-los em 6 bandejas com a mesma quantidade de sanduíches em cada uma, para vendê-los em uma padaria.

Quantos sanduíches Luciana vai colocar em cada bandeja? Quantos sanduíches vão sobrar?

11. Rafael quer comprar ração para seus gatos e dispõe de dinheiro para comprar qualquer uma das opções oferecidas pela loja. Ele pretende levar o pacote que oferece menor preço por quilograma entre as opções a seguir.

17 reais — 1 kg
39 reais — 3 kg
100 reais — 10 kg

a) Calcule o preço do quilograma de ração no pacote com:

- 1 kg
- 3 kg
- 10 kg

_____ reais.   _____ reais.   _____ reais.

b) Qual pacote tem o menor preço por quilograma de ração?

_____

MEDIR

1. Mírian tem de cortar uma fita de 18 cm de comprimento em pedaços de 6 cm. Quantos pedaços de fita ela vai obter?

Para determinar quantos pedaços de fita com 6 cm Mírian vai obter, podemos calcular 18 ÷ 6 de duas maneiras:

- Com a reta numérica.

    Mírian representou o tecido por uma reta numérica e fez marcações de 6 unidades a partir da indicação do 18.

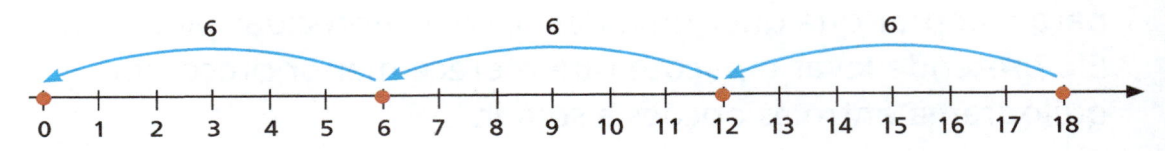

- Com subtrações sucessivas.

    Subtraímos do comprimento da fita a medida de cada pedaço que Mírian quer obter. Observe.

    - 18 − 6 = 12 → Obtemos o 1º pedaço e sobram 12 cm de fita.
    - 12 − 6 = 6 → Obtemos o 2º pedaço e sobram 6 cm de fita.
    - 6 − 6 = 0 → Obtemos o 3º pedaço e não há sobra de fita.

    Portanto, Mírian obterá _____ pedaços de fita de 6 cm.

- Agora é com você! Quantos pedaços de 2 cm, no máximo, podemos cortar de uma fita de 14 cm de comprimento?

_____ pedaços.

2. Quantas garrafas de 2 litros são necessárias para encher um balde de:

a) 8 litros?

_____ garrafas.

b) 16 litros?

_____ garrafas.

c) 20 litros?

_____ garrafas.

3. A professora vai organizar os 21 alunos de uma turma em equipes com 5 integrantes em cada para participar de uma gincana.

Para determinarmos a quantidade de equipes que serão formadas, podemos calcular **21 ÷ 5** utilizando palitos.

Usamos 21 palitos para representar cada aluno. Em seguida, separamos grupos com 5 palitos.

Equipe 1   Equipe 2   Equipe 3   Equipe 4

Serão formadas _____ equipes e vai sobrar _____ aluno.

- Com esses alunos, quantas equipes com 7 integrantes a professora pode organizar?

_____ equipes.

4. Em uma sala de aula há 30 cadeiras, que deverão ser organizadas em fileiras com 5 cadeiras em cada uma. Quantas fileiras serão formadas?

Podemos resolver o problema utilizando figuras.

Para isso, desenhamos uma figura para representar cada cadeira. Depois, contornamos grupos com 5 figuras.

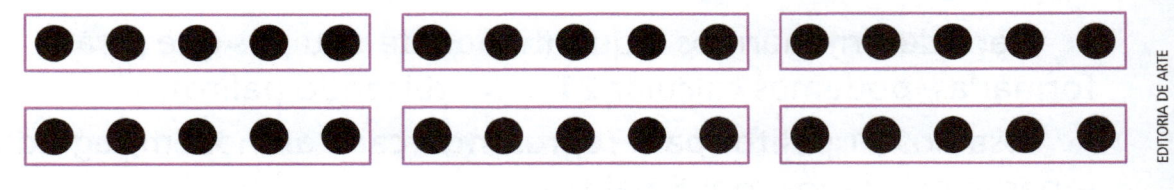

Portanto, serão formadas _____ fileiras.

5. Para preparar uma receita de pão de ló, são necessários 4 ovos. Determine quantas receitas, no máximo, podemos preparar com a quantidade de ovos indicada em cada item.

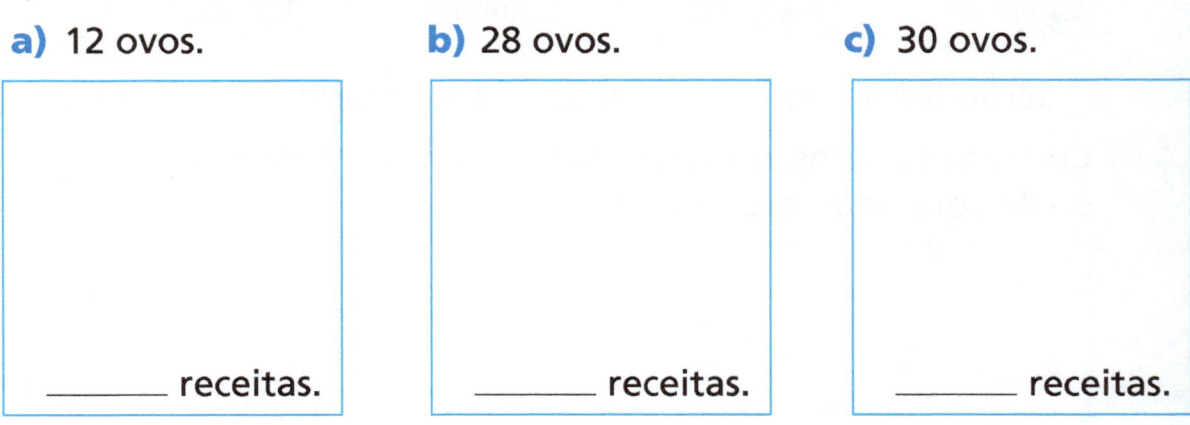

a) 12 ovos.

_____ receitas.

b) 28 ovos.

_____ receitas.

c) 30 ovos.

_____ receitas.

6. Veja o material necessário para confeccionar um carrinho de sucata:

- 2 canudos
- 1 caixa de leite vazia
- 4 tampinhas de garrafa

A professora do 3º ano arrecadou 35 canudos, 15 caixas de leite e 48 tampinhas de garrafa para confeccionar alguns carrinhos. Quantos carrinhos, no máximo, ela poderá confeccionar com esse material?

_____ carrinhos.

VOCÊ ESCRITOR

7. Organize-se e elabore um problema de divisão utilizando as informações abaixo. Depois, resolva-o.

- O curso dura 36 meses.
- Quantos anos de duração tem o curso?
- Carlos vai fazer um curso de inglês.
- Um ano tem 12 meses.

Cento e setenta e três **173**

PARTES DE UM INTEIRO

1. Leia o texto.

> Bom mesmo é ter amigo,
> Para brincar sempre comigo
> E dividir bem ao meio
> O lanche do recreio.
>
> Texto do autor.

Talita tem 16 biscoitos e vai dividir ao **meio** essa quantidade com um amigo. Com quantos biscoitos cada criança vai ficar?

_____ biscoitos.

Quando dividimos uma quantidade ao **meio** ou na **metade**, estamos realizando uma divisão em duas partes iguais.

2. Três amigos compraram o material necessário para montar uma maquete. Foram gastos 15 reais, e cada um pagou a **terça parte**. Quanto cada um pagou?

_____ reais.

Para calcular a **terça parte** de uma quantidade, realizamos uma divisão em três partes iguais.

3. Leia as informações.

Quando dividimos uma quantidade em:
- quatro partes iguais, cada parte corresponde a **um quarto** dessa quantidade.
- cinco partes iguais, cada parte corresponde a **um quinto** dessa quantidade.
- dez partes iguais, cada parte corresponde a **um décimo** dessa quantidade.

Agora, vamos pintar!

a) Pinte de azul um quarto da quantidade de figuras.

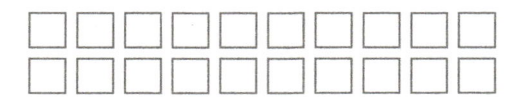

b) Pinte de vermelho um quinto da quantidade de figuras.

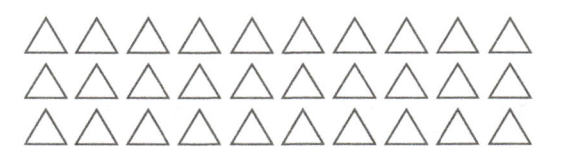

c) Pinte de verde um décimo da quantidade de figuras.

4. Observe a linha azul.

a) Agora, desenhe uma linha com:
- metade do comprimento da linha azul.
- a quarta parte do comprimento da linha azul.

b) De acordo com o seu desenho, o que é maior: a metade ou a quarta parte do comprimento da linha azul?

Cento e setenta e cinco **175**

JOGOS E BRINCADEIRAS

JOGO DAS FICHAS

Que tal aprender um jogo bem legal?

MATERIAL

- Calculadora
- Fichas que serão entregues pelo professor
- Tesoura com pontas arredondadas

COMO JOGAR

1 Junte-se a dois colegas e recortem as fichas.

2 Cada grupo deve decidir quem será o juiz. Os outros participantes serão os jogadores.

3 Cada jogador deve organizar seu monte com as fichas de 1 a 10 embaralhadas e viradas para baixo.

4 Cada jogador retira uma carta de seu monte, observa e mostra apenas para o juiz.

176 Cento e setenta e seis

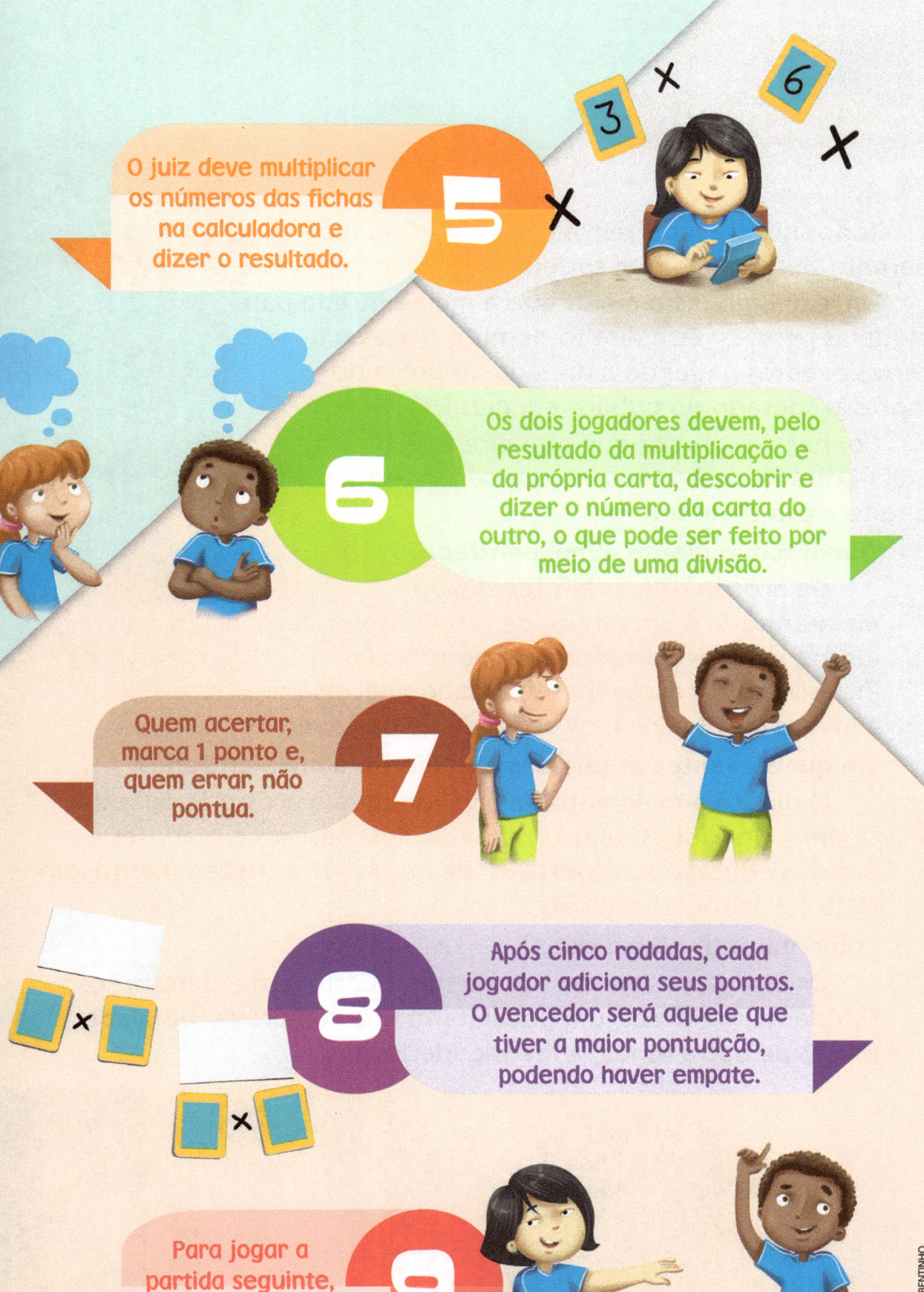

5 O juiz deve multiplicar os números das fichas na calculadora e dizer o resultado.

6 Os dois jogadores devem, pelo resultado da multiplicação e da própria carta, descobrir e dizer o número da carta do outro, o que pode ser feito por meio de uma divisão.

7 Quem acertar, marca 1 ponto e, quem errar, não pontua.

8 Após cinco rodadas, cada jogador adiciona seus pontos. O vencedor será aquele que tiver a maior pontuação, podendo haver empate.

9 Para jogar a partida seguinte, troca-se o juiz.

ILUSTRAÇÕES: BENTINHO
IMAGEM DE FUNDO: VANILLA22/SHUTTERSTOCK.COM

Cento e setenta e sete **177**

VOCÊ CIDADÃO

▼ MEIA-ENTRADA

Todos nós temos direitos e deveres. Conhecê-los permite viver melhor em sociedade.

Um exemplo disso é o direito à meia-entrada para algumas pessoas. Esse direito permite o acesso a certos eventos pagando a metade do preço do ingresso cobrado do público em geral.

Conheça os grupos que têm direito à meia-entrada, os eventos em que se tem esse direito e como garanti-lo.

- **Quem tem o direito à meia-entrada?**

    De acordo com as leis federais, a meia-entrada é um direito de estudantes, idosos, pessoas portadoras de deficiência, inclusive seu acompanhante, quando necessário, e jovens de 15 a 29 anos de idade de baixa renda.

- **Em quais eventos as pessoas têm direito à meia-entrada?**

    O direito à meia-entrada é válido para o acesso às salas de cinema, cineclubes, teatros, espetáculos musicais e circenses e eventos educativos, esportivos, de lazer e de entretenimento, em todo o território nacional.

- **Como garantir esse direito?**

    Os estudantes devem apresentar a Carteira de Identificação Estudantil; os idosos, um documento que comprove sua idade; e os jovens de baixa renda, a Identidade Jovem.

ILUSTRAÇÕES: BENTINHO

1. Você já pagou meia-entrada em algum evento? Converse com seu professor e os colegas sobre essa experiência.

VOCÊ LEITOR

2. Veja o cartaz e responda às questões.

   a) Quando será realizado esse evento?

   _____

   _____

   b) Em que local o evento será realizado?

   _____

   _____

   c) Qual o preço da meia-entrada para esse evento?

   _____

   _____

1º FESTIVAL DE MÚSICA

Dias: 21 e 22 de outubro

Local: Teatro Municipal

Apresentações a partir das 19 horas

Ingresso: 30 reais

ILUSTRAÇÕES: BENTINHO

3. Alfredo foi com seus pais e seu avô a uma exposição de arte.

EXPOSIÇÃO ARTE DO BRASIL

GUICHÊ

INGRESSO: 20 REAIS

- Quanto essa família pagou pelos ingressos, sabendo que apenas Alfredo e seu avô têm direito à meia-entrada?

_____ reais.

Cento e setenta e nove **179**

UM POUCO MAIS

1. Para realizar uma atividade, uma turma do 3º ano, de 20 alunos, formou grupos com a mesma quantidade de componentes, um grupo por tema. Observe os temas.

CIDADANIA AMBIENTAL

POLÍTICA

VIDA SAUDÁVEL

ÉTICA

- Quantos alunos ficaram em cada grupo?

_____ alunos.

2. Na merenda servida em uma escola, são consumidos 60 kg de arroz por mês. Quantos pacotes como o indicado a seguir são necessários comprar por mês?

_____ pacotes.

Arroz 5 kg

3. Fábio tem uma granja onde produz ovos orgânicos, que são embalados em caixas como a representada abaixo. Quantas dessas caixas Fábio prepara com os 75 ovos produzidos em certo dia?

_____ caixas.

4. Artur gasta 4 kg de ração por semana com o cachorro. Por quantas semanas completas será suficiente um pacote de 15 kg de ração?

_____ semanas.

5. No jogo de xadrez há 32 peças, metade em cor clara e outra metade em cor escura. Quantas peças há em cada cor?

_____ peças.

6. Este mês tem 30 dias. Já se passou a terça parte do mês.

a) Quantos dias deste mês já se passaram?

_____ dias.

b) Quantos dias faltam para terminar o mês?

_____ dias.

Cento e oitenta e um **181**

UNIDADE 7
GRANDEZAS E MEDIDAS

- O que a cena retrata?
- Você já fez algo parecido ao que essas crianças estão fazendo?
- Como você faria para saber o comprimento da lousa?

MEDIDAS DE COMPRIMENTO

1. Na cena das páginas **182** e **183**, alguns alunos realizavam medições utilizando partes do corpo.

Veja quais são as unidades de medidas de comprimento não padronizadas usadas nessas medições.

Passo   *Pé*

Palmo   *Polegada*

Estime as medidas indicadas abaixo. Realize as medições e, depois, complete o quadro.

	Estimativa	Medida
Comprimento da sala de aula	_____ passos	_____
Comprimento de um lápis	_____ polegares	_____
Altura de uma cadeira	_____ palmos	_____
Largura de uma porta	_____ pés	_____

2. Coloque no chão duas borrachas com 8 pés de distância entre elas.

Depois, meça essa distância em palmos e registre. _____ palmos.

- Marque com um ✗ o que tem maior comprimento.

☐ Seu pé   ☐ Seu palmo

3. Veja as medições que Daniel fez utilizando dois modelos de tiras.

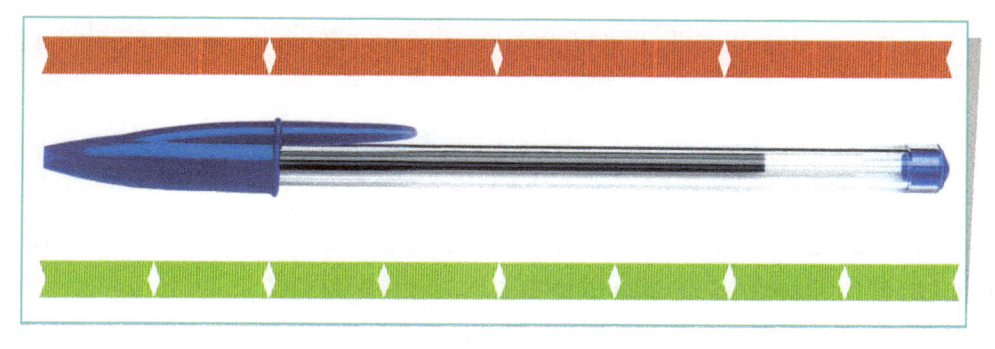

a) Qual é o comprimento da caneta?

_____   _____

b) Destaque as tiras da página **251** e meça, com cada tipo, o comprimento da caixa de tintas. Depois, cole essas tiras no espaço abaixo.

_____   _____

O CENTÍMETRO

Uma unidade de medida de comprimento importante é o **centímetro**, que é indicado por **cm**.

1. Na régua, a distância entre as marcações de um número e o seguinte é 1 cm.

Ao utilizarmos a régua para medir o comprimento de um objeto, ajustamos o objeto a partir do zero.

O comprimento desse lápis é de _____ cm.

2. Meça a colher com o polegar e indique o comprimento em polegares e em centímetros.

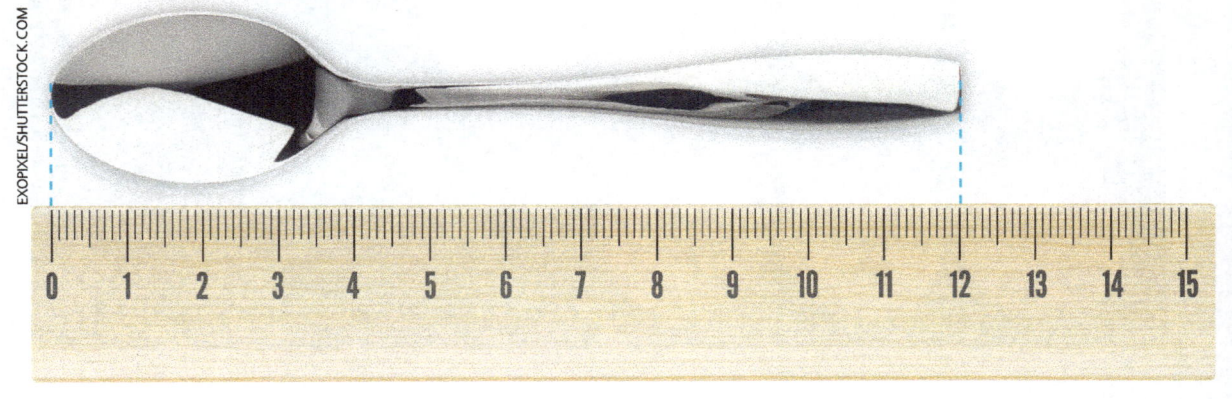

O comprimento da colher é de _____ polegares ou _____ centímetros.

- Compare as medidas obtidas com as de alguns colegas. As medidas em polegares são iguais? E as medidas em centímetros?

3. Escreva o comprimento de cada objeto.

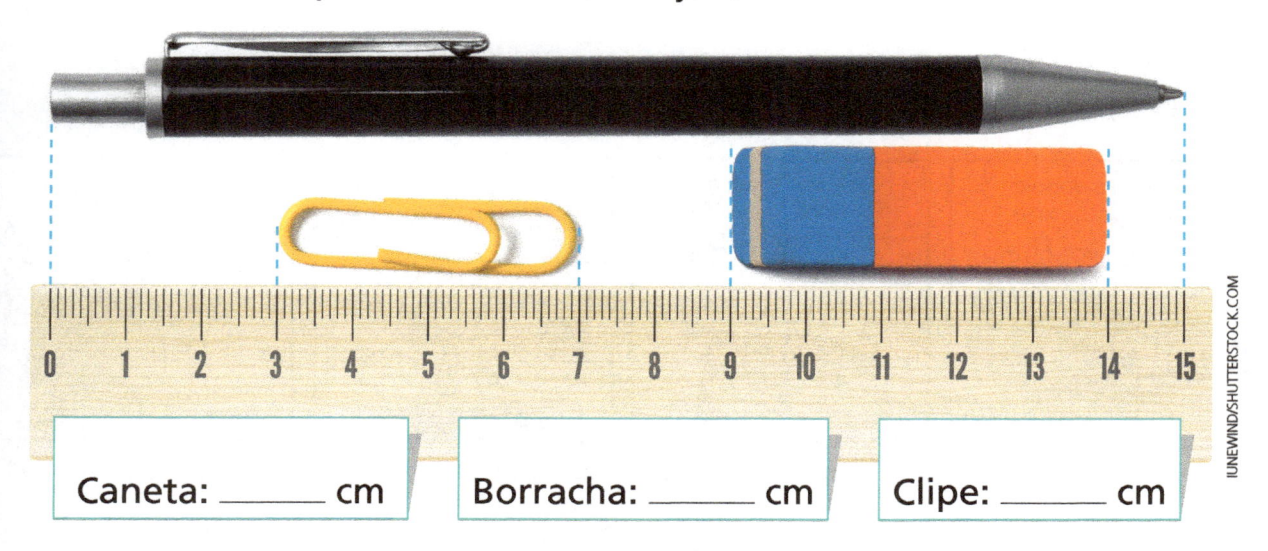

Caneta: _____ cm   Borracha: _____ cm   Clipe: _____ cm

4. Com uma régua, meça os lados das figuras. Depois, escreva quantos centímetros tem o contorno de cada uma delas.

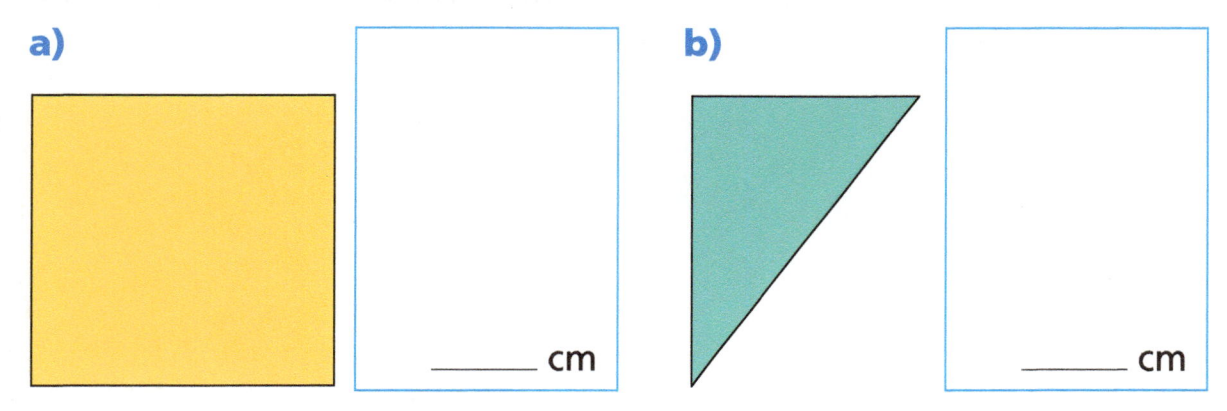

a) _____ cm

b) _____ cm

5. Rita precisa de retalhos de tecido com 4 cm de comprimento e 5 cm de largura para fazer um tapete. Meça cada retalho e contorne aqueles que Rita pode utilizar.

Cento e oitenta e sete **187**

VOCÊ LEITOR

6. Leia a tirinha e resolva as questões.

Charles M. Schulz. **Snoopy**: posso fazer uma pergunta, professora? Porto Alegre: L&PM, 2014. p. 94.

a) Que exemplo o Snoopy usa para achar a vida estranha? Comente com o professor e os colegas.

b) O prato de comida do Snoopy ficou mais perto ou mais longe dele? Quantos centímetros?

7. Uma pulga pode saltar cerca de 33 cm de comprimento. Se fizer quatro saltos iguais a esse, quantos centímetros ela saltará?

_____ cm.

O METRO

Outra unidade de medida de comprimento importante é o **metro**, que é indicado por **m**.

Quando dividimos 1 metro em 100 partes iguais, cada uma dessas partes equivale a 1 cm.

$$1 \text{ m} = 100 \text{ cm}$$

1. Veja alguns instrumentos que podemos utilizar para realizar medições em metros e em centímetros.

Fita métrica

Trena

Metro articulado

a) Você já viu algum desses instrumentos sendo usado? O que estava sendo medido?

b) Destaque na página **251** partes de uma fita métrica e monte-a. Com ela, meça os itens indicados a seguir. Depois, marque com um ✗ as medidas que correspondem a menos de 1 m, exatamente 1 m ou mais de 1 m.

	Menos de 1 m	Exatamente 1 m	Mais de 1 m
Largura da janela			
Comprimento da carteira			
Altura da parede			
Comprimento da lousa			
Comprimento do livro			

Cento e oitenta e nove **189**

2. Calcule quantos centímetros correspondem a:

a) 3 metros: _____ cm.

b) 6 metros: _____ cm.

c) 5 metros: _____ cm.

d) meio metro: _____ cm.

e) 1 metro e meio: _____ cm.

f) 4 metros e meio: _____ cm.

3. Algumas provas de natação são disputadas em piscinas olímpicas, cujo comprimento é de 50 m. Na prova dos 100 m, por exemplo, um atleta sai de uma borda da piscina, toca na outra borda e volta à borda de onde partiu.

Calcule quantas vezes um atleta precisa nadar de uma borda a outra dessa piscina para completar cada uma das provas a seguir.

50 m	200 m	400 m	800 m
_____	_____	_____	_____

4. Veja as conversões que Jean fez com metros e centímetros.

- 130 cm em metros e centímetros
  130 cm = 100 cm (1 m) + 30 cm = 1 m + 30 cm → 1 m e 30 cm

- 2 m e 45 cm em centímetros
  2 m e 45 cm = 2 m (200 cm) + 45 cm = 200 cm + 45 cm = 245 cm

a) Converta as medidas para metros e centímetros.

• 184 cm: _____

• 605 cm: _____

b) Converta as medidas para centímetros.

• 1 m e 63 cm: _____

• 2 m e 8 cm: _____

O MILÍMETRO

O **milímetro** também é uma unidade de medida de comprimento que é indicada por **mm**.

Quando dividimos 1 cm em 10 partes iguais, cada uma dessas partes equivale a 1 mm.

1 cm = 10 mm

1. Em uma colmeia, há três tipos de abelhas: a rainha, o zangão e a operária. Veja o comprimento da abelha rainha de certa espécie.

25 mm ou 2 cm e 5 mm — Rainha

Agora, complete com os comprimentos das abelhas a seguir.

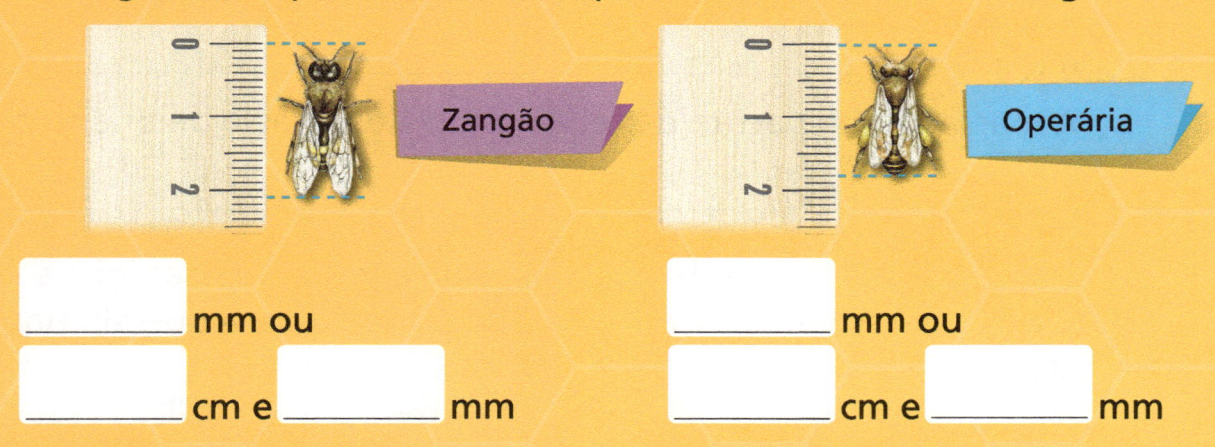

Zangão

_____ mm ou

_____ cm e _____ mm

Operária

_____ mm ou

_____ cm e _____ mm

2. Com uma régua, trace linhas com as medidas indicadas.

a) 34 mm

b) 72 mm

c) 1 cm e 3 mm

d) 2 cm e 8 mm

MEDIDAS DE MASSA

1. Nas balanças a seguir os pacotes de milho têm a mesma massa e os pacotes de feijão também. Marque com um ✗ a balança em equilíbrio. Nas outras balanças, contorne o prato com a menor massa.

a) O que tem maior massa: um pacote de feijão ou um pacote de milho? _____

b) A massa de um pacote de feijão equivale à massa de quantos pacotes de milho? _____

2. Nas balanças a seguir, as bolas de mesma cor têm massas iguais. Na balança **B**, desenhe bolas verdes no prato vazio para que ela fique em equilíbrio.

Balança **A**   Balança **B**

O QUILOGRAMA

O **quilograma** é uma unidade de medida de massa que é indicada por **kg**.

1. Observe a seguinte cena.

Esses 4 pacotes juntos têm 1 kg de café.

No quadro, marque com um X se cada quantidade de pacotes de café corresponde a menos ou mais de 1 kg ou exatamente 1 kg.

Quantidade de pacotes de café	Menos de 1 kg	Mais de 1 kg	1 kg
7			
4			
3			

2. Nas fichas abaixo, estão indicadas as massas de alguns animais. Com base em estimativas, ligue cada animal à massa correspondente.

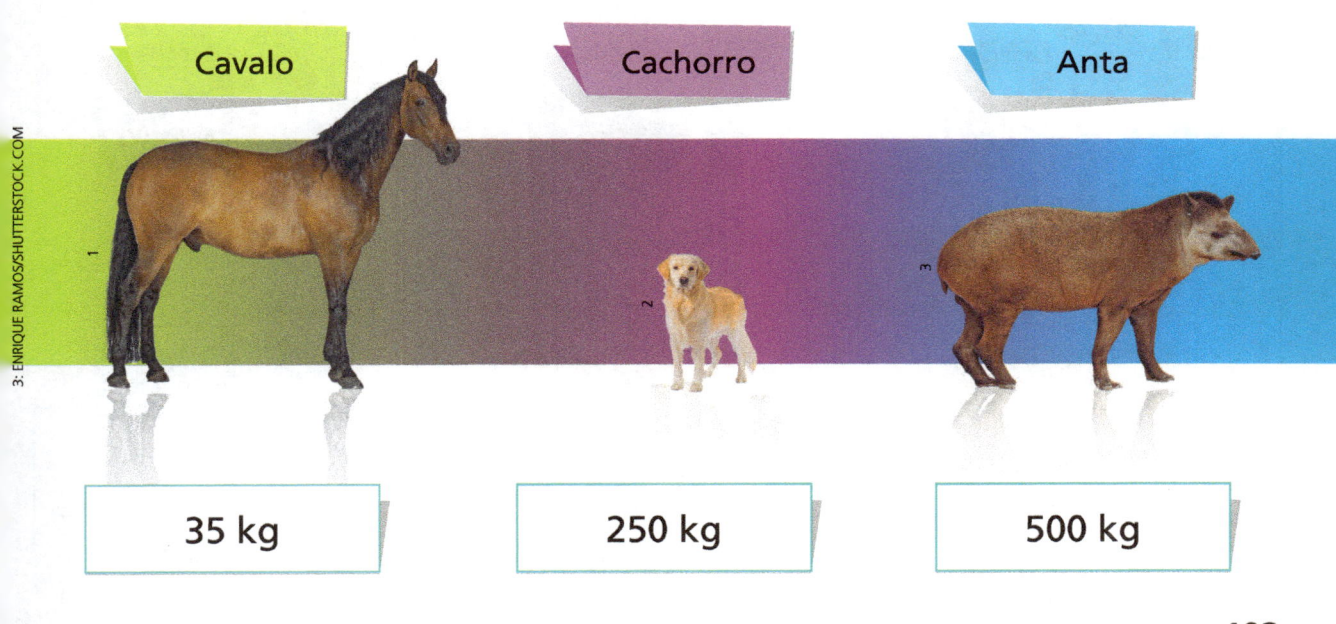

Cavalo Cachorro Anta

35 kg 250 kg 500 kg

Cento e noventa e três **193**

3. Para a festa de aniversário de Mariana, será encomendado um bolo que custa 40 reais o quilograma. Para cada 10 convidados, será encomendado 1 kg de bolo.

a) Quantos quilogramas de bolo serão encomendados se forem convidadas:

• 20 pessoas? _____ kg.   • 30 pessoas? _____ kg.

b) Mariana pagou 80 reais pelo bolo. Quantas pessoas, no máximo, ela pode convidar?

_____ pessoas.

4. A reciclagem diminui o consumo de matérias-primas. Por exemplo, obtém-se cerca de 1 kg de alumínio ao reciclar 74 latas.

a) Com uma calculadora, obtenha a quantidade de alumínio gerado com a reciclagem de:

• 592 latas. _____ kg de alumínio.

• 814 latas. _____ kg de alumínio.

b) Em sua opinião, é importante reciclar materiais? Por quê?

5. Nas cenas a seguir, três crianças estão medindo suas massas em uma balança. Calcule a massa de cada criança.

André: 80 kg
André e Sarah: 51 kg
Caio e Sarah: 54 kg

André _____ kg

Caio _____ kg

Sarah _____ kg

O GRAMA

Outra unidade de medida de massa é o **grama**, que é indicado por **g**.

1. Veja alguns produtos que são vendidos em gramas.

a) Cite outros produtos que são vendidos em grama.

b) Traga embalagens de produtos que são vendidos em quilograma e em grama. Depois, junte-se a três colegas e montem um cartaz semelhante ao indicado a seguir.

2. Veja as balanças a seguir. Pinte a ficha que indica a massa da caixa azul.

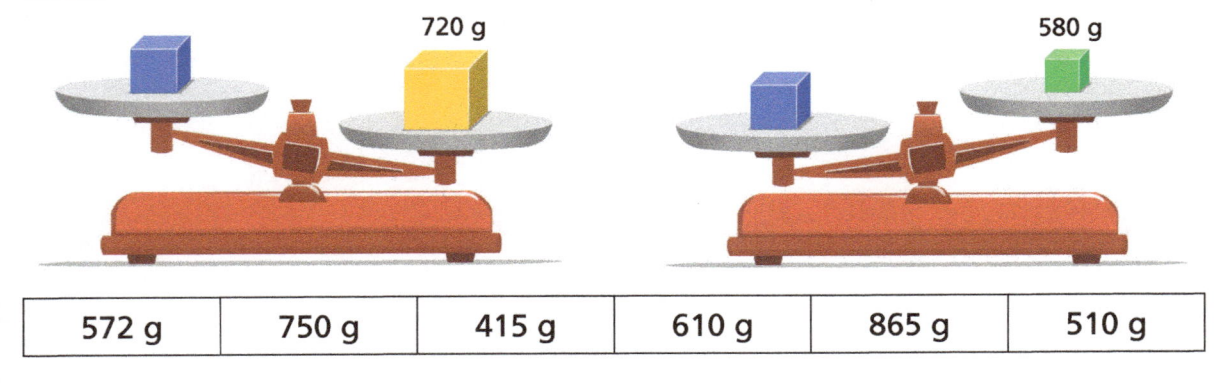

| 572 g | 750 g | 415 g | 610 g | 865 g | 510 g |

3. Júlia anotou uma receita que rende três pães. Escreva a quantidade de cada ingrediente para fazer 6 pães desses.

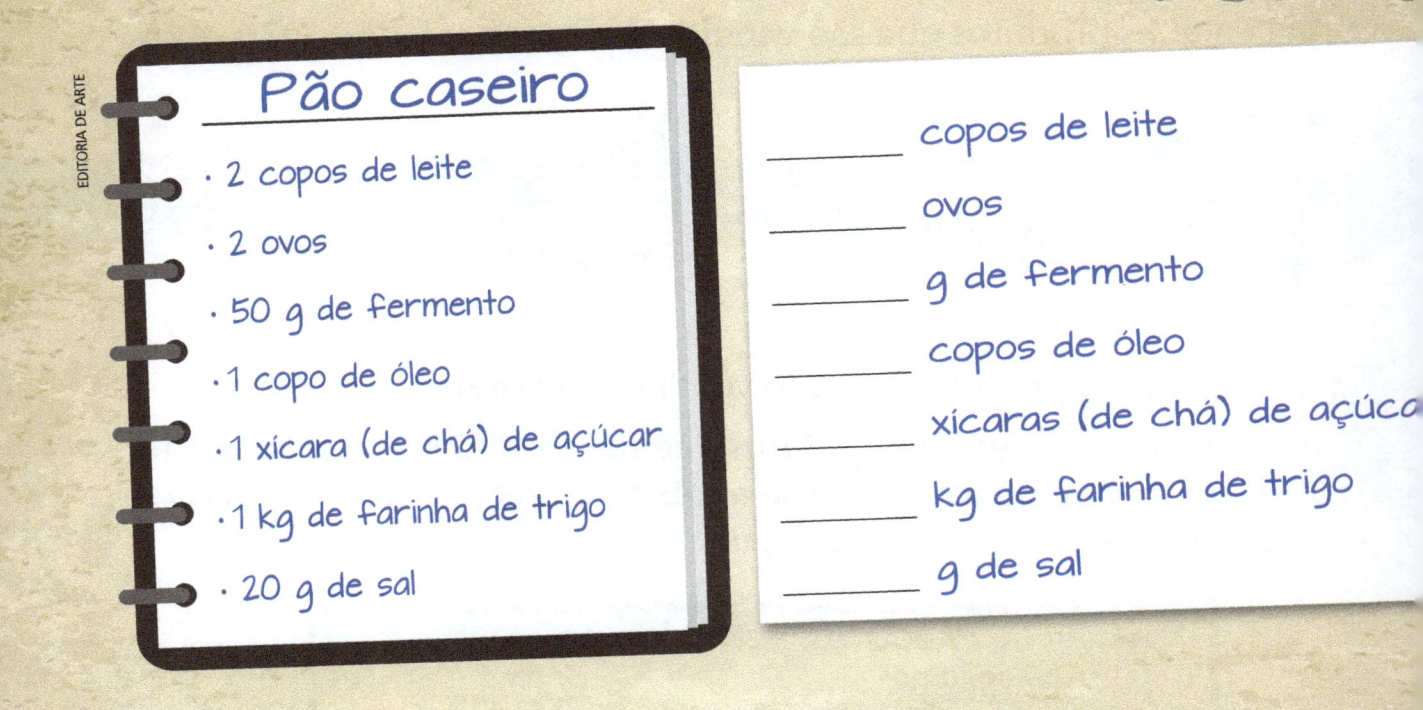

Pão caseiro

- 2 copos de leite
- 2 ovos
- 50 g de fermento
- 1 copo de óleo
- 1 xícara (de chá) de açúcar
- 1 kg de farinha de trigo
- 20 g de sal

_____ copos de leite

_____ ovos

_____ g de fermento

_____ copos de óleo

_____ xícaras (de chá) de açúcar

_____ kg de farinha de trigo

_____ g de sal

4. Veja as informações sobre uma barra de chocolate.

Qual é a massa do pedaço em destaque da barra de chocolate?

_____ g

MEDIDAS DE CAPACIDADE

1. Veja como Ricardo comparou a capacidade de três garrafas.

- Ele encheu a primeira garrafa com água e despejou-a na segunda garrafa.

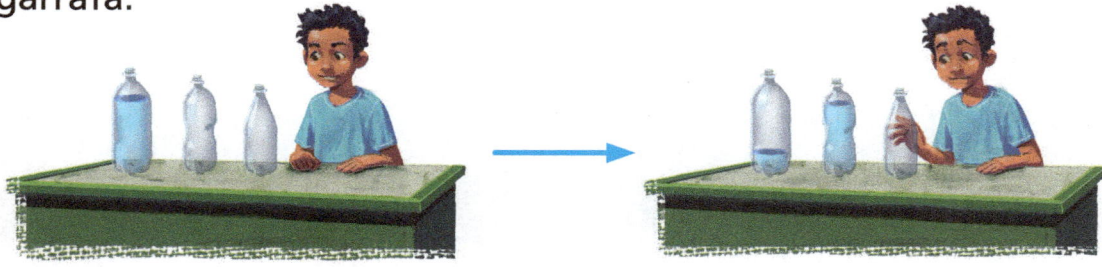

- Depois, encheu novamente a primeira garrafa e despejou água na terceira garrafa.

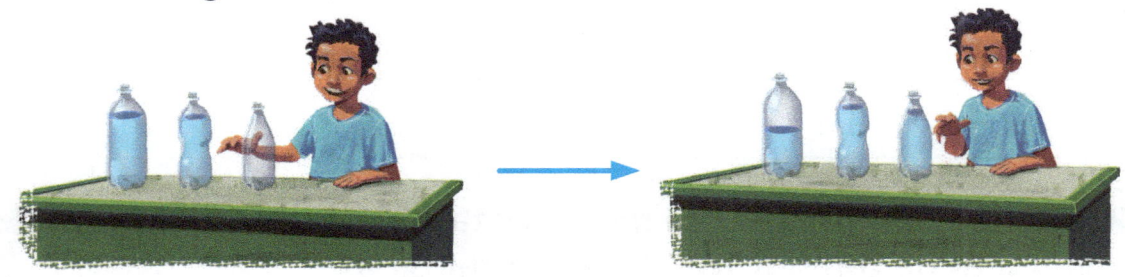

Marque com um ✗ a garrafa de menor capacidade e contorne a de maior capacidade.

2. Laís está usando um copo para encher uma jarra com água. Ela já colocou na jarra quatro copos com água.

Para encher a jarra, Laís ainda tem de colocar quantos copos com água?

_____ copos.

Cento e noventa e sete **197**

O LITRO

O **litro** é uma unidade de medida de capacidade que é indicada por **L**.

1. Veja alguns produtos que são vendidos em litros.

Escreva outros produtos que são vendidos em litros.

_____

_____

2. Eva tem um carro e uma motocicleta. Veja a capacidade dos tanques de combustível desses veículos.

Veículo	Capacidade do tanque
Carro	55 L
Motocicleta	8 L

Considere os tanques vazios. Quanto Eva gasta para encher cada tanque em um posto cujo preço do combustível é 3 reais o litro?

a) Carro

_____ reais.

b) Motocicleta

_____ reais.

O MILILITRO

Outra unidade de medida de capacidade é o **mililitro**, que é indicado por **mL**.

1. Marque com um X os produtos que são vendidos em mililitros.

2. Leia a tirinha.

Alexandre Beck. **Armandinho Cinco**. Florianópolis: A.C. Beck, 2015. p. 8.

Armandinho preparou uma jarra com 800 mL de suco de melancia. Quantos copos de 200 mL ele pode encher com esse suco?

_____ copos.

3. João está fazendo um tratamento médico de dez dias. Ele precisa tomar 5 mL de xarope, três vezes ao dia.

Quantos mililitros de xarope João toma por dia?

_____ mL

MEDIDAS DE TEMPO

1. Encontre e contorne na cena dois relógios.

Veja detalhes desses relógios.

Relógio de ponteiros

Relógio digital

Qual o horário indicado nesses relógios? _____ horas.

200 Duzentos

2. Ligue os relógios que indicam a mesma hora.

VOCÊ ESCRITOR

3. Leia a tirinha.

HOJE ÀS DUAS HORAS VOCÊ VAI AO FRANCÊS...

...ÀS QUATRO VOCÊ VAI AO FUTEBOL, ÀS SEIS NA MÚSICA E ÀS OITO VOCÊ VAI AO REFORÇO DE AULA!

ALGUMA DÚVIDA?

QUE HORAS EU VOU SER CRIANÇA?

Alexandre Beck. **Armandinho Cinco**. Florianópolis: A.C. Beck, 2015. p. 45.

Desenhe os ponteiros nos relógios a seguir para indicar o horário de cada compromisso do Armandinho.

Aula de francês

Aula de música

Aula de futebol

Duzentos e um **201**

4. Em um relógio de ponteiros, o deslocamento do ponteiro maior de um tracinho para o seguinte equivale a 1 minuto. Assim, quando ele se desloca de um número para o seguinte equivale a 5 minutos.

| 8 horas | 8 horas e 1 minuto | 8 horas e 5 minutos |

Uma volta completa do ponteiro maior equivale a 60 minutos, ou seja, 1 hora.

No relógio a seguir, complete com os minutos que o ponteiro maior indica a cada volta.

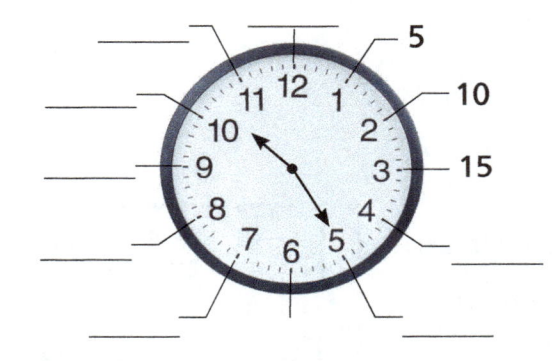

> Em 1 hora, o ponteiro maior dá uma volta completa, e o menor se desloca de um número para o seguinte.

O relógio está marcando **10 horas e 25 minutos** ou **10h25min**.

5. Os relógios a seguir indicam os horários em que Larissa tomou seu remédio, de acordo com a receita médica. Escreva os horários indicados em cada relógio.

6. Em cada relógio a seguir, desenhe o ponteiro dos minutos para indicar o horário de cada compromisso de Marcos.

Passeio de bicicleta: 8h15min

Dentista: 10h45min

Aula de violão: 11h30min

7. Veja como Alex fez conversões envolvendo horas e minutos.

- 140 min para horas e minutos:
  140 min = 60 min (1 h) + 60 min (1 h) + 20 min = 1 h + 1 h + 20 min = 2h20min

- 1h45min para minutos:
  1h45min = 1 h (60 min) + 45 min = 60 min + 45 min = 105 min

a) Converta para horas e minutos.

- 85 min: _____
- 165 min: _____

b) Converta para minutos.

- 4h50min: _____
- 3h45min: _____

8. Alice tem uma consulta médica às 9h. Ela acabou de chegar e conferiu as horas em seu relógio.

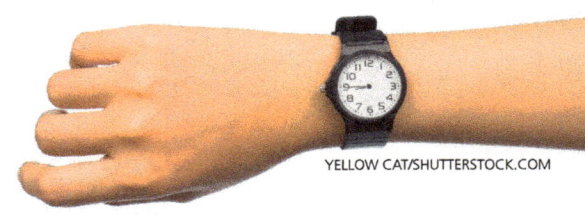

a) Que horas estão indicadas no relógio de Alice? _____

b) Alice chegou atrasada ou adiantada à consulta? Quantos minutos? _____

9. Para verificar quantos minutos correspondem a **meia hora**, Bruno desenhou 60 figuras para representar os 60 minutos de 1 hora. Depois, contornou essas figuras, formando dois grupos com a mesma quantidade.

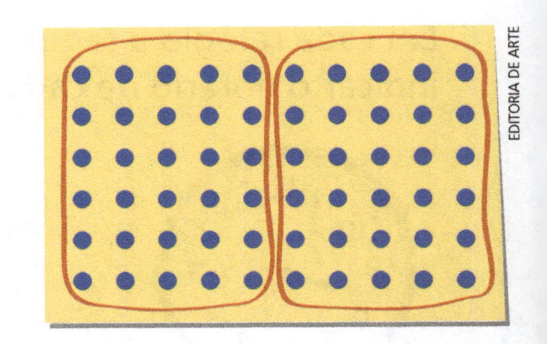

Quantos minutos tem **meia hora**? _____ minutos.

10. Complete as frases.

a) A aula de violão de Pedro dura 1 hora ou _____ minutos.

b) Para ir de sua casa até a escola, Amanda demora meia hora ou _____ minutos.

11. Veja o que Adriana está dizendo.

Agora são dez e meia.

De maneira simplificada, Adriana disse as horas 10h30min.

Agora, escreva as horas que as pessoas estão dizendo.

Agora são sete e meia.

Agora são cinco e meia.

Agora são onze e meia.

_____   _____   _____

12. Um minuto tem 60 segundos. Quantos segundos há em:

a) meio minuto? _____ segundos.

b) dois minutos? _____ segundos.

HORÁRIO ANTES E DEPOIS DO MEIO-DIA

O movimento de rotação da Terra é a volta que ela realiza ao redor de si mesma. Esse movimento tem duração aproximada de 24 horas, ou seja, um dia.

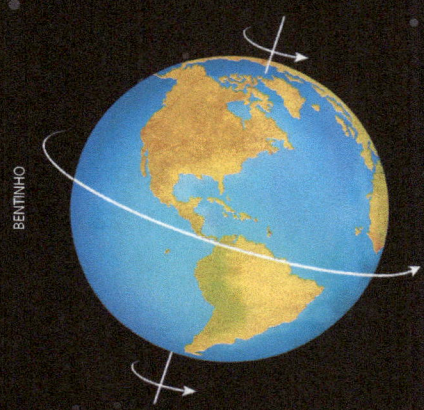

Essas 24 horas podem ser divididas em **antes** e **depois** das **12 horas** ou **meio-dia**.

O relógio ao lado indica:

- 3 h da manhã, se for **antes** do meio-dia;
- 15 h ou 3 h da tarde, se for **depois** do meio-dia.

Os horários indicados fora do relógio correspondem ao período depois do meio-dia.

1. Observe cada um dos relógios de ponteiros a seguir. Indique nos relógios digitais os possíveis horários antes e depois do meio-dia.

Antes

Depois

Antes

Depois

Duzentos e cinco **205**

2. Ígor anotou a programação de um canal de televisão em certo dia da semana.

7h30min – Jornal do dia	15h30min – Filme
9h – Desenhos	18h – Telejornal
11h30min – Documentário	19h15min – Minissérie
12h45min – A hora do esporte	20h – Futebol
14h – Desenhos	22h – Jornal da noite

a) Quais são os horários de desenhos? _____

b) É antes ou depois do meio-dia o horário do:
- filme?
  _____
- documentário?
  _____

c) Indique no relógio abaixo o horário do futebol.

3. Leia o poema.

De hora

Há hora pra tudo, dizem,
e tudo tem sua hora,
mas ninguém fez no relógio
a hora de não ter hora.

Elza Beatriz. **Pare no p de poesia**. São Paulo: FTD, 2013. p. 16.

Agora, registre nos relógios a hora em que que você costuma:

Acordar.

Ir à escola.

Almoçar.

Dormir.

4. Solange mora em Curitiba (PR) e vai visitar sua tia em Campinas (SP). Ela pesquisou horários de ônibus e de avião para o dia da viagem.

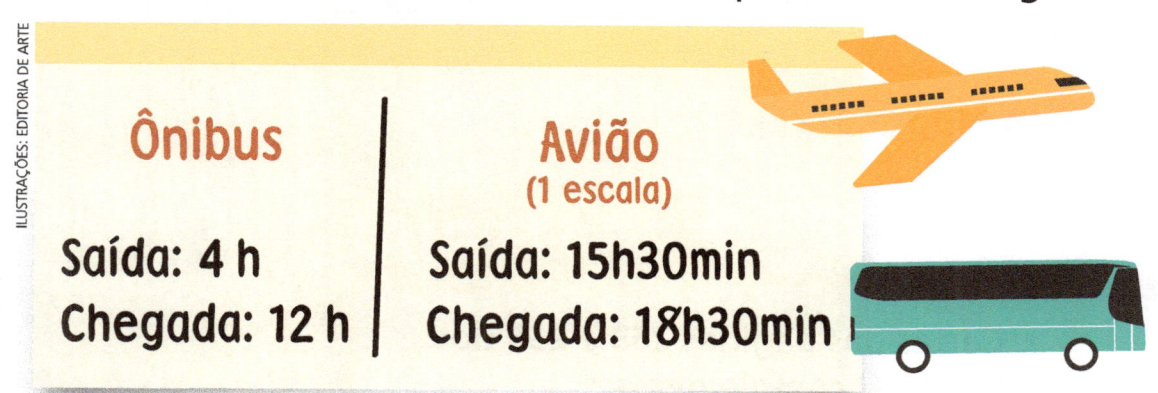

Ônibus
Saída: 4 h
Chegada: 12 h

Avião (1 escala)
Saída: 15h30min
Chegada: 18h30min

a) Veja como Solange calculou a duração da viagem de ônibus e complete.

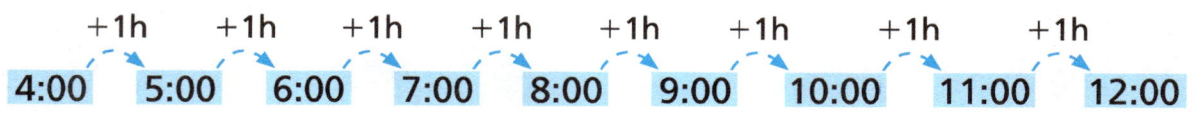

+1h +1h +1h +1h +1h +1h +1h +1h
4:00 5:00 6:00 7:00 8:00 9:00 10:00 11:00 12:00

A duração da viagem de ônibus é de _____ horas.

b) Agora, calcule a duração da viagem de avião.

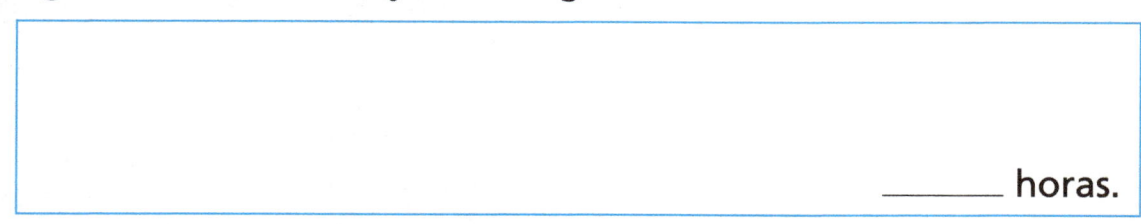

_____ horas.

5. Observe a placa e calcule quantas horas o zoológico funciona diariamente.

_____ horas.

ZOOLÓGICO MUNICIPAL
De segunda-feira a domingo
Horário de funcionamento: das 9 h às 17 h

6. Inês está preparando uma carne que tem de ficar 2h30min no forno. Ela colocou a carne no forno às 10 h. Em qual horário a carne vai ficar pronta?

Duzentos e sete **207**

JOGOS E BRINCADEIRAS

▼ COMPARANDO AVES

Vamos jogar!

MATERIAL

- Cartas das páginas **253** e **255** do **Material complementar**

COMO JOGAR

1 Reúnam-se em duplas e destaquem as cartas. Elas possuem informações sobre diversas aves, com as categorias: comprimento, massa e longevidade.

2 Para iniciar o jogo, embaralhem e distribuam nove cartas para cada participante.

3 Cada um deve organizar suas cartas em um monte com as informações voltadas para baixo.

4 Decidam quem vai escolher a categoria na primeira rodada e alternem-se nas rodadas seguintes.

5 Em cada rodada, os participantes retiram e observam uma carta de seu monte. Após a indicação da categoria, devem dizer o valor correspondente e mostrar a carta um para o outro.

6 O participante que tiver o maior valor naquela categoria ganha a carta do outro, que deve ser reservada. Em caso de empate, cada um dos jogadores reserva a sua carta.

7 O jogo termina quando acabarem as cartas dos montes. Vence o participante que acumular mais cartas.

Duzentos e nove **209**

VOCÊ CIDADÃO

DE OLHO NAS EMBALAGENS

Quando compramos algum produto, temos de observar diversas informações, como o prazo de validade, o conteúdo, o preço, a composição e as condições da embalagem.

Veja algumas dicas.

Prazo de validade: Todo produto perecível tem de apresentar o prazo de validade na embalagem. É importante não comprar produto com prazo de validade vencido ou muito próximo do vencimento.

Conteúdo: Na embalagem deve estar indicada a quantidade que há do produto. Por exemplo, em gramas, litros ou metros. Também devemos ficar atentos a alguns produtos que tiveram seu conteúdo reduzido sem alterar o preço, como caixas de bombons e papel higiênico. Neles, o fabricante é obrigado a apontar essa redução na embalagem.

Preço: Não devemos comparar duas opções de produto apenas pelo preço. Em algumas situações, uma embalagem com o maior preço tem o valor unitário do produto menor do que outra embalagem, que possui menor preço e quantidade desse produto.

ILUSTRAÇÕES: EDUSA

210 Duzentos e dez

Composição: Temos de verificar se o produto não tem substâncias que podem prejudicar a saúde, principalmente daquelas pessoas que têm alergias ou intolerância à lactose ou ao glúten.

Condições da embalagem: É importante certificar-se da qualidade dos produtos e verificar se a embalagem não foi violada, amassada ou rasgada. No caso de latas, não compre aquelas que estiverem enferrujadas, estufadas ou com alguma outra alteração.

1. Qual a importância das informações nas embalagens? Converse com o professor e os colegas.

2. Júlia vai comprar 500 g de margarina. Em relação ao preço, qual a melhor opção de compra: 1 pote de 500 g ou 2 de 250 g? Por quê?

_____
_____
_____

3. Uma caixa de bombons tinha 378 g e o seu conteúdo foi reduzido em 46 g. Qual é a sua massa atual?

_____ g

UM POUCO MAIS

1. Marque com um ✗ as unidades de medida e os instrumentos mais apropriados para realizar a medição em cada item.

a) Comprimento da quadra da escola.

- Unidade de medida.

   ☐ centímetro   ☐ milímetro   ☐ metro

- Instrumento.

   ☐ régua   ☐ trena   ☐ fita métrica

b) Tempo de duração da aula.

- Unidade de medida.

   ☐ segundo   ☐ minuto   ☐ hora

- Instrumento.

   ☐ relógio   ☐ cronômetro   ☐ calendário

c) Capacidade de uma piscina.

- Unidade de medida.

   ☐ mililitro   ☐ litro   ☐ grama

- Instrumento.

   ☐ barril   ☐ conta-gotas   ☐ copo

2. Renato é artesão. Para confeccionar uma pulseira, ele utiliza 18 cm de uma tira de couro na qual ele paga 3 reais em cada metro.

Quanto Renato vai gastar com couro para fazer 8 pulseiras dessas? Marque com um ✗.

☐ Menos de 3 reais.   ☐ Exatamente 3 reais.   ☐ Mais de 3 reais.

3. A cada 1 L de água dos oceanos há cerca de 35 gramas de sais.

Quantos gramas de sais têm em 8 L dessa água? _____ g.

4. Leia algumas informações de duas grandes aves.

Imagens fora do tamanho real.

Harpia
Massa: 9 kg
Envergadura: 2 m

Uiraçu-falso
Massa: 3 kg
Envergadura: 1 m e 60 cm

a) Converta para centímetros a envergadura de cada ave.

- Harpia: _____ cm
- Uiraçu-falso: _____ cm

b) Quantos centímetros de envergadura a harpia tem a mais que o uiraçu-falso? _____ cm.

c) Qual ave tem maior massa? Quantos quilogramas a mais?

_____

5. Veja o convite para uma festa de aniversário.

RAFAELA Convida para seu aniversário de **8 anos.**
Data: 25/3/2018   Horário: das 17 h às 21 h
Local: Casa de festa Criança Feliz
Endereço: Rua Beija-flor, número 590.

a) Qual o nome da aniversariante? _____

b) Qual a data desse aniversário? _____

c) Qual o horário de início desse aniversário? _____

d) Qual o tempo de duração da festa de aniversário? _____

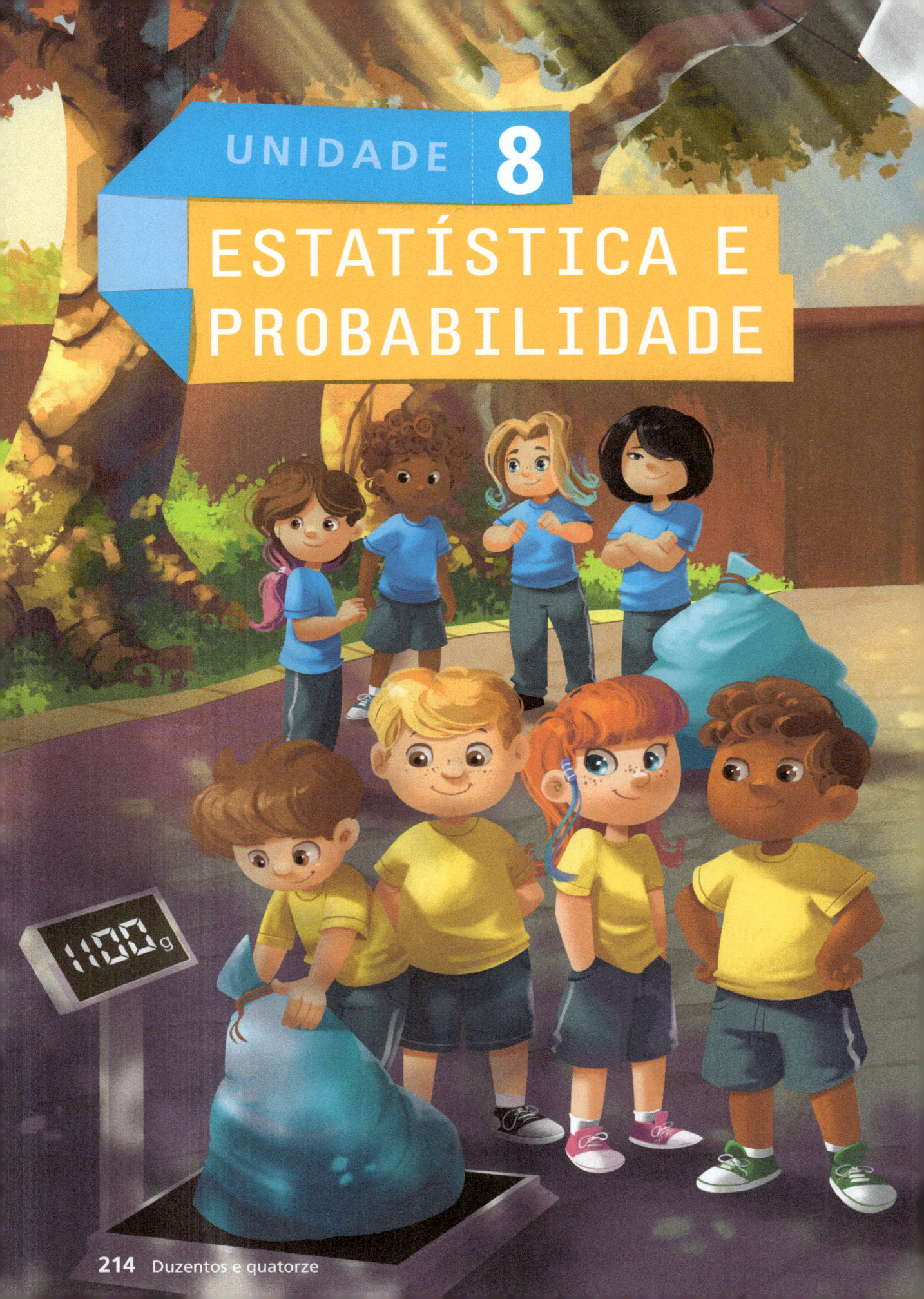

UNIDADE 8
ESTATÍSTICA E PROBABILIDADE

GINCANA DO ALUMÍNIO

- O que está acontecendo na cena?
- Observe a balança. Qual unidade de medida está sendo usada para indicar a massa das latas de alumínio da equipe amarela?
- Depois de pesar as latas, qual seria para você a melhor maneira de organizar os resultados da gincana e apresentar a equipe vencedora?

ESTATÍSTICA

TABELAS

1. Observe, a seguir, quantos gramas de latas de alumínio cada equipe arrecadou na gincana.

1100 g   600 g   900 g   1500 g   700 g

Agora, complete a **tabela** em ordem crescente: da equipe que arrecadou menos para a que arrecadou mais latas de alumínio, de acordo com a cor do uniforme de cada equipe.

Arrecadação de latas de alumínio	
Equipe	Arrecadação (em g)

Fonte: Organizadores da gincana.

Em uma tabela, as informações são organizadas em linhas e colunas. Além disso, a tabela deve ter um **título**, que indica qual é a principal informação, e uma **fonte**, que contém o local de onde os dados foram tirados.

2. A professora Marcela, junto com os alunos do 3º ano, realizou uma pesquisa nas casas localizadas na mesma rua da escola. Eles fizeram a seguinte pergunta aos moradores:

Quantas pessoas moram na sua casa, contando com você?

Para organizar as respostas, a turma construiu a tabela a seguir.

Quantidade de moradores em cada casa da rua da escola	
Número de moradores	Quantidade de casas
1	5
2	6
3	14
4	17
5	10
6 ou mais	8

Fonte: Turma do 3º ano.

a) Vamos ler a tabela juntos? Podemos dizer que nessa rua:

- **5** casas têm **1** morador.
- _____ casas têm **2** moradores.
- **14** casas têm _____ moradores.
- _____ casas têm **4** moradores.
- **10** casas têm _____ moradores.
- _____ casas têm **6 ou mais** moradores.

b) Qual a quantidade de moradores que apresentou a maior frequência?

_____

c) Se a pergunta dessa pesquisa fosse feita para você, qual seria sua resposta?

_____

3. Leia a tirinha.

> VOCÊ DEVIA TOMAR MAIS ÁGUA!
>
> FAZ BEM PRA SAÚDE!
>
> MEU PAI BEBE MUITA ÁGUA!
>
> QUE BOM! ENTÃO SIGA O EXEMPLO!
>
> GERALMENTE QUANDO ELE TENTA NADAR BORBOLETA!

Alexandre Beck. **Armandinho Quatro**. Florianópolis: A. C. Beck, 2015. p. 61.

Leia as anotações para saber quantos copos de água Armandinho e Fernanda beberam em um dia.

Armandinho
Manhã: ///
Tarde: /////
Noite: //

Fernanda
Manhã: ////
Tarde: ////
Noite: ///

Com base nessas anotações, complete a tabela e responda às questões.

Quantidade de copos de água

Período	Armandinho	Fernanda
Manhã		
Tarde		
Noite		

Fonte: Anotações de Armandinho e Fernanda.

a) Quantos copos de água cada criança bebeu?

• Armandinho: _____ copos.   • Fernanda: _____ copos.

b) Quem bebeu mais água no período da tarde? _____

c) Quem bebeu mais água o dia todo? _____

218 Duzentos e dezoito

GRÁFICOS

1. A coordenação de uma escola fez uma pesquisa para saber qual meio de locomoção os alunos do 3º ano utilizam para ir à escola. Observe o **gráfico de colunas,** no qual cada ▮ representa 1 aluno.

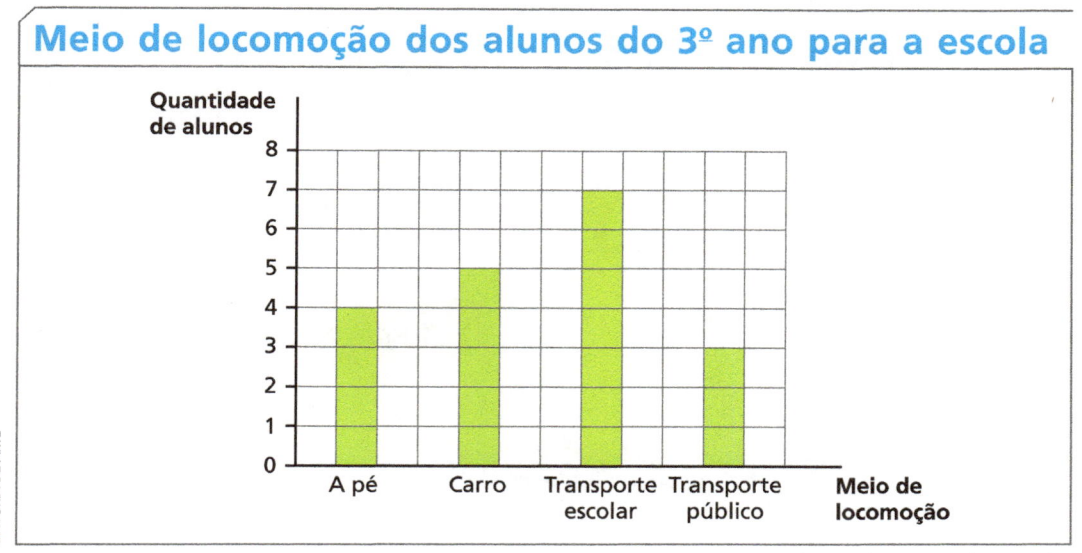

Meio de locomoção dos alunos do 3º ano para a escola

- A pé: 4
- Carro: 5
- Transporte escolar: 7
- Transporte público: 3

Fonte: Coordenação da escola.

a) O que cada coluna do gráfico representa?

_____

b) Qual é o meio de locomoção mais frequente entre esses alunos?

_____

c) Complete a tabela com os dados do gráfico.

Título: _____

Meio de locomoção	Quantidade de alunos

Fonte: _____

Duzentos e dezenove **219**

2. A Copa do Mundo de Futebol Masculino acontece a cada quatro anos. De 1930 até 2014, apenas oito seleções foram campeãs mundiais. Observe.

País	Títulos
Brasil	5
Alemanha	4
Itália	4
Uruguai	2
Argentina	2
Espanha	1
França	1
Inglaterra	1

1 Copa do Mundo vencida

Fonte de pesquisa: Fifa. [**Campeões da Copa do Mundo de Futebol Masculino até 2014**] 2017. Disponível em: <www.fifa.com>. Acesso em: 31 maio 2017.

- Com os dados apresentados, construa um gráfico de colunas.

  Para cada título conquistado por um país, pinte um ☐.

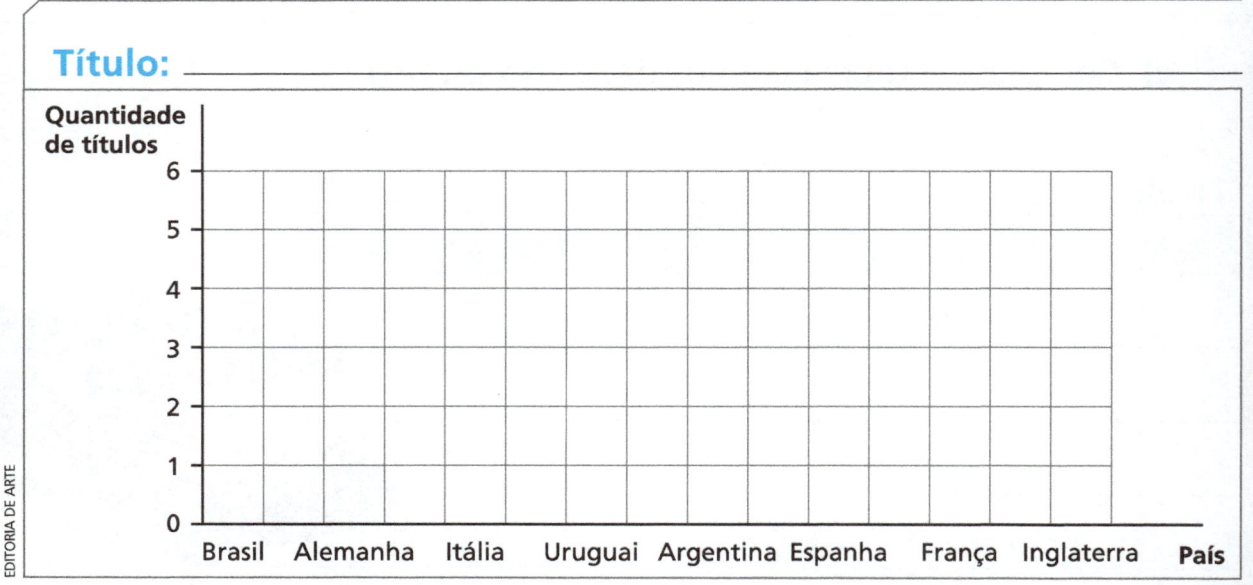

Título: _____

Quantidade de títulos (eixo y: 0 a 6)
Países (eixo x): Brasil, Alemanha, Itália, Uruguai, Argentina, Espanha, França, Inglaterra

Fonte de pesquisa: Fifa. [**Campeões da Copa do Mundo de Futebol Masculino até 2014**] 2017. Disponível em: <www.fifa.com>. Acesso em: 31 maio 2017.

3. Luciana organizou em uma planilha eletrônica o consumo de energia elétrica de sua casa em certo semestre. Observe.

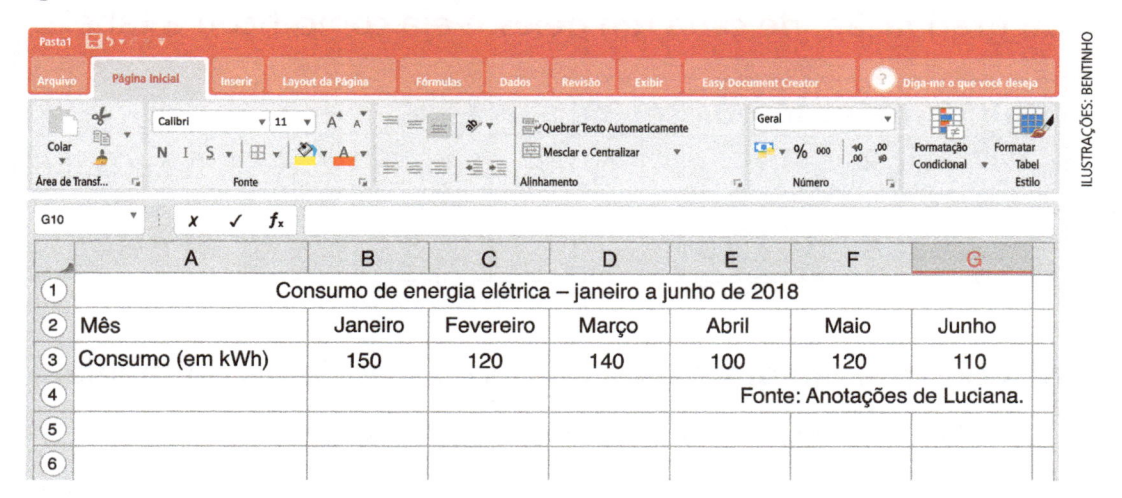

	A	B	C	D	E	F	G
1	Consumo de energia elétrica – janeiro a junho de 2018							
2	Mês	Janeiro	Fevereiro	Março	Abril	Maio	Junho
3	Consumo (em kWh)	150	120	140	100	120	110
4					Fonte: Anotações de Luciana.		

Depois, utilizando opções dessa planilha eletrônica, Luciana construiu o **gráfico de barras** abaixo.

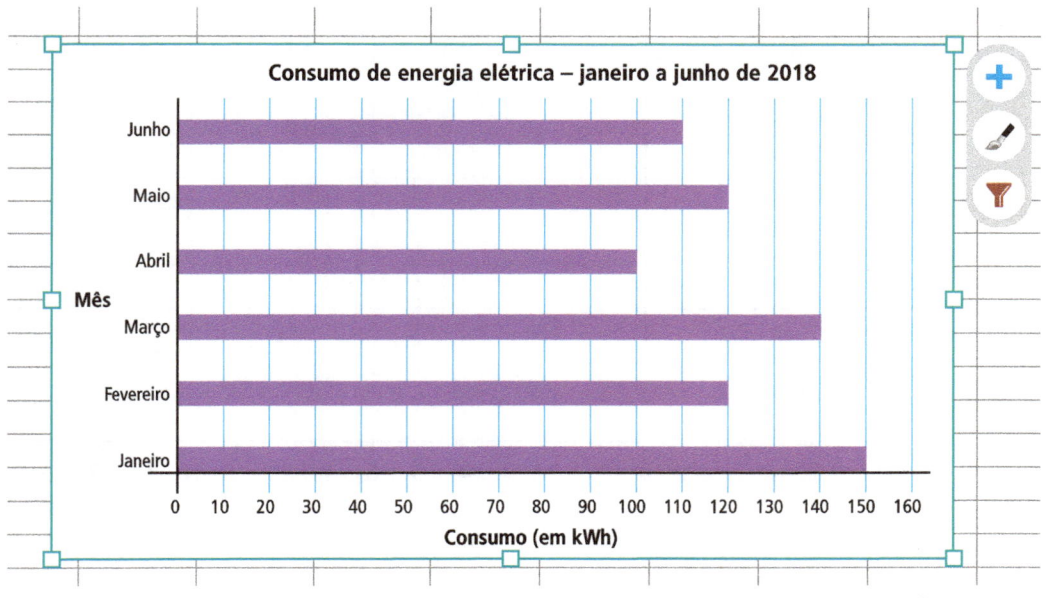

Consumo de energia elétrica – janeiro a junho de 2018

Fonte: Anotações de Luciana.

a) Por que as barras correspondentes a fevereiro e março têm comprimentos diferentes?

b) Qual foi o consumo de energia elétrica em maio? _____ kWh

c) Em que mês foram consumidos 110 kWh? _____

d) Em qual mês o consumo de energia foi:

• maior? _____ • menor? _____

Duzentos e vinte e um **221**

4. Em uma academia de judô, um professor organizou em uma tabela a quantidade de alunos de sua turma e a cor de faixa, ou graduação, de cada um deles. Veja como ficou a tabela.

Alunos de judô por cor de faixa

Faixa	Branca	Cinza	Azul	Amarela	Laranja
Quantidade de alunos	14	8	6	10	3

Fonte: Academia.

a) Construa um gráfico de barras com os dados da tabela.

Cada ☐ do gráfico representa um aluno.

Alunos de judô por cor de faixa

Faixa

0 1 2 3 4 5 6 7 8 9 10 11 12 13 14 15
Quantidade de alunos

Fonte: _____

b) Quantos alunos estão na faixa azul? _____ alunos.

c) Para qual cor de faixa a barra do gráfico é maior? Por que você acha que isso acontece?

d) Há mais alunos na faixa cinza ou na faixa azul? Quantos alunos a mais?

5. Observe a tabela abaixo.

Dias chuvosos em Campos Sales (CE) – janeiro a maio de 2016						
Mês	Janeiro	Fevereiro	Março	Abril	Maio
Quantidade de dias chuvosos	14	6	8	6	2

Fonte de pesquisa: INMET. **Instituto Nacional de Meteorologia**. [Quantidade de dias chuvosos em Campos Sales (CE) – janeiro a maio de 2016]. Disponível em: <www.inmet.gov.br>. Acesso em: 1º jun. 2017.

a) Agora, construa na malha quadriculada a seguir um gráfico de colunas ou de barras com os dados da tabela. Cada ☐ do gráfico deve representar dois dias chuvosos.

Dias chuvosos em Campos Sales (CE) – janeiro a maio de 2016

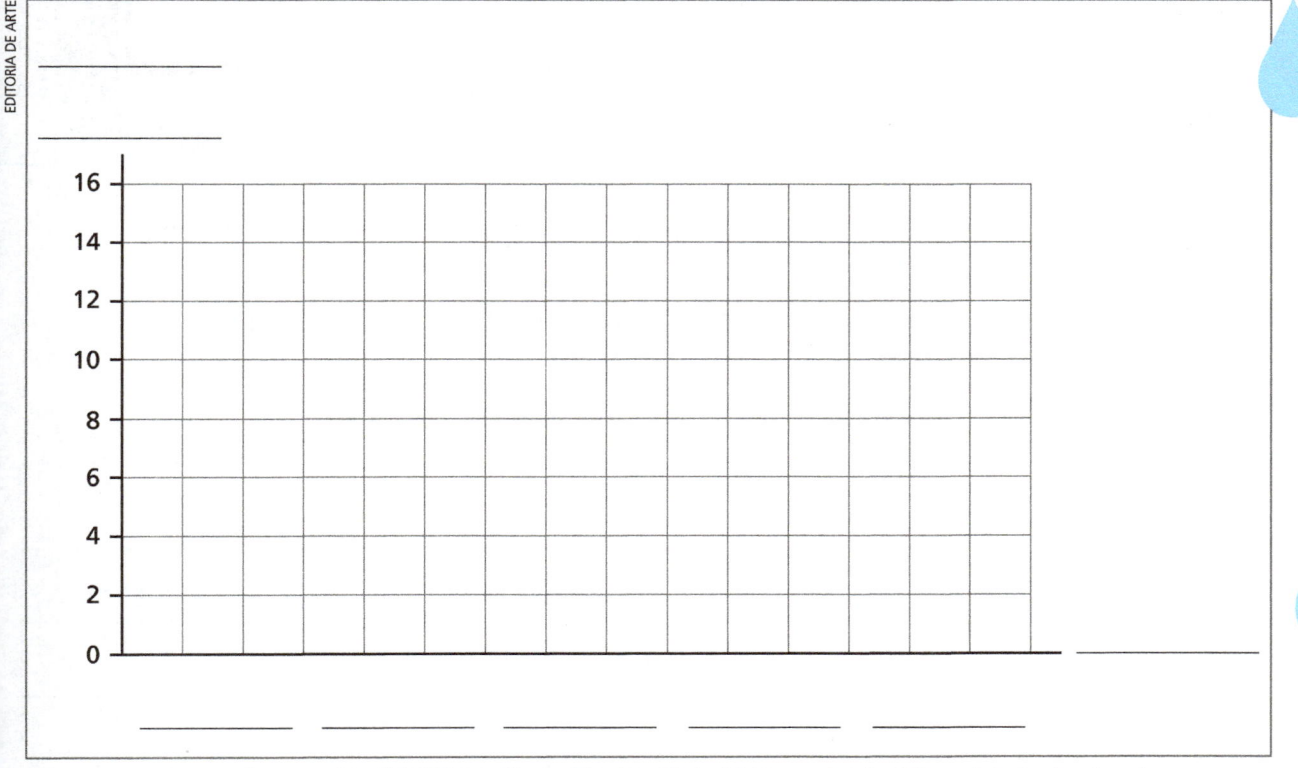

Fonte de pesquisa: INMET. **Instituto Nacional de Meteorologia**. [Quantidade de dias chuvosos em Campos Sales (CE) – janeiro a maio de 2016]. Disponível em: <www.inmet.gov.br>. Acesso em: 1º jun. 2017.

b) Em que mês os dias chuvosos foram:

• mais frequentes? _____

• menos frequentes? _____

6. Todo ano, o IBGE (Instituto Brasileiro de Geografia e Estatística) faz uma pesquisa sobre as residências brasileiras. O pesquisador verifica, por exemplo, se em determinada casa há televisão, geladeira e outros aparelhos.

Com um colega, faça uma pesquisa semelhante à do IBGE. Para começar, escolham quatro dos aparelhos a seguir e marquem com um ✗.

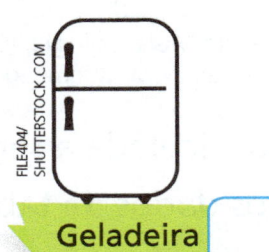

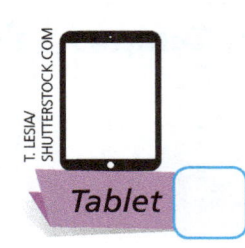

| Televisão ☐ | Geladeira ☐ | Fogão ☐ | Lava-louças ☐ |

| Máquina de lavar roupa ☐ | Micro-ondas ☐ | Tablet ☐ | Computador ☐ |

a) Agora, vocês vão entrevistar 20 colegas. Perguntem a eles:

> Qual desses aparelhos você tem em casa?

Registrem na tabela abaixo os dados da pesquisa.

Título: _____

Aparelho	Quantidade de residências

Fonte: _____

b) Construam um gráfico de barras com base nos dados da tabela do item anterior.

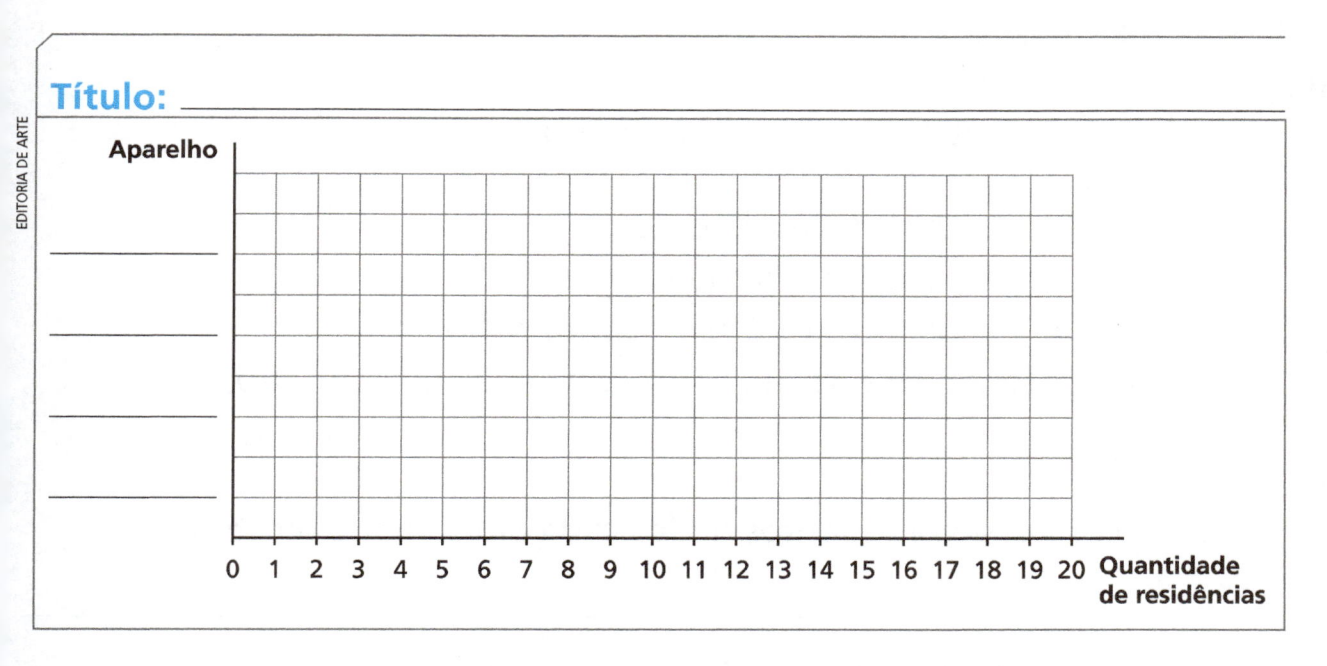

Título: _____

Aparelho

0 1 2 3 4 5 6 7 8 9 10 11 12 13 14 15 16 17 18 19 20 **Quantidade de residências**

Fonte: _____

c) Responda às questões.

- Qual aparelho está menos presente na casa dos entrevistados?
  _____

- No gráfico, o que a barra mais comprida indica?
  _____

- Ordene os aparelhos, começando do que está mais presente para o que está menos presente na casa dos entrevistados.

  1º _____

  2º _____

  3º _____

  4º _____

PROBABILIDADE

VOCÊ LEITOR

1. Leia o texto sobre a brincadeira **par ou ímpar**.

> Ana e Carlos vão brincar.
> Um diz ímpar e o outro, par.
> Eles mostram dedos de uma mão.
> Calcula-se o total, para conhecer o campeão.
>
> Texto do autor.

a) Na brincadeira, quantos dedos cada aluno pode mostrar?

_____

b) Observe Ana e Carlos brincando de **par ou ímpar**.

- Quem venceu a rodada: Ana ou Carlos? Por quê?

_____

c) Considere que Ana diga "ímpar" e mostre três dedos. Quantos dedos Carlos pode indicar para que Ana seja a vencedora?

_____

d) Em uma rodada, foram indicados nove dedos ao todo.

Quantos dedos cada um indicou? Compare sua resposta com a de um colega.

_____

226 Duzentos e vinte e seis

2. Para escolher uma dupla de ajudantes, a professora do 3º ano fará um sorteio entre André, Bianca, Camila e Diego.

a) Escreva o nome dos alunos das duplas que podem ser formadas no sorteio.

_____ _____ _____

_____ _____ _____

b) Conte e responda: Quantas duplas diferentes podem ser formadas?

_____

c) Em quantas dessas duplas, Camila é uma das ajudantes?

_____

3. Em uma brincadeira, seis bolinhas são colocadas em uma caixa: duas azuis, duas vermelhas e duas verdes. Em cada rodada, duas bolinhas são sorteadas e devolvidas na caixa. Veja a cena.

Na 1ª rodada, uma bolinha azul foi sorteada. Observe as combinações possíveis nessa rodada.

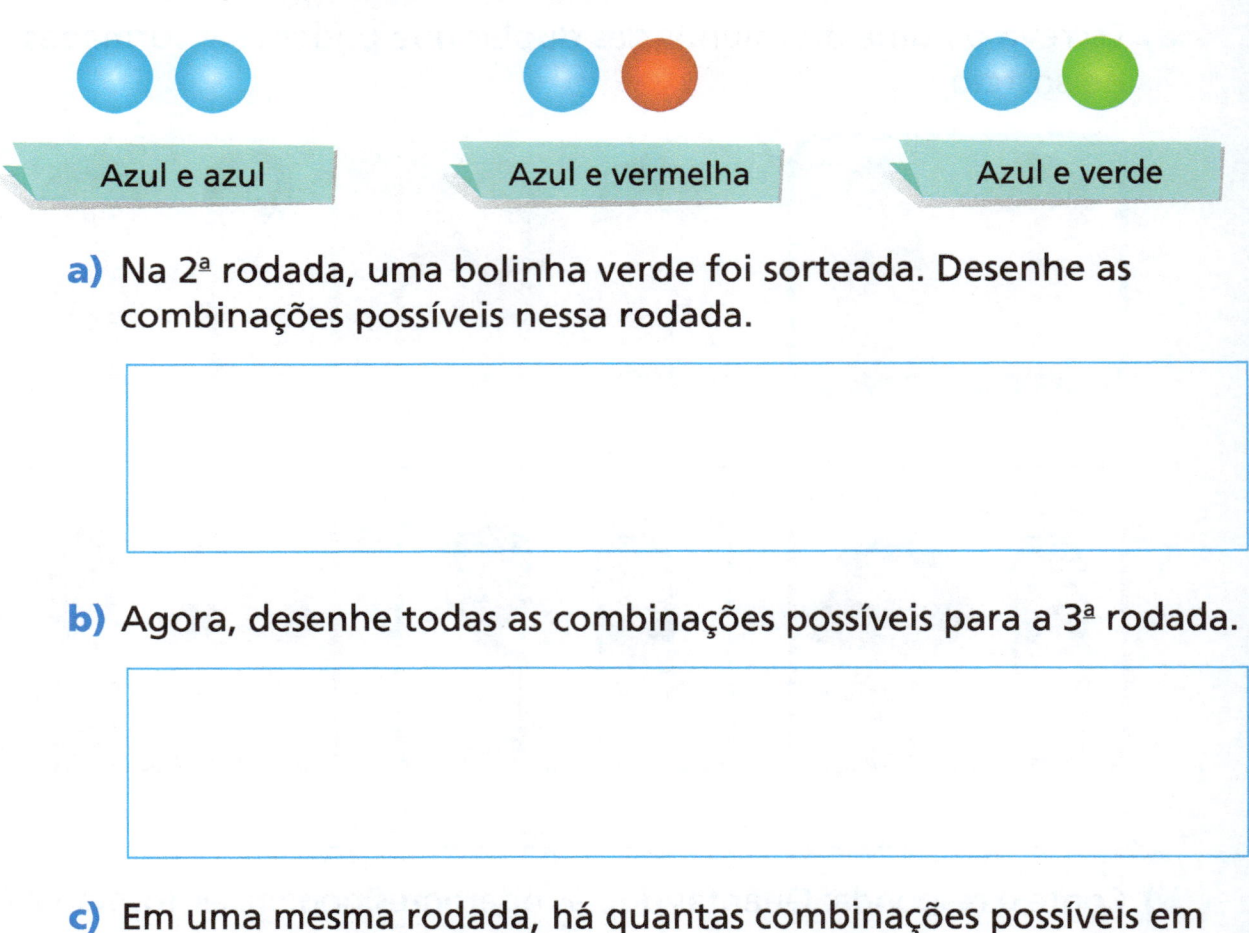

| Azul e azul | Azul e vermelha | Azul e verde |

a) Na 2ª rodada, uma bolinha verde foi sorteada. Desenhe as combinações possíveis nessa rodada.

b) Agora, desenhe todas as combinações possíveis para a 3ª rodada.

c) Em uma mesma rodada, há quantas combinações possíveis em que as bolas sorteadas têm:

- a mesma cor? _____
- cores diferentes? _____

4. Paulo e Maria numeraram fichas de 0 a 9 para um jogo e colocaram essas fichas em uma caixa. Em cada rodada, Paulo sorteia três fichas, uma por vez, anota o número formado com os algarismos e, depois, devolve-as à caixa. Maria faz a mesma coisa que Paulo. Vence quem formar o maior número.

| 0 | 1 | 2 | 3 | 4 | 5 | 6 | 7 | 8 | 9 |

a) Observe o número formado por Paulo em uma rodada.

4 — 1ª ficha
7 — 2ª ficha
5 — 3ª ficha
→ 475 — Número formado

Maria já sorteou as duas primeiras fichas. Observe.

4 — 1ª ficha
7 — 2ª ficha

- Após o sorteio da 3ª ficha, quais podem ser os números formados?

- Quais algarismos Maria pode sortear na 3ª ficha para vencer a rodada?

- Quem você acha que tem maior chance de vencer essa rodada: Paulo ou Maria?

b) Em outra rodada, Maria formou o número 987. É possível ou é impossível que Paulo vença Maria nessa rodada? Por quê?

JOGOS E BRINCADEIRAS

▼ JOGO DOS PALITOS

Vamos jogar!

Material

- 6 palitos de fósforo
- Tabela para registrar a pontuação

Como jogar

1. Para começar o jogo, forme dupla com um colega. Os jogadores devem estar um de frente para o outro. Cada um deve ficar com três palitos.

2. Cada dupla vai receber uma tabela, que será entregue pelo professor.

3. Cada um, sem que o colega veja, deve escolher a quantidade de palitos que vai ficar escondida na mão direita. Depois, o participante deve fechar essa mão e colocá-la para a frente, a fim de que possa ser vista pelo colega.

4. Cada participante, na sua vez, deve arriscar um palpite e tentar adivinhar quantos palitos, ao todo, há na mão direita do colega. Não vale repetir palpites.

5. Vence a rodada o participante que acertar a quantidade de palitos. Ao acertar, esse participante retira um de seus palitos e passa a jogar com um palito a menos. Caso não haja vencedor, ninguém retira palito.

6. A cada rodada, os participantes devem alternar quem dará o palpite primeiro e registrar na tabela a quantidade de palitos de cada um.

7. Vence o jogo o participante que retirar todos os seus palitos primeiro.

INTEGRANDO COM GEOGRAFIA E HISTÓRIA

CIDADES HISTÓRICAS

Quando observamos com cuidado nossas cidades, seus prédios, parques, mercados públicos e outras construções, podemos identificar elementos que revelam parte de nossa história e cultura.

O Brasil possui cidades centenárias, como Salvador (BA), a primeira cidade e capital brasileira, fundada em 1549. Nessa cidade, por exemplo, há o Elevador Lacerda, construído em 1869 com a finalidade de facilitar o deslocamento entre duas partes de Salvador: a Cidade Alta e a Cidade Baixa.

Com o objetivo de preservar nosso patrimônio, o Iphan (Instituto do Patrimônio Histórico e Artístico Nacional) identifica e registra as cidades históricas. Veja o esquema.

Mercado Ver o Peso, em Belém (PA).

Esplanada dos Ministérios, em Brasília (DF).

Quantidade de cidades históricas registradas pelo Iphan em cada região do Brasil, até 2016

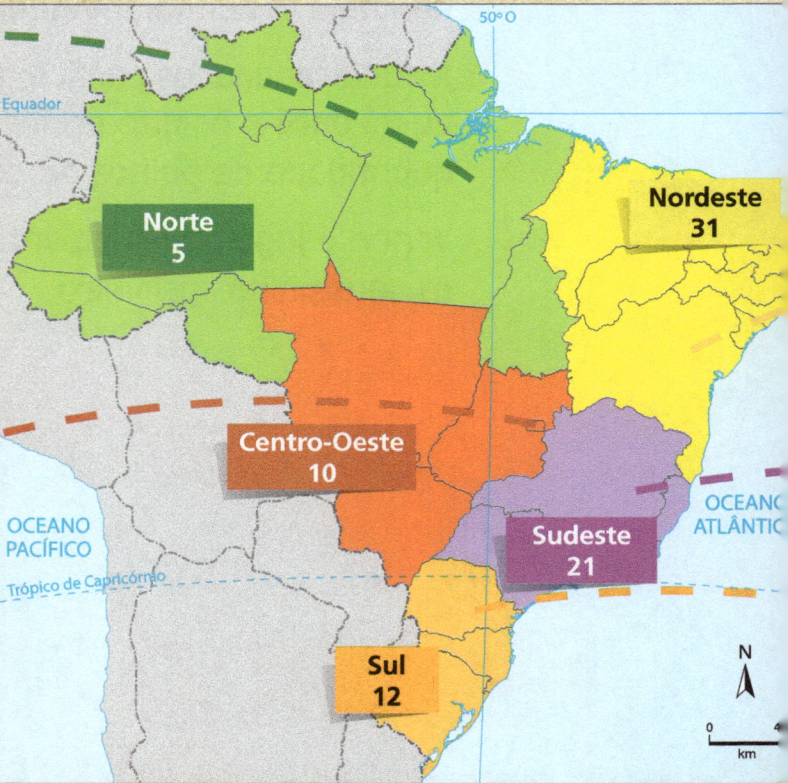

- Norte: 5
- Nordeste: 31
- Centro-Oeste: 10
- Sudeste: 21
- Sul: 12

Fonte: Iphan. Disponível em: <www.portal.iphan.gov.> Acesso em: 16 fev. 20

1. Consulte as informações da página anterior e complete a tabela a seguir.

Quantidade de cidades históricas registradas pelo Iphan em cada região do Brasil, até 2016	
Região	Quantidade

Fonte: Iphan. Disponível em: <www.portal.iphan.gov.br>. Acesso em: 16 fev. 2017.

2. Em uma malha quadriculada, construa um gráfico de barras ou de colunas com os dados da tabela da questão anterior.

3. Junte-se a um colega e pesquisem sobre Ouro Preto, uma das cidades fotografadas nesta página procurando saber sua origem e quando e por que foi declarada Patrimônio Cultural da Humanidade pela Unesco.

Elevador Lacerda, em Salvador (BA).

Museu da Inconfidência, em Ouro Preto (MG).

Estação Ferroviária, em Antonina (PR).

Duzentos e trinta e três **233**

UM POUCO MAIS

1. As vacinas previnem diversas doenças. Anualmente são feitas campanhas para vacinar grupos específicos de pessoas. Veja a tabela abaixo.

Vacinação contra a gripe em um posto de saúde – 2017	
Grupo	Quantidade de pessoas
Idosos	80
Crianças	130
Gestantes	20
Profissionais da saúde	60
Outros	40

Fonte: Posto de saúde.

a) O que a tabela indica?

_____

_____

b) Construa um gráfico de barras com os dados apresentados na tabela. Nesse gráfico, cada ☐ representa 10 pessoas.

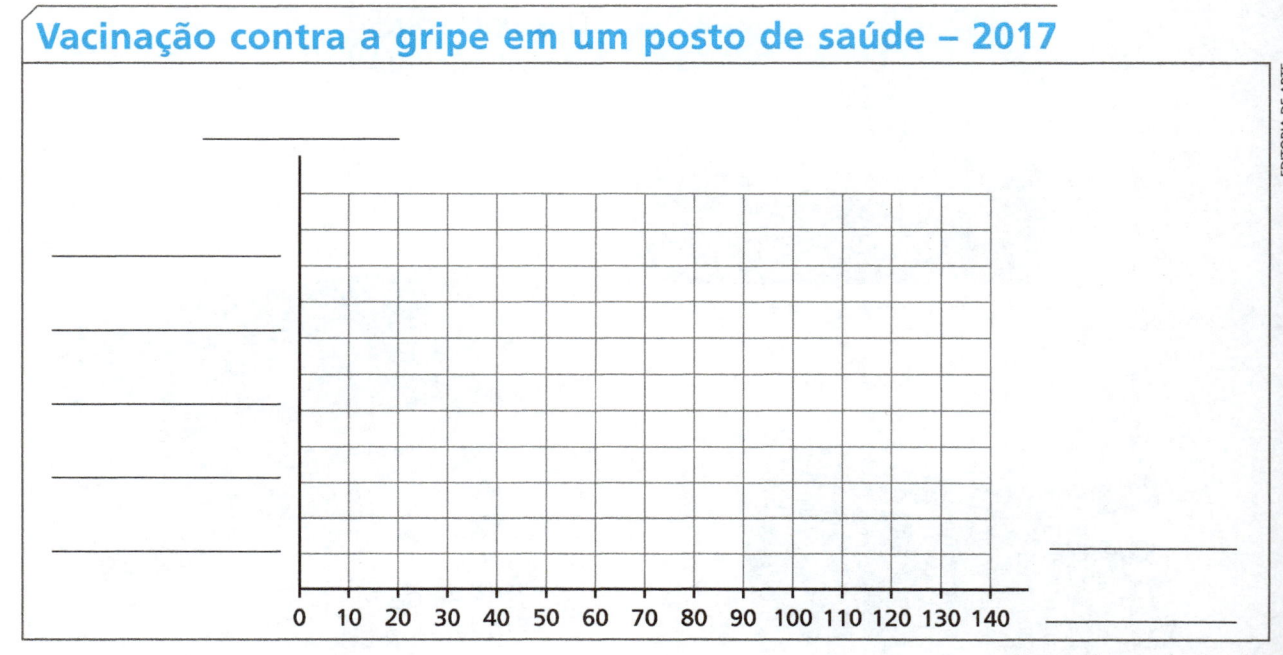

Vacinação contra a gripe em um posto de saúde – 2017

0 10 20 30 40 50 60 70 80 90 100 110 120 130 140

Fonte: Posto de saúde.

234 Duzentos e trinta e quatro

2. Isabel e Luís estão brincando: um de cada vez, eles lançam dois dados e somam os números obtidos. Vence a rodada quem tirar a maior soma.

a) Escreva o nome de quem venceu esta rodada. _____

b) Observe os dados lançados por Isabel em certa rodada.

- Qual a soma conseguida por Isabel? _____
- Um dado lançado por Luís indicou o número 2. É possível que ele vença essa rodada? Por quê?

_____
_____

c) Isabel tirou o número 3 em um dos dados. Quais somas ela pode conseguir ao lançar o outro dado?

_____

d) Veja os dados lançados por Luís em outra rodada.

- É possível Isabel perder essa rodada? Por quê?

_____
_____

3. Veja a tabela que Aline organizou.

Telefones importantes

Instituição	Número do telefone
Corpo de bombeiros	193
Polícia Militar	190
Polícia Rodoviária Federal	191
SAMU	192

Fonte: Lista telefônica.

a) Quais informações a tabela apresenta?

_____

b) De onde Aline coletou os dados para compor a tabela?

_____

c) Em caso de incêndio, para qual instituição Aline deve ligar? Qual o número do telefone dessa instituição?

_____

d) Para você, é importante saber os telefones indicados na tabela? Por quê?

4. Rafael conferiu o estoque de camisetas de uma loja e anotou a quantidade de acordo com o tamanho.

Tamanho P	Tamanho M	Tamanho G
////////////////	////////////////	////////////////////////

Organize as anotações de Rafael em uma tabela.

Título: _____

Fonte: _____

236 Duzentos e trinta e seis

5. Na rua onde fica a casa de Lorena há 5 edifícios. Após realizar uma pesquisa, ela construiu a tabela a seguir com as alturas desses edifícios. Observe.

Altura dos edifícios da rua da casa de Lorena	
Edifício	Altura (em metros)
Diamante	39
Esplendor	58
Pinheiro	32
Solar	47
Topázio	65

Fonte: Anotações de Lorena.

a) Com base nos dados da tabela, complete as informações no gráfico, indicando para cada coluna o nome e a altura do edifício correspondente.

Altura dos edifícios da rua da casa de Lorena

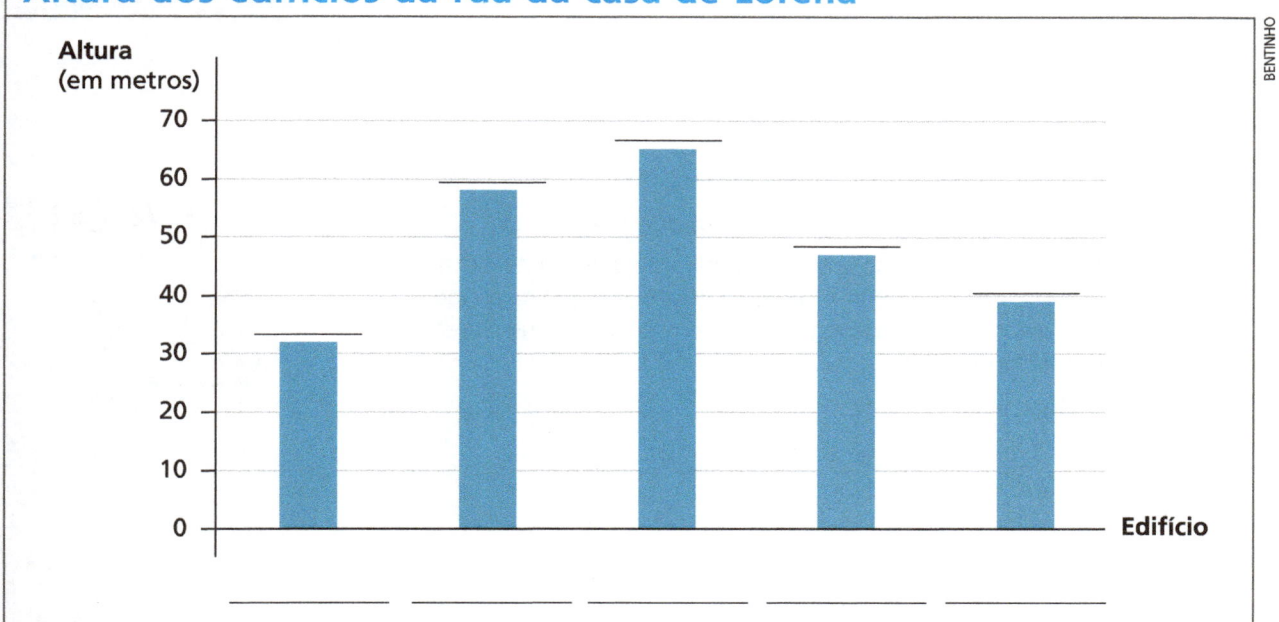

Fonte: Anotações de Lorena.

b) Agora, elabore uma questão sobre o gráfico acima e troque-a com um colega. Depois, confiram as resoluções.

Duzentos e trinta e sete **237**

FIQUE LIGADO

Sugestões de livros

Unidade 1 – Os números

O consumo: dicas para se tornar um consumidor consciente!, de Cristina Von. São Paulo: Callis, 2010.

O livro conta a história de Lucas e Léo, dois amigos parecidos em alguns aspectos e bem diferentes em outros. Assim como o leitor, eles vão aprender a lidar com suas mesadas e gastos e receberão dicas de como se tornar consumidores conscientes.

Pra que serve o zero?, de Ana Vicente. São Paulo: Mercuryo Jovem, 2008.

No livro, os números 1 a 9 se achavam mais importantes que o número 0, que, para eles, não tinha valor. Contudo, ao longo dessa divertida história, todos perceberão a grande importância do número 0.

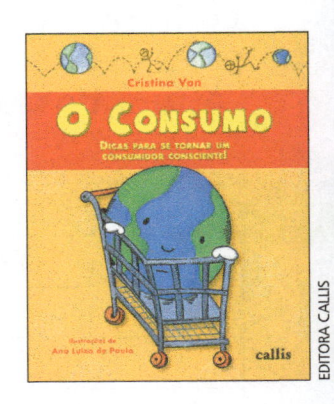

Unidade 2 – Figuras geométricas espaciais

O jornal, de Patricia Auerbach. São Paulo: Brinque-Book, 2012.

A história parte do questionamento de um garoto que se sente incomodado ao ver que seu pai não larga o jornal e procura descobrir o que há de tão importante aí. Começa, então, a inventar diversas dobraduras que podem ser feitas com uma folha de jornal.

Unidade 3 – Adição e subtração

Quem ganhou o jogo?: explorando a adição e a subtração, de Ricardo Dreguer. São Paulo: Moderna, 2011.

O livro conta a história de Lucas, um menino cadeirante e que ama esportes. Com seus amigos Paulo e Priscila, Lucas vai se divertir ao brincar de juntar objetos e fazer cálculos. O leitor vai explorar a adição e a subtração, além de aprender noções de trabalho em equipe e de respeito às diferenças.

Unidade 4 – Figuras geométricas planas, localização e deslocamento

Se você fosse um polígono, de Marcie Aboff. São Paulo: Gaivota, 2011.

No livro, são apresentadas ilustrações divertidas envolvendo situações do cotidiano em que podem ser encontrados diferentes objetos cujas formas lembram os polígonos. De maneira simples e lúdica, o leitor vai aprender a reconhecer os polígonos e sua relação com outras figuras geométricas.

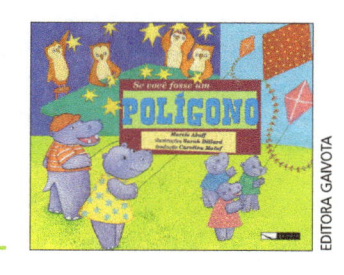

Unidade 5 – Multiplicação

A tabuada da Inês, de Gisele Ferreira de Lima e Ingridy Lilith F. de Lima. Londrina: Eduel, 2009.

O livro se baseia na história de uma menina muito atrapalhada, chamada Inês, que ama brincar com rimas. E é justamente misturando rimas e multiplicações que Inês vai, ao mesmo tempo, estudar e ajudar sua mãe.

Unidade 7 – Grandezas e medidas

Marcelo: de hora em hora, de Ruth Rocha. 11. ed. São Paulo: Salamandra, 2013.

O personagem principal da história, o Marcelo, é um menino muito curioso. Ele pergunta de tudo, mas seus pais nem sempre sabem explicar. Certo dia, ele pergunta para a mãe o que é "veazoras". Na companhia do Marcelo, o leitor vai aprender a "ver as horas" de maneira divertida.

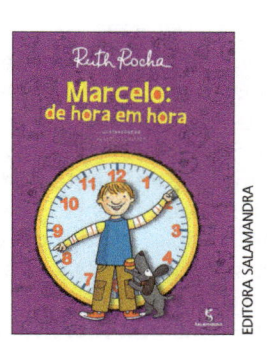

Sugestões de *sites*

IBGE – *Teen* | Disponível em: <http://ftd.li/xu86cc>. Acesso em: 13 mar. 2017.
Ciência Hoje das crianças | Disponível em: <http://ftd.li/hhxvni>. Acesso em: 13 mar. 2017.
Educação Financeira | Disponível em: <http://ftd.li/ab5jtn>. Acesso em: 13 mar. 2017.
Cidadania Financeira | Disponível em: <http://ftd.li/utffz4>. Acesso em: 13 mar. 2017.
Sacilotto | Disponível em: <http://ftd.li/tc2zya>. Acesso em: 13 mar. 2017.
Revista Nova Escola | Disponível em: <http://ftd.li/5rm6us>. Acesso em: 13 mar. 2017.
Só Matemática | Disponível em: <http://ftd.li/coje77>. Acesso em: 13 mar. 2017.
***Klick* Educação** | Disponível em: <http://ftd.li/e8mgjh>. Acesso em: 13 mar. 2017.
Escola *Kids* | Disponível em: <http://ftd.li/kzizkz>. Acesso em: 13 mar. 2017.
Revista Recreio | Disponível em: <http://ftd.li/tfejb3>. Acesso em: 13 mar. 2017.
Folhinha Uol | Disponível em: <http://ftd.li/nuy8qr>. Acesso em: 13 mar. 2017.
TV Escola | Disponível em: <http://ftd.li/69nugm>. Acesso em: 13 mar. 2017.

BIBLIOGRAFIA

ALMEIDA, Lourdes Werle de; SILVA, Karina Pessôa da; VERTUAN, Rodolfo Eduardo. **Modelagem Matemática na Educação Básica**. São Paulo: Contexto, 2012.

ASSUBEL, David Paul; NOVAK, Joseph Donald; HANESIAN, Helen. **Psicologia educacional**. Tradução Eva Nick et al. 2. ed. Rio de Janeiro: Interamericana, 1980.

BORBA, Marcelo de Carvalho; PENTEADO, Miriam Godoy. **Informática e educação matemática**. 5. ed. Belo Horizonte: Autêntica, 2016. (Tendências em Educação Matemática).

BOYER, Carl Benjamin. **História da Matemática**. Tradução Elza F. Gomide. São Paulo: Edgard Blücher: Edusp, 1974.

BROUSSEAU, Guy. **Introdução ao estudo das situações didáticas**: conteúdos e métodos de ensino. São Paulo: Ática, 2008.

CARAÇA, Bento de Jesus. **Conceitos fundamentais da Matemática**. Lisboa: Gradiva, 1991.

COLL, César; TEBEROSKY, Ana. **Aprendendo Matemática**. São Paulo: Ática, 2000.

D'AMBROSIO, Ubiratan. **Educação matemática**: da teoria à prática. 23. ed. Campinas: Papirus, 2013.

EVES, Howard. **Introdução à história da Matemática**. Tradução Hygino H. Domingues. Campinas: Editora da Unicamp, 2004.

FERREIRA, Mariana K. Leal. **Ideias matemáticas de povos culturalmente distintos**. São Paulo: Global, 2002. (Série Antropologia e Educação).

FREIRE, Paulo. **Pedagogia da autonomia**: saberes necessários à prática educativa. 43. ed. São Paulo: Paz e Terra, 2011.

IFRAH, Georges. **História universal dos algarismos**: a inteligência dos homens contada pelos números e pelo cálculo. Tradução Alberto Muñoz e Ana Beatriz Katinsky. Rio de Janeiro: Nova Fronteira, 1997. 2 v.

KAMII, Constance. **A criança e o número**. Campinas: Papirus, 2007.

KAMII, Constance; DECLARK, Georgia. **Reinventando a aritmética**. implicações da Teoria de Piaget. Campinas: Papirus, 1996.

LINDQUIST, Mary Montgomery; SHULTE, Alberto P. (Org.). **Aprendendo e ensinando geometria**. Tradução Hygino H. Domingues. São Paulo: Atual, 1994.

LOPES, Maria Laura M. Leite. **Tratamento da informação**: explorando dados estatísticos e noções de probabilidade a partir de séries iniciais. Rio de Janeiro: Instituto de Matemática/UFRJ-Projeto Fundão, 2005.

LUCKESI, Cipriano C. **Avaliação da aprendizagem escolar**: estudos e proposições. 22. ed. São Paulo: Cortez, 2011.

MACHADO, Nílson José. **Matemática e língua materna**: análise de uma impregnação mútua. 5. ed. São Paulo: Cortez, 2001.

MONTEIRO, Alexandrina; POMPEU JUNIOR, Geraldo. **A matemática e os temas transversais**. São Paulo: Moderna, 2001.

NEVES, Iara Conceição Bitencourt et al. **Ler e escrever**: compromisso de todas as áreas. 9. ed. Porto Alegre: Editora da UFRGS, 2011.

NUNES, Terezinha et al. **Educação matemática**: números e operações numéricas. São Paulo: Cortez, 2005.

OLIVEIRA, Vera Barros de. **Jogos de regras e a resolução de problemas**. Petrópolis: Vozes, 2004.

ONUCHIC, L. R.; ALLEVATO, N. S. G. Novas reflexões sobre o ensino-aprendizagem de matemática através da resolução de problemas. In: BICUDO, Maria Aparecida Viggiani; BORBA, Marcelo de Carvalho. (Org.). **Educação matemática**: pesquisa em movimento. 4. ed. São Paulo: Cortez, 2012.

PAIS, Luiz Carlos. **Educação escolar e as tecnologias da informática**. Belo Horizonte: Autêntica, 2008. (Coleção Trajetória).

PANIZZA, Mabel. **Ensinar matemática na educação infantil e séries iniciais**: análise e propostas. 2. ed. Porto Alegre: Artmed, 2006.

PARRA, Cecília; SAIZ, Irma (Org.). **Didática da matemática**: reflexões psicopedagógicas. Porto Alegre: Artmed, 2001.

POLYA, George. **A arte de resolver problemas**: um novo aspecto do método matemático. Tradução Heitor Lisboa de Araújo. Rio de Janeiro: Interciência, 1995.

PONTE, João Pedro da; BROCARDO, Joana; OLIVEIRA, Helia. **Investigações matemáticas na sala de aula**. 3. ed. Belo Horizonte: Autêntica, 2016. (Tendências em Educação Matemática).

SCHILLER, Pam; ROSSANO, Joan. **Ensinar e aprender brincando**: mais de 750 atividades para educação infantil. Tradução Ronaldo Cataldo Costa. Porto Alegre: Artmed, 2008.

SOUZA, Eliane R. de et al. **A matemática das sete peças do tangram**. 2. ed. São Paulo: CAEM/IME-USP, 1997.

TOMAS, Vanessa Sena; DAVID, Maria Manuela Martins Soares. **Interdisciplinaridade e aprendizagem da matemática em sala de aula**. Belo Horizonte: Autêntica, 2012. (Coleção tendências em Educação Matemática).

TOLEDO, Marília; TOLEDO, Mauro. **Teoria e prática de matemática**: como dois e dois. São Paulo: FTD, 2010.

Documentos oficiais

BRASIL. Ministério da Educação. **Base nacional comum curricular**: educação é a base. Proposta preliminar. Terceira versão. Brasília, DF, 2017. Disponível em: <http://basenacionalcomum.mec.gov.br/images/BNCC_publicacao.pdf>. Acesso em: 8 maio 2017.

BRASIL. Ministério da Educação. **Diretrizes curriculares nacionais gerais da educação básica**. Brasília, DF: SEB: Dicei, 2013.

BRASIL. Ministério da Educação. Secretaria de Educação Fundamental. **Parâmetros curriculares nacionais**: Matemática. Brasília, DF, 1997.

MATERIAL COMPLEMENTAR

Molde de um cubo – Atividade **1** da página **42**

Molde de um bloco retangular — Atividade **1** da página **45**

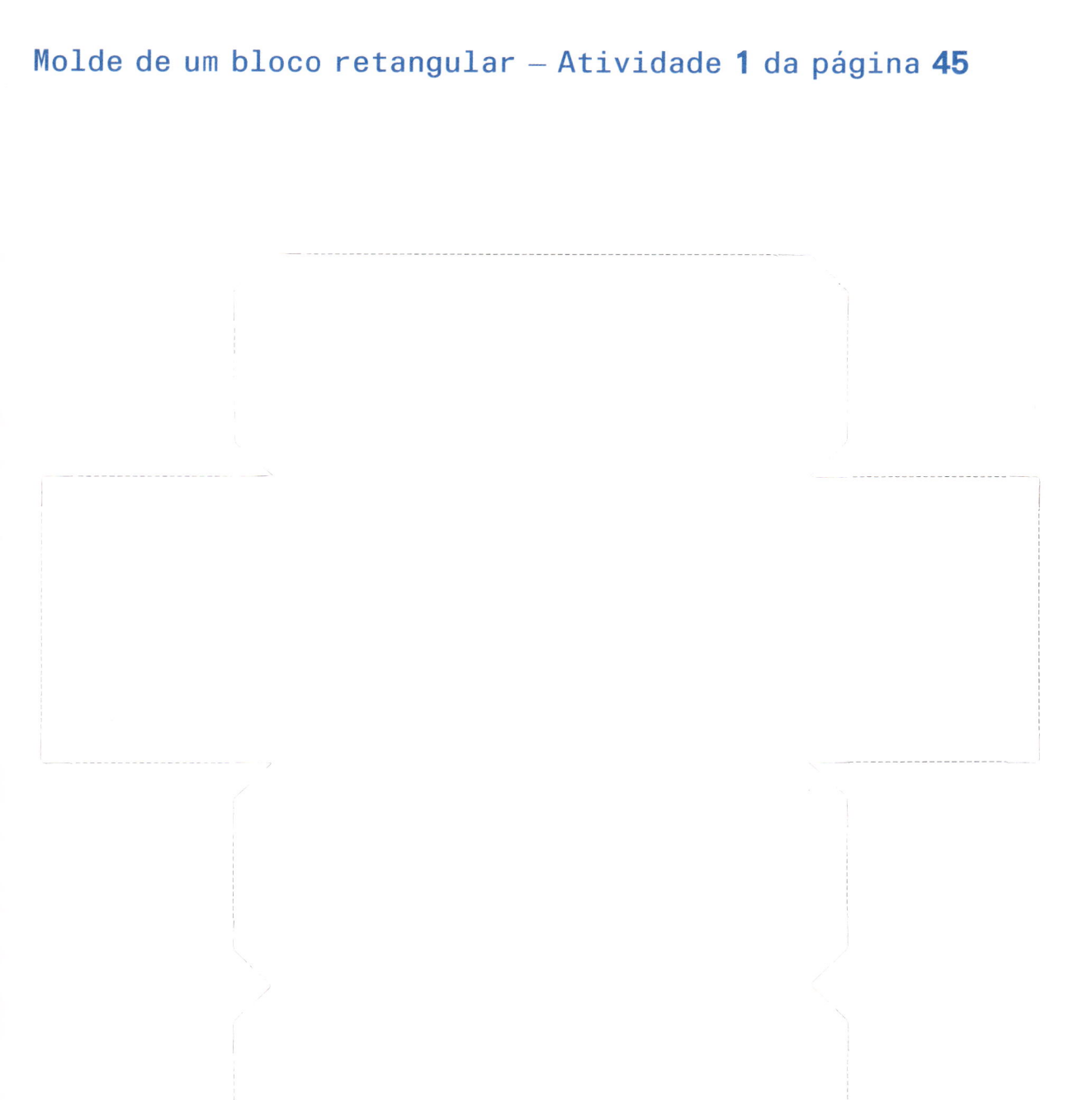

Molde de uma pirâmide – Atividade **3** da página **50**

Quadro – Atividade das páginas 76 e 77

LETRA SORTEADA	NOME DE PESSOA	NOME DO ANIMAL	NOME DA FRUTA	NOME DA COR	NOME DO OBJETO	NOME DO LUGAR	PONTUAÇÃO DA RODADA
						TOTAL	

Formas geométricas – Atividade **8** da página **114**

Formas geométricas – Atividade **9** da página **115**

Fichas – Atividade **8** da página **168**

Duzentos e quarenta e nove **249**

250 Duzentos e cinquenta

Tiras – Atividade 3 da página 185

Fita métrica – Atividade 1 da página 189

| 0 | 1 | 2 | 3 | 4 | 5 | 6 | 7 | 8 | 9 | 10 | 11 | 12 | 13 | 14 |

COLE O 14 AQUI | 15 | 16 | 17 | 18 | 19 | 20 | 21 | 22 | 23 | 24 | 25 | 26 | 27 | 28 | 29 |

COLE O 29 AQUI | 30 | 31 | 32 | 33 | 34 | 35 | 36 | 37 | 38 | 39 | 40 | 41 | 42 | 43 | 44 |

COLE O 44 AQUI | 45 | 46 | 47 | 48 | 49 | 50 | 51 | 52 | 53 | 54 | 55 | 56 | 57 | 58 | 59 |

COLE O 59 AQUI | 60 | 61 | 62 | 63 | 64 | 65 | 66 | 67 | 68 | 69 | 70 | 71 | 72 | 73 | 74 |

COLE O 74 AQUI | 75 | 76 | 77 | 78 | 79 | 80 | 81 | 82 | 83 | 84 | 85 | 86 | 87 | 88 | 89 |

COLE O 89 AQUI | 90 | 91 | 92 | 93 | 94 | 95 | 96 | 97 | 98 | 99 | 100 |

Duzentos e cinquenta e um **251**

Cartas – páginas 208 e 209

Arapapá
- Comprimento (cm) 54
- Massa (g) 770
- Longevidade (meses) 67

Soldadinho-do-araripe
- Comprimento (cm) 15
- Massa (g) 20
- Longevidade (meses) 53

Tucano-toco
- Comprimento (cm) 56
- Massa (g) 540
- Longevidade (meses) 138

Cricrió
- Comprimento (cm) 24
- Massa (g) 83
- Longevidade (meses) 46

Corujinha-do-mato
- Comprimento (cm) 22
- Massa (g) 160
- Longevidade (meses) 84

Pato-mergulhão
- Comprimento (cm) 56
- Massa (g) 800
- Longevidade (meses) 78

Canário-da-terra
- Comprimento (cm) 14
- Massa (g) 20
- Longevidade (meses) 46

Mãe-da-lua
- Comprimento (cm) 37
- Massa (g) 202
- Longevidade (meses) 90

João-de-barro
- Comprimento (cm) 20
- Massa (g) 49
- Longevidade (meses) 53

Cartas – páginas 208 e 209

Topetinho-verde
Comprimento (cm) 9
Massa (g) 3
Longevidade (meses) 50

Quero-quero
Comprimento (cm) 37
Massa (g) 277
Longevidade (meses) 107

Gavião-caramujeiro
Comprimento (cm) 48
Massa (g) 385
Longevidade (meses) 221

Papagaio-charão
Comprimento (cm) 35
Massa (g) 300
Longevidade (meses) 148

Freirinha
Comprimento (cm) 14
Massa (g) 14
Longevidade (meses) 65

Surucuá-pavão
Comprimento (cm) 34
Massa (g) 158
Longevidade (meses) 73

Bem-te-vi
Comprimento (cm) 25
Massa (g) 60
Longevidade (meses) 43

Udu-de-coroa-azul
Comprimento (cm) 46
Massa (g) 145
Longevidade (meses) 56

Arara-canindé
Comprimento (cm) 80
Massa (g) 995
Longevidade (meses) 152